COURS

DE THÈMES.

SECONDE PARTIE.

EBERHART, IMPRIMEUR,
Rue du Foin St.-Jacq., N° 12.

COURS DE THÈMES,

A L'USAGE

DES CLASSES ÉLÉMENTAIRES
ET DES CLASSES DE GRAMMAIRE,

DIVISÉ EN TROIS PARTIES.

Iᵉ PARTIE.

Exercices sur les Déclinaisons, sur les Conjugaisons régulières et irrégulières, sur les Prépositions et sur les premières règles de la Syntaxe.

IIᵉ PARTIE.

Exercices élémentaires et raisonnés sur la Syntaxe.

IIIᵉ PARTIE.

Exercices sur la Méthode. Gallicismes et Idiotismes. *Syntaxis ornata* (Syntaxe d'élégance).

PAR C. VILLEMEUREUX,
PROFESSEUR-AGRÉGÉ AU COLLÉGE ROYAL DE HENRI IV.

SECONDE PARTIE.

Prix: 2 fr. 25 c.

PARIS,
LIBRAIRIE CLASSIQUE DE Vᵉ MAIRE-NYON,
Quai de Conti, nº 13.

———

1834.

AVERTISSEMENT.

Le Cours de Thêmes que nous publions aujourd'hui est divisé *en trois parties*. La *Première* Partie contient des exercices élémentaires 1°, sur les *Déclinaisons* et sur les *Conjugaisons* régulières et irrégulières; 2° sur les *Prépositions*; 3° sur les premières règles de la *Syntaxe*, depuis l'accord des Noms, jusqu'au régime indirect des Verbes.

La *Seconde* Partie traite de la *Syntaxe*.

La *Troisième*, outre les exercices sur les règles de la *Méthode*, renferme un recueil de *Gallicismes* et d'*Idiotismes*, dans lequel nous avons cherché à exercer les élèves sur une *nouvelle Syntaxe*, désignée dans les grammaires allemandes sous le titre de *Syntaxis ornata* (Syntaxe d'élégance), mais dont il est indispensable de connaître les règles, puisqu'elles sont sanctionnées par l'usage, comme celles de la Syntaxe élémentaire.

Dans la Première Partie de ce Cours, nous avons donné le *tableau des terminaisons*, dans les déclinaisons et dans les conjugaisons, et pour faciliter encore plus le travail des com-

mençants, nous avons *traduit* tous les *noms*
et tous les *verbes*, sur lesquels l'élève doit
s'exercer. Nous avons aussi transcrit en entier
le tableau des prépositions, que nous avons
fait suivre d'exercices sur leur régime. Enfin
dans la *Syntaxe élémentaire* nous donnons,
avec l'explication des règles, la traduction
de tous les mots employés dans les phrases
qui renferment l'application de ces règles, en
sorte que l'élève n'aura besoin de consulter ni
son dictionnaire ni sa grammaire.

Dans la seconde et dans la troisième Partie, nous avons suivi le même plan, mais en
nous bornant toutefois à traduire les mots
qui auraient pu embarrasser les élèves, et à
leur indiquer les tournures qu'ils doivent
prendre et les changements qu'ils doivent
faire dans la construction des phrases, pour
éviter ces locutions barbares auxquelles *ils*
s'habituent, et qu'ils doivent, dans la suite,
désapprendre avec tant de peine.

Presque tous les exercices sont divisés en
exercices *élémentaires* et en exercices *généraux*. Dans les premiers, l'élève apprend à
faire l'application simple de la règle ; dans
les seconds, il trouve des phrases qui se rat-

tachent également à la règle, quoiqu'elles paraissent d'abord s'en éloigner par le sens et par la construction des mots.

Nous avons voulu exercer les enfants sur les principes de la grammaire et, en même temps, les familiariser, autant que possible, avec la construction latine. Pour obtenir ce résultat, il nous a été nécessaire de nous servir d'*exemples détachés,* qui, pour la plupart, sont tirés des auteurs. Peut-être pensera-t-on, avec nous, que c'était là le seul moyen d'atteindre ce double but ; car il serait difficile de composer, sur un sujet donné, des thêmes qui s'appliquassent parfaitement aux règles, sans employer des tours de phrases au moins étranges, pour ne pas dire plus.

Nous n'aurions point entrepris cette tâche ingrate et pénible, si nous n'avions été soutenu par l'espoir de hâter les progrès des élèves, en joignant les exemples aux préceptes. Si de plus habiles que nous se fussent chargés d'exécuter le plan que nous avons conçu, peut-être auraient-ils réussi à prouver, ce que nous aurions voulu prouver nous-même, qu'il n'est pas toujours vrai de dire : *Aliud est latinè, aliud grammaticè loqui.*

Espérons que cet ouvrage sera accueilli avec quelque bienveillance, et qu'à force de soins et de recherches, nous parviendrons à terminer ce qu'aujourd'hui nous regardons seulement comme une ébauche, qui a besoin, pour devenir moins imparfaite, des conseils de l'amitié et des leçons de l'expérience.

N. B. On verra, par la marche que nous avons suivie dans cette seconde partie, que notre intention a été d'offrir aux élèves une *grammaire pratique*. Nous avons donc transcrit les règles de la syntaxe, en tête de chaque exercice ; mais, comme nous donnons ces règles sans commentaire, il sera bon de consulter les notes explicatives, jointes au texte, dans notre grammaire.

Nous ferons observer de nouveau, que ces exercices se composent d'exemples extraits ou imités des auteurs classiques, et que les élèves, en les traduisant par écrit *et surtout de vive voix*, doivent s'habituer à faire l'application des règles, sans se servir d'expressions impropres ni de tournures bizarres.

SECONDE PARTIE.

EXERCICES

SUR LA SYNTAXE.

NOTIONS PRELIMINAIRES.

1° L'adjectif s'accorde en *genre*, en *nombre* et en *cas*, avec le nom auquel il se rapporte. Ex.: Dieu saint, *Deus sanctus*, de Dieu saint, *Dei sancti*. La vierge sainte, *virgo sancta*, le temple saint, *templum sanctum*, les vierges saintes, *virgines sanctæ*, etc. Il en est de même du participe.

2° L'adjectif conjonctif *qui*, *quæ*, *quod*, s'accorde seulement en genre et en nombre. Ex. : J'aime Dieu qui règne, *amo Deum qui regnat*. De la vierge sainte qui, *virginis sanctæ quæ*. *Qui* se met ordinairement au nominatif, parce qu'il sert de nominatif au verbe suivant.

Que relatif se met au cas du verbe suivant. Dieu que j'aime, *Deus quem amo*. L'enfant que je favorise, *puer cui faveo*. *Faveo* gouverne le datif.

3° Les verbes *actifs* et ceux qui ont une signification active, veulent leur régime à l'accusatif.

Un verbe est actif lorsqu'il peut se construire avec *quelqu'un*, *quelque chose*. Ex. : J'aime Dieu, *amo Deum*. On pourrait dire j'aime *quelqu'un*.

Le régime du verbe actif répond à la question *qui? quoi?* Ainsi, dans *j'aime Dieu*, *amo Deum*, vous reconnaissez que *Dieu* est le régime de j'aime, parce qu'en vous faisant la question *j'aime qui?* vous répondriez *Dieu*. Dieu est donc le régime et doit se mettre à l'accusatif. J'aime la patrie. J'aime quoi? Rép. : la patrie, *amo patriam.*

Il en est de même pour les prépositions. Ex.: Chez mon père : chez qui? chez mon père, *apud patrem meum.* Avec Pierre : *avec qui?* Rép. avec Pierre, *cum Petro.*

Il y a aussi des verbes qui se construisent avec le *datif*, d'autres avec *l'ablatif*. Le régime du *datif* répond à la question *à qui? à quoi?* Ex. : Il manque à Pierre. Il manque *à qui?* à Pierre, *defuit Petro.* Le régime de l'ablatif répond à la question *de qui, de quoi? par qui, par quoi?* Ex. : Je suis aimé de Dieu, *de qui?* de Dieu, *amor a Deo.* (Les verbes passifs suivis d'un nom de chose animée (Dieu, les hommes et les bêtes), veulent ce nom à l'ablatif avec *à*, ou *ab.* Le nom de chose inanimée se met à l'ablatif sans préposition. Ex. : Je suis accablé de chagrin, *mœrore conficior.*) Je me sers de livres; *de quoi?* de livres, *utor libris.* Je me réjouis de votre bonheur, *gaudeo tuâ felicitate*, etc.

Les adjectifs peuvent aussi avoir un régime. Ex. : Reconnaissant des bienfaits. Reconnaissant *de quoi?* des bienfaits, *memor beneficiorum. Memor* gouverne le génitif. Doué de vertu , *præditus virtute. Præditus* gouverne l'ablatif. Chose utile à l'homme, *res utilis homini*, etc.

N. B. Nous indiquerons le genre des noms quand il sera douteux, et le régime des verbes et des prépositions et des adjectifs quand nous le jugerons nécessaire. Ainsi, pour indiquer que *amo* gouverne l'accusatif, nous écrirons *amo, act. accus.* Pour indiquer le régime des prépositions, nous écrirons, par exemple, *sinè ablat.*

Ludovicus rex. Urbs Roma.

1° Quand deux ou plusieurs noms désignent *une seule et même* personne, *une seule et même* chose, ces noms se mettent au même cas.

Exemples :

Louis Roi, *Ludovicus Rex*; de Louis Roi, *Ludovici Regis*, etc. Esope auteur. *Æsopus auctor;* à Esope auteur, *Æsopo auctori.* La ville de Rome, *Urbs Roma.* Les latins disaient *la ville Rome.*

Liber Petri.

2° Lorsque *de, du, des*, entre deux Noms, ne peuvent pas se tourner par *qui s'appelle*, on met le second au génitif.

Exemples.

Le livre de Pierre, *liber Petri* : la bonté de Dieu, *bonitas Dei.*

Bonitas divina.

3° Souvent, au lieu du génitif, on se sert d'un adjectif qui a la même valeur. *Ex.* : la bonté de Dieu, *tournez* la bonté divine, *bonitas divina*; le Parlement de Paris, *tournez* le Parlement Parisien, *Senatus Parisiensis.*

EXERCICES ÉLÉMENTAIRES.

§ 1. Sylla [1] dictateur des Romains. La cruauté du dictateur Sylla. O Seigneur ! père des hommes, roi du ciel et de la terre. Les victoires de César [2], consul Romain. A Cicéron [3], orateur. A Virgile [4], poète. J'admire [5] Titus [6], empereur des Romains. Je hais [7] Domitien [8], tyran cruel, frère de Titus, excellent prince. J'ai vu la ville de Paris [9]. Je m'entretiens [10] avec Paul [11], homme savant. Je viens [12] de [13] la ville de Lyon [14].

§ 2. Antoine, Octave et Lépide [1], triumvirs. Les ouvrages d'Homère et de Virgile [2], grands poètes. La

---

§ 1 Sylla, æ, *masc.* 2 Cæsar, aris, *masc.* 3 Cicero, nis, *m.* 4 Virgilius, ii, *m.* 5 Miror, ari, *dépon. accus.* 6 Titus, i, *m.* 7 Odi, isse, *accus.* 8 Domitianus, i, *m.* 9 Lutetia, æ *fém.* 10 Confabulor, ari. 11 Paulus, i. *m.* 12 Venio, ire. 13 Ex, *ablat.* 14 Lugdunum, i, *neut.*

§ 2. 1 Antonius, ii. Lepidus, i. Octavius, ii. 2 Homerus, i.

nourriture [3] des chevaux, animaux utiles. Les richesses de Londres [4] et de Paris [5], villes célèbres. La tempérance utile à Philippe et à Alexandre [6], princes adonnés [7] au vin. L'amour de la patrie enflammait les Décius [8], guerriers généreux. Je me sers [9] de livres, délassement honnête. Clovis [10] fondit [11] sur [12] la Gaule [13] avec [14] les Francs [15], nation [16] belliqueuse. Le fleuve [17] du Rhône [18] et la rivière [19] de Saône [20] baignent [21] la ville de Lyon [22].

§ 3. Une olympiade [1] est un espace de quatre ans. et un lustre et un espace de cinq ans. Ninus [2], roi d'Assyrie [3], établit [4] le siége de son empire dans [5] la ville de Ninive [6]. La ville de Babylone [7] fut entourée [8] d'un [9] mur de briques [10] par [11] Sémiramis [12], femme [13] de Ninus [14]. Sardanapale [15] dernier roi des Assyriens, fût détrôné [16] par [17] Arbacte [18], gouverneur [19] des

---

Virgilius, ii. 3 Pabulum, i, *neut.* 4 Londinum, i, *neut.* 5 Lutetia, æ, *fém.* 6 Philippus, i, Alexander, dri. 7 Deditus, a, um, *dat.* 8 Decius, ii. 9 Utor, ti, *ab'at.* (me *ne s'exprime pas.* 10 Clodoveus, i. 11 Irruo, is, ui, ere. 12 In. *accus.* 13 Gallia, æ. *f.* 14 Cum, *ablat.* 15 Francus, ci, *abl.* 16 Gens, tis, *fém.* 17 Amnis, is, *masc.* 18 Rhodanus, i, *m.* 19 Flumen, inis, *neut.* 20 Arar, is. *m.* 21 Alluo, is, ere, *acc.* 22 Lugdunum, i, *n.*

§ 3. 1 Olympias, dis (*un, une ne se rendent pas*). 2 Ninus, i. 3 Assyrii, iorum (*des Assyriens.*) 4 Constituo, is, ui, ere, *accus.* 5 In, *abl.* 6 Ninive, es, *fém.* 7 Babylon, nis. *f.* 8 Circumdo, das, dedi, datum, are, *ablat.* 9 *ne se rend pas.* 10 coctilis, is, *adject.* 11 A, *abl.* 12 Semiramis, idis. *f.* 13 Uxor, is. *f.* 14 Ninus, i. 15 Sardanapalus, i. 16 Solium, ii. *abl.* Deturbo, as. avi, atum. are. 17 A, *abl.* 18 Arbactus, i. 19 Præfectus, i. 20

Mèdes [20], peuple [21] alors très-courageux. Cyrus [22] pe-
tit-fils [23] d'Astyages [24], roi des Mèdes, fonda [25] l'empire des Perses [26]. Alexandre [27] le Grand vainquit [28]
le dernier roi des Perses, Darius [29], prince d'un grand
courage, mais inhabile dans [30] l'art de la guerre [31].
Après [32] la mort d'Alexandre, son [33] royaume fut
partagé [34] entre [35] les généraux Macédoniens [36], vail-
lants et habiles guerriers, et vraiment dignes du titre
de roi.

EXERCICES GÉNÉRAUX.

§ 4. Papyrius [1], général des Romains, fit [2] vœu à
Jupiter [3] d'une coupe [4] de vin, s'il était vainqueur [5]
des Samnites [6]. Agésilas [7], roi de Lacédémone [8], lou-
ait [9] la justice comme [10] la première [11] de toutes les
vertus. La maison [12] de Tivoli [13], délices [14] d'Horace [15], était médiocre; mais le poète la [16] préférait [17]
aux palais [18] des grands [19]. Les anciens [20] honoraient [21]
la pauvreté, comme [22] l'école [23] de la tempérance et
du courage. Le temps apprend à vivre [24]. Les philo-

Medi, orum, *m.* 21 Gens, tis, *f.* 22 Cyrus, i. 23 Nepos, tis. 24
Astyages, is. 25 Condo, is, didi, ditc, *acc.* 26 Persæ, arum,
masc. 27 Alexander, ri. 28 Vinco, is, vici, ere, *acc.* 29 Darius,
ii. 30 Imperitus, a, um, *génit.* 31 Res, ei, *fém.* militaris, is,
adj. 32 Post, *acc.* 33 Ejus. 34 Divido, is, isi, sum, ere. 35 Inter,
acc. 36 Macedo, nis. (*acc. pl. en* as).

§ 4. 1 Papyrius, ii. 2 Facio, is, feci, actum, ere, *acc.* 3 Jupiter, *gén.* Jovis. 4 Poculum, i. (*apposition avec* votum, *c'est-à-*
dire au même cas.) 5 *s'il avait vaincu les,* si vicissem, es, *acc.*
6 Samnites, um, m. 7 Agesilaüs. 8 Lacedæmonii, orum. 9 Laudo, as, are, *acc.* 10 Ut. 11 Princeps, cipis. 12 Villa, æ, *f.* 13
Tiburtinus, a, um. 14 Deliciæ, arum. 15 Horatius, ii. 16 Is, ea,
id, *acc. fém.* 17 Antepono, is, ere; *acc.* 18 Ædes, dium, *f.* 19
Regius, a, um. 20 Veteres, um, *m. pl.* 21 Colo, is, ere. *accus.*
22 Ut. 23 Magistra, æ, *f.* 24 *Tournez: le temps est le maître.*

sophes les plus éclairés [25], prenant [26] la nature pour guide, reconnaissaient [27] un [28] Dieu unique [29]. Les Athéniens [30] furent vaincus [31] devant [32] Syracuse [33], ville [34] de Sicile [35], et cette défaite causa [36] la ruine [37] de la ville d'Athènes [38]. Pythagore [39] recommandait [40] à tous les hommes la frugalité, mère [41] de toutes les vertus. Platon eut [42] la ville d'Athènes pour [43] patrie, et Socrate [44] pour [43] maître [45].

Liber Petri.

Nous ne donnerons pas d'exercices particuliers sur cette règle, déjà développée dans les exercices précédents, et qui se représente presque dans toute les phrases.

Bonitas divina pour *bonitas Dei.*

Non-seulement on peut remplacer le génitif par un adjectif qui a la même valeur, mais cette construction est presque la seule usitée avec les noms de pays, de secte, etc. Ex. : Socrate. philosophe d'Athènes, *Socrates, Atheniensis philosophus.*

EXERCICES ÉLÉMENTAIRES.

§ 5. Stilpon [1] philosophe de *Mégare* [2] réprima [3] par la science [4], ses penchans [5] vicieux. Alexandre,

---

(magister) *de la vie.* 25 Doctissimus, a, um. 26 Sequor, i, *acc. sequens, tis*) Pour *ne se rend pas.* (*Suivant la nature guide, dux, c s.*) 27 Agnosco, cis, cre, *acc.* 28 Unus, a, um. 29 *Est rendu par* unus. 30 Atheniensis, is, *m.* 31 Victus, a, um sum, fui. 32 Ad, *acc.* 33 Syracusæ, arum, *f. pl.* 34 Urbs, bis. 35 Sicilia, æ. 36 Affero, ers, attuli, *acc.* 37 Exitium, ii. 38 *Tournez : à la ville d'Athènes,* Athenæ, arum. 39 Pythagoras, æ, *m.* 40 Commendo, as, are, *acc.* 41 Genitrix, ricis, *f.* 42 Sortior, iris, titus sum, *acc.* 43 *Ne se rend pas.* 44 Socrates, is. 45 Præceptor, is.

§ 5. 1 Stilpo, nis. 2 Megaricus, a, um. 3 comprimo, is, ressi, imere, *acc.* 4 *à l'ablatif sans exprimer par.* 5 T. *sa nature vicieuse.*

dans [6] son [7] expédition d'*Asie* [8] ; respecta [9] tous les lieux consacrés [10]. Aristippe [11], philosophe *de la secte* [12] *de Socrate* [12], regardait [13] la science et la vertu, comme [14] les véritables ressources [15] de la vie. Les comédies [16] de *Térence* [17] sont préférées [18] aux comédies [16] *de Plaute* [19]. Epaminondas [20] eut [21] pour [22] maître [23] Lysis [24] *de Tarente* [25] de *la secte de Pythagore* [26]. L'art *de l'imprimerie* [27] a été apporté [28] à Paris [29], par des Allemands, vers [30] le milieu du [31] quatorzième [32] siècle [33]. Le bélier [34], machine [35] *de guerre* [36] des anciens [37], était une [38] longue poutre [39], armée [40] d'une [38] énorme tête *de fer* [41]. Les poésies d'*Homère* [42] faisaient les délices d'Alexandre [43]. On retrouve dans cet orateur [44] l'harmonie [45] *de Cicéron* [46]. Les murs du palais de Mausole [47] avaient [48] l'éclat [49] *du verre* [50].

---

6 In, *abl.* 7 *ne se rend pas.* 8 Asiaticus, a, um. 9 Abstineo, es, ui, ere ab, *ablat.* 10 Loca sacra, orum. 11 Aristippus, i. 12 Socraticus, a, um. 13 Habeo, es, ere, *acc.* 14 Ut. 15 Præsidium, ii. 16 Fabula, æ, *fém.* 17 Terentianus, a, um. 18 Antepono, is, ere. 19 Plautinus, a, um. 20 Epaminondas, æ, *m.* 21 Habeo, es, ui, ere, *acc.* 22 *Ne se rend pas.* 23 Præceptor, is. 24 Lysis, is. 25 Tarentinus, a, um. 26 Pythagoreus, a, um. 27 Typographicus, a, um. 28 Allatus, a, um sum, es. 29 Lutetia, æ, *accus.* sans *prép.* 30 Circiter, *accus.* 31 Medius, a, um. 32 Quartus, a, decimus, a, um. 33 Aetas, tatis, *fém.* 34 Aries, tis, *masc.* 35 Tormentum. 56 Bellicus, a, um. 37 Apud vetus, teris. 38 *Ne se rend pas.* 39 Trabs, bis, *fém.* 40 Cui præfixa erat, *à laquelle était appliquée une, etc.* 41 Moles, is, *fém.* ferreus, a, um. 42 Carmen, inis, *neut.* Homericus, a, um. 43 T. *Alexandre était charmé admirablement des poésies,* Alexander mire delector, aris, ari, *abl.* 44 T. *Cet orateur rapporte,* refero, fers, *acc.* 45 Numerus, i, *mas.* 46 Tullianus, a, um. 47 Mausolus, li. 48 Mentior, iris, iri, *acc.* 49 Pelluciditas, tatis, *f.* 50 Vitreus, a, um.

Puer egregiâ indole, ou *egregiæ indolis.* — Récapitulation des
règles précédentes.

Quand le nom qui suit *de,* exprime une qualité ou une propriété bonne ou mauvaise, le blâme ou la louange, on peut
mettre ce nom au génitif ou à l'ablatif, en sous-entendant une
des prépositions *a, de, ex, cum, in.* Ex.: enfant d'un bon natu-
rels, *puer egregiæ indolis,* ou *egregiâ indole.* (Voyez ci-après
question *quandò*).

EXERCICES GÉNÉRAUX

SUR CETTE RÈGLE ET SUR LES RÈGLES PRÉCÉDENTES.

§ 6. Solon [1], homme [2] d'une [3] justice et d'une
vertu remarquable, donna [4] des lois à la ville d'A-
thènes [5]. Les Athéniens [6], peuple d'un caractère in-
constant, n [7]'observèrent [8] pas [9] long-temps ces lois.
Lycurgue [10], législateur d'une rare [11] sagesse, forma [12]
les Lacédémoniens [13] à [14] une discipline sévère. Les
Romains [15] durent [16] à Numa [17], second roi de Rome,
des institutions très-salutaires [18]. Avant le règne de
ce prince, les sénateurs Romains, hommes de mœurs
grossières [19], avaient mis en pièces [20] Romulus [21], fon-
dateur de la ville de Rome. Tarquin [22] le Superbe
rendit [23] odieuse l'autorité des rois [24]. Il fut chassé [25]

---

§ 6. 1 Solon, is. 2 Vir, i. 3 *Dans ces phrases, un, une ne se
rendent pas.* 4 Do, as, dedi, *accus.* 5 Athenæ, arum, *f.* 6 Atheniensis, is, *m.* 7 Non. 8 Observo, as, avi, *accus.* 9 *Ne se rend pas.*
10 Lycurgus, gi, *m.* 11 Singularis, is. 12 Informo, as, avi,
accus. 13 Lacedæmonius, ii. 14 Ad, *acc.* 15 Romanus, i. 16
Debeo, es, ui, *acc.* 17 Numa, æ, *m.* 18 Saluberrimus, a, um.
19 Ferus, a, um. 20 Discerpo, is, scerpsi, *acc.* 21 Romulus, i,
m. 22 Tarquinius, ii, *m.* 23 Facio, is, feci, *acc.* 24 Regius, a,

par [26] Brutus [27] et Tarquin [22] Collatin [28], qui furent
les premiers consuls. Porsenna [29], roi d'Étrurie [30], entreprit [31] en vain [32] de rétablir [33] les Tarquin dans [34]
la ville. Les Romains avaient [35] déjà le courage et
la constance de ces soldats de Sylla [36] et de César [37]
qui firent la conquête du monde [38]. Néron [39] fut un
prince d'une cruauté inouie [40].

§ 7. Les oiseaux de nuit [1], qui vivent [2] de proie [3],
ont [4] l'ouie [5] très-fine [6], le bec court et recourbé [7], et
de fortes [8] serres. Que les évènemens de la veille vous
soient utiles [9] pour [10] le jour présent [11] et pour [12] le
lendemain [13]. Le luxe, les richesses, l'avarice et tous
les autres fléaux [14] de ce genre [15] ont perdu [16] les plus
grands états [17]. Pendant cinq cents ans, les Romains
ne distinguèrent d'autres heures [18], que [19] le temps
du matin [20], du midi [21] et du soir [22]. L'armée que [28]
Xerxès [24] conduisit [25] contre [26] les Grecs [27] était de

---

um. 25 Expulsus sum, es, fui. 26 A *abl.* 27 Brutus, i. 28
Collatinus, i. 29 Porsenna, æ. 30 Etrusci, corum. 31 Tento,
as, avi. 32 Frustrà. 33 Reduco, is, cere, *acc.* 34 In, *acc.* 35
T. Aux Romains était (inerat). 36 Syllanus, a, um. 37 Cæsarianus, a, um. 38 Subigo, is, egi, armis, *acc.* Orbis, is,
terrarum. 39 Nero. 40 Inauditus, a, um crudelitas, tatis. *fém.*

§ 7. 1 Nocturnus, a, um. 2 Vivo, is, ere. 3 Rapto. *abl. n.* 4 T.
sont d'une ouie, etc. sum, es. 5 Auditus, ûs, *m.* à l'ablatif.
6 Acerrimus, a, um, *abl.* 7 Aduncus, a. um. 8 Tenax, cis. 9 T.
tirez avantage, utilitatem cape, *des choses de la veille,* ex,
ablat. res, ei, *f.* pridianus, a, um. 10 Tum in, *acc.* 11 Hodier-
nus, a, um dies, ei. 12 Tum in, *acc.* 13 Crastinus, a, um. 14
Pestis. is, *f.* 15 Id genus. 16 Pessumdo, as, dedi, *acc.* 17 Civitas,
tatis, *f.* 18 Nulla per quingentos annos horarum distinctio fuit
apud Romanos. 19 Præter, *acc.* 20 Matutinus, a, um. 21 Meridia
nus. a. um. 22 Vespertinus, a, um. 23 *Accus.* 24 Xerxes, is, *m.*
25 Duco, cis, xi, *acc.* 26 Adversùs, *acc.* 27 Græci. corum.

sept cent [28] mille [29] hommes, et sa [o] flotte de douze cents [31] vaisseaux longs, que [32] suivaient [33] deux mille vaisseaux [34] de transport [35].

Tempus legendi. — Legendi historiam. — Legendæ historiæ.

De entre un nom de chose inanimée et un infinitif français, se rend en latin par le gérondif en *di*, qui est un véritable génitif. Ex : Le temps de lire, *tempus legendi*; de lire l'histoire, *legendi historiam*. Les gérondifs gouvernent le même cas que les verbes d'où ils viennent.

Si le verbe latin gouverne l'accusatif, au lieu du gérondif en *di*, il est mieux d'employer le participe en *dus, da, dum*, que l'on met au génitif en le faisant accorder avec le nom en genre, en nombre et en cas. Ainsi au lieu de dire *tempus legendi historiam*, on dit mieux *tempus legendæ historiæ*, le temps de l'histoire devant être lue. — Cette construction peut avoir lieu toutes les fois qu'on peut reconnaître le genre du substantif; mais on ne doit pas l'employer quand elle formerait équivoque, comme avec le génitif neutre d'un pronom ou d'un adjectif. Dites donc *cupiditas plura cognoscendi* et non *plurium cognoscendorum. Facultas illud* (et non *illius*) *efficiendi.*

EXERCICES ÉLÉMENTAIRES.

§ 8. Le désir de vivre [1]. Le temps d'étudier [2]. La crainte de perdre [3]. Le projet de combattre [4]. Le moyen [5] de vaincre [6]. La nécessité de mourir [7] et de bien [8] vivre. Le désir de plaire [9]. La passion [10] de

---

28 Septingenti, æ, a. 29 Millia, um. 30 Ejus. 31 Mille *indécl.* ducenti, æ, a. 32 Quas. 33 Sequor, ueris, qui. 34 *Au génit.* 35 Onerarius, a, um.

§ 8. 1 Vivo, is, ere. 2 Studeo, es, ere. 3 Amitto, is, ere. 4 Consilium, ii, *n.* Pugno, as, are. 5 Ratio, nis. *f.* 6 Vinco, is, ere. 7 Morior, reris, mori. 8 Recte. 9 Placeo, es, ere. 10 Cu-

faire la guerre [11]. L'espoir d'acquérir [12] de la gloire. Le bonheur de satisfaire [13] ses parents. La douceur [14] de se [15] faire [16] des amis. Le danger de voir [17] les mauvais exemples, et de fréquenter [18] les méchants. Je vous [19] donne [20] la permission [21] de faire [22] cela [23].

EXERCICES GÉNÉRAUX.

§ 9. Il y a [1] dans [2] nos ames [3] un [4] désir [5] insatiable de connaître [6] la vérité [7]. Le meilleur [8] moyen [9] d'augmenter [10] la mémoire [11], c'est [12] l'exercice [13] et le travail. Le consul Valerius, soupçonné [14] d'aspirer [15] à la tyrannie [16], abattit [17] sa maison située [18] sur [19] une éminence [20]. L'économie [21] est la science d'éviter [22] les dépenses [23] superflues [24]. Le goût [25] de l'agriculture [26] est digne d'un homme bien né [27]. Le moyen [28] de venger [29] une [30] injure est facile. Le moyen de reconnaître [31] un bienfait est difficile. La coutume [32] bar-

---

piditas, tatis. 11 Bello, as, are. 12 Consequor, eris, equi, *acc.* 13 Sastisfacio, is, cere, *dat.* 14 Suavitas. 15 Sibi. 16 Concilio, as, are, *acc.* 17 Video, es, ere, *acc.* 18 Versor, aris, ari, cum, *abl.* 19 T. *A vous.* 20 Concedo, is, ere, *acc.* 21 Licentia, æ. 22 Facio, is, ere, *acc.* 23 Hic, hæc, hoc.

§ 9. 1 Inest. 2 In, *abl.* 3 Animus, i, *m.* 4 Quidam, quædam, quoddam. 5 Cupiditas, *f.* 6 Video, es, ere. *acc.* 7 Verum, i, *n.* 8 Optimus, a, um. 9 Ars, tis. 10 Augeo, es, ere, *acc.* 11 Memoria, æ. 12 *Tournez* est. 13 Exercitatio, nis, *f.* 14 Cum in suspicionem incurrisset. 15 Appeto, is, ere. *acc.* 16 Regnum, i, *n.* 17 Dejicio, is, eci, *acc.* 18 Positus, a, um. 19 In, *abl.* 20 Locus, ci, *m.* editior, is. 21 Parcimonia, æ, *f.* 22 Vito, as, are, *acc.* 23 Sumptus, ûs, *m.* 24 Supervacuus, a, um. 25 Studium, ii, *n.* 26 T. *de cultiver la terre,* ager, agricolo, is, ere, *acc.* 27 Liberalis, is, e. 28 Ratio, nis, *f.* 29 Ulciscor, eris, ci, *acc.* 30 *Ne se rend pas.* 31 Remunero, as, are, *acc.* 32 Consue-

bare [33] d'immoler [34] des hommes a existé [35] aussi chez [36] les Grecs et chez les Romains. Catilina [37] avait formé [38] le projet [39] de détruire [40] Rome [41], de massacrer [42] les citoyens, d'anéantir [43] le nom Romain. Lorsque les soldats de César [44] avaient mis en désordre [45] les ennemis, ils ne [46] leur donnaient [47] pas [48] le temps [48] de se [49] reformer [50].

Lorsque *de* est placé entre un nom et un infinitif qui n'a point de gérondif en *di*, on change le substantif en verbe, de cette manière : Il a le désir de vous être utile, T. il désire..., *cupit tibi prodesse.* Il tremblait de crainte d'être surpris, *contremiscebat ne deprehenderetur.* (Il craignait qu'il ne fût surpris.)

<hr>

Culpa est mentiri. — Turpe est mentiri.

De entre un nom et un infinitif se rend par l'infinitif latin, lorsque cet infinitif peut servir de nominatif à la phrase. Ex. : c'est un péché de mentir, *tournez* mentir est un péché, *culpa est mentiri.* (Le nominatif répond à la question qui est-ce qui, pour les personnes, qu'est-ce qui, pour les choses. Qu'est-ce qui est un péché ? mentir ; *mentiri.*)

Il est honteux de mentir, *turpe est mentiri.* T. mentir est honteux. On remarquera que l'adjectif se met au neutre, lorsqu'il a un infinitif pour nominatif. — L'infinitif peut servir de nominatif à la phrase, non-seulement lorsqu'il est précédé de la préposition *de*, mais encore, de la préposition *à*; souvent il est élégant de se servir de l'adjectif neutre au lieu du substantif.

<hr>

tudo, inis, *f.* 33 Immanis, is, e. 34 Immolo, as, are, *acc.* 35 Existo, is, stiti. 36 Apud, *acc.* 37 Catilina, æ, *m.* 38 Ineo, inis, inivi *ou* inii, *acc.* 39 Consilium, ii, *n.* 40 Deleo, es, ere, *acc.* 41 Roma, æ. 42 Trucido, as, are, *acc.* 43 Exstinguo, is, ere, *acc.* 44 Cæsarianus, a, um. 45 Disturbo, as, avi, are, *acc.* 46 Non. 47 Eis do, as, are, *acc.* 48 Facultas, tatis, *f.* 49 Suî, se. 50 Colligo, is, gere, *acc.*

EXERCICES ÉLÉMENTAIRES.

§ 10. C'est une lâcheté *de* déguiser [1] la vérité. Il y a de la honte [2] *à faire* [3] le mal [4]. Il est glorieux *de mépriser* les injures. C'est une folie que [5] *de s'exposer* au [6] danger sans nécessité [7]. Il y a du mérite [8] *à bien faire* [9] tout ce qu'on fait [10]. Il est généreux *de rendre* [11] le bien pour le mal [12]. C'est un honneur [13] pour [14] les enfans [14] *d'être soumis* [15] à leurs parens.

EXERCICES GÉNÉRAUX.

§ 11. Il est beau *de désirer* [1] la gloire acquise [2] par la vertu [3], mais c'est une honte *de* ne pas *préférer* la vertu à la gloire. C'est même [4] le devoir [5] d'un bon citoyen *de sacrifier* [6] sa réputation aux intérêts de sa patrie. Car c'est un honneur [7] *de s'exposer* au [8] déshonneur [9] pour bien faire [10]. Il fut glorieux pour Fabius [11] *d'être insensible* [12] à de vaines rumeurs [13], et *d'aimer* mieux [14] se faire craindre [15] de [16] l'ennemi, que [17] de *se faire louer* [18] par [16] des citoyens insensés. Fabius imagina [19] un moyen [20] nouveau de vaincre [21]

---

§ 10. 1 Occulto, as, *act.* 2 Indecorus, a, um est. 3 Facio, is, ere, acc. 4 Aliquid mali. 5 *Ne se rend pas.* 6 Adeo, is, ire, *acc.* 7 sine, *abl.* causa, æ. 8 Laus est. 9 Recte ago, is, ere. 10 Quidquid agitur. 11 Rependo, is, ere, *acc.* 12 *Le mal par le bien, ablat.* 13 Laus est. 14 Nati, orum, *dat.* 15 Obsequor, eris, equi, *dat.*

§ 11. 1 Appeto, is, ere, *act.* 2 Partus, a, um. 3 *Ablat.* 4 Quin etiam. 5 T. *Il est d'un.* 6 Posthabeo, es, ere, *acc.* 7 Decus, oris, *n.* 8 Subeo, is, ire, *acc.* 9 Dedecus. 10 Recte agendi causa. 11 Fabius, ii, *dat.* 12 T. *de n'être pas ému,* moveo, es, ere. 13 *Ablat.* 14 Malo, lle. 15 T. *être craint,* metuo, is, ere, 16 Ab, *ablat.* 17 Quàm. 18 T. *être loué,* laudo, as, are. 19 Comminiscor, sceris, mentus sum, isci, *acc.* 20 Ars, tis, *f.* 21 Vinco,

Annibal [22], tant de fois [23] vainqueur, ce fut [24] *de* ne [25] pas [25] *combattre* [26], et le succès justifia le plan qu'il avait suivi [27]. Il est intéressant [28] *de lire* l'histoire. Il ne vous viendra jamais dans l'esprit [29] *de préférer* [30] l'utile à l'honnête [31].

§ 12. Il y a de la méchanceté *à* [1] *se réjouir* [2] des maux d'autrui [3] ; mais il y a une sorte [4] de sagesse *à se consoler* [5] des maux qu'on souffre [6] par l'exemple [7] de ceux qui en souffrent [8] de plus grands [9] encore [10].

N. B. Dans les phrases suivantes l'infinitif ne peut pas servir de nominatif, il faut donc employer le gérondif en *di*.

C'est l'occasion *de faire le bien* [20] qui nous porte [21] à la vertu. Vous me demandez [22] ce que c'est que [23] la jeunesse : c'est le temps [24] *d'acquérir* [25] des connaissances [26] et de *faire* [15] pour ainsi dire [27], des provi-

---

cis, cere, *acc.* 22 Annibal, is, 23 Toties. 24 *Ne se rend pas.* 25 Non. 26 Pugno, as, are. 27 T. *La fortune justifia,* comprobo, as, avi, *acc. Le plan de lui,* consilium, ii ejus. 28 Operæ pretium est. 29 Nunquam tibi venio, ire, in, *acc.* mens, tis. 30 Antepono, is, ere, *act.* 31 Utilia, ium, honesta, orum, *pl. neut.*

§ 12. 1 T. *C'est une méchanceté* de. 2 Gaudeo, es, ere, *abl.* 3 Alienus, a, um. 4 Quidam, quædam, quoddam genus, eris, *n.* 5 T. *à soulager la douleur,* levo, as, are, *acc.* 6 Quæ ipsi patimur. 7 *Ablat.* 8. T. *des souffrants,* patiens, tis, *acc.* 9 Pejor, us, pejoris. 10 Etiam.
   20 T. *par l'occasion* (*abl.*) *de bien agir,* bene ago, is, gere. 21 *Nous sommes portés à,* Impello, llis, ere, ad, *acc.* 22 Quæro, is, ere, ex me. 23 Quid sit. 24 Ætas, tis, *f.* est. 25 Comparo, as, are, *acc.* 26 Doctrina, æ, *au sing.* 27 Ut ita dicam. 28 Viatica,

sions [28] pour [29] le reste de [30] la vie. Quelle est la plus douce [31] jouissance [32] de l'homme [33] sur la terre [34]? c'est le pouvoir d'obliger [35] ses semblables.

Différentes manières de rendre ces locutions. — Au lieu de dire c'est une lâcheté de trahir sa patrie, dites : il est lâche celui qui trahit sa patrie, *Ignavus ille qui prodit patriam.* C'est une folie de soutenir cela, *amens est si quis hoc asseverat.*

Deus sanctus.

L'adjectif et le participe s'accordent en genre, en nombre et en cas avec le nom auquel ils se rapportent. Ex. Dieu saint, *Deus sanctus*, de Dieu saint, *Dei sancti.* Vierge sainte, *Virgo sancta*, de la Vierge sainte, *Virginis sanctæ*, etc. Le temple consacré, *templum sacratum.*

Pater et filius boni, mater et filia bonæ. Quand un adjectif se rapporte à deux noms, on met cet adjectif au pluriel, parce que deux singuliers valent un pluriel. Ex. Le père et le fils bons, *pater et filius boni.* La mère et la fille bonne, *mater et filia bonæ.*

N. B. Comme cette règle offre peu de difficultés, nous essaierons dans les exercices suivants de faire la récapitulation des règles précédentes, et nous suivrons cette marche, à mesure que nous avancerons.

EXERCICES.

§ 13. Le souvenir des maux passés [1] est *agréable.* Les véritables amitiés sont *éternelles.* La colère est une *courte folie* [2]. Les Amazones [3] étaient des femmes

---

corum, *pl. n.* 29 In *acc.* 30 Reliquus, a, um. 31 *Quoi de*, quid, *neut. plus doux*, dulce, dulcius. 32 *Quoi de plus agréable*, quid suave, ius. 33 *Au dat.* 34 His in terris. 35 T. *De bien mériter des hommes*, bene mereor, eris, eri de *abl.* homo, inis.

§ 13. 1 Præteritus, a, um. 2 Furor, is, *m.* 3 Amazones, um, *f.*

belliqueuses. L'histoire a coutume 4 d'être divisée 5 en [6] histoire [7] *ancienne*, en histoire [7] du *moyen âge* [8] et en histoire [7] *moderne* [9]. Dans les temps [10] les *plus reculés* [11], l'empire des Égyptiens [12] fut *très-célèbre*. L'Égypte [13], pays *très-fertile*, a été le berceau [14] des arts. Là [15], le berger et le laboureur, *heureux et tranquilles*, ne craignent [16] pas *les glaces* de l'hiver [17] ou les pluies *excessives* [18]. Danaüs et Cécrops [19], *originaires* [20] d'Égypte, *transportés* [21] par hazard [22] dans [23] la Grèce, adoucirent [24] les mœurs [25] *sauvages* [26] des habitans. La nation [27] Égyptienne [28] et la nation Hébreuse [29], établies dans [30] *le même* pays, mais *très-différentes* [31] de mœurs [32] et de religion, se haïssaient [33] *mutuellement* [34]. Les Hébreux *opprimés* [35] par [36] les Égyptiens, sortirent [37] de [38] l'Égypte, traversèrent [39] *de vastes* déserts, et s'établirent [40] enfin dans [41] la terre de Canaan [42].

Pater et mater boni. Virtus et vitium contraria.

Quand un adjectif se rapporte à deux ou à plusieurs subs tantifs de genre différent, désignant des êtres animés, l'adjec-

---

4 Solet. 5 Divido, is, ere. 6 In, *acc.* 7 *ne se rend pas.* 8 Medius, a, um. 9 Recentior, is. 10 *abl. sans prépos.* 11 Antiquissimus, a, um. 12 Ægyptius, ii, *m.* 13 Ægyptus, i, *f.* 14 Seminarium, ii, *n.* 15 Illic. 16 Præmetuo, is, ere, *acc.* 17 Sævitia, æ (*au sing.*) glacialis, e; hyems, is, *f.* 18 Immodicus, a, um. 19 Cecrops, pis. 20 Oriundus, a, um, ex, *abl.* 21 Delatus, a, um. 22 Casus, ûs, *abl.* 23 In, *accus.* 24 Excolo, is, colui, ere, *acc.* 25 Mores, um, *m. pl.* 26 Ferus, a, um. 27 Gens, tis, *f.* 28 Ægyptius, a, um. 29 Hebræus, a, um. 30 Incolens, tis, *part. act.* 31 Dissimillimus, a, um. 32 *Ablat.* 33 Se prosequor, eris, qui odio. 34 Mutuus, a, um. 35 Oppressus, a, um. 36 Ab, *abl.* 37 Demigro, as, avi. 38 Ex, *abl.* 39 Trajicio, is, jeci, *acc.* 40 Consideo, es, consedi, sidere. 41 In, *abl.* 42 Canaan, *indécl.*

tif s'accorde avec le masculin de préférence aux deux autres genres, et avec le féminin de préférence au neutre. (Les Latins paraissent éviter cette dernière construction, et prennent un un autre tour. Voir ci-après).

Lorsque les substantifs sont des choses inanimées, l'adjectif qui s'y rapporte se met au pluriel neutre. (*Il n'y a d'animé que les hommes et les bêtes*).

Le père et la mère bons, *pater et mater boni*. Le vice et la vertu contraires, *virtus et vitium contraria*.

Lucrèce et son esclave furent chastes, *Lucretia et ejus manci-pium castitate floruerunt*.

Verè sapientes.

Lorsque deux adjectifs sont joints ensemble, le premier se change ordinairement en adverbe. Les vrais sages, *verè sapientes*. Les belles actions, *præclarè facta*.

EXERCICES ÉLÉMENTAIRES.

§ 14. Le frère et la sœur *unis* [1] par la nature [2]. La paresse et le déshonneur [3] *très-rapprochés* [4]. Les *vrais* savans sont modestes. Les actions [5] *courageuses* excitent [6] l'admiration. Les actions *honteuses* excitent le mépris. Antoine [7] et Cléopatre [8] furent *vaincus* [9] par [10] Auguste [11]. Les richesses, l'honneur, la gloire sont *placés* [12] devant [13] vos yeux. Il faut faire un usage modéré [14] des *plaisanteries* [15]. Les *véritables* grands hommes [16] recherchent [17] plutôt [18] la vertu que [19] la gloire.

---

§ 14. 1 Conjunctus, a, um. 2 *Abl. sans prép.* 3 Dedecus, coris, *n.* 4 Proximus, a, um. 5 Factum, i, *n.* 6 Moveo, es, ere, *acc.* 7 Antonius, ii, *m.* 8 Cleopatra, æ. *f.* 9 Victus, a, um, fui. 10 Ab, *abl.* 11 Augustus, i, *m.* 12 Situs, a, um sum. 13 In, *abl.* 14 Parcè uti debemus. 15 Facetè dicta, orum, *abl.* 16 T. *Les hommes (vir, i) vraiment grands.* 17 Sequor, eris, qui, *acc.* 18 Potiùs. 19 Quàm.

EXERCICES GÉNÉRAUX.

§ 15. Les mœurs et les principes de Sparte et d'Athènes [1] étaient *contraires*. Chez les Athéniens les hommes [2] et les femmes [3], *adonnés* [4] aux plaisirs, vivaient dans [5] le luxe, et la mollesse. Chez les Lacédémoniens, les femmes et les hommes *endurcis* [6] au travail, *accoutumés* [7] à la tempérance, méprisaient [8] le luxe et les plaisirs. Les goûts [9] et les occupations des deux peuples étaient *différens* [10]. Les arts, la culture des terres [11], le commerce [12], la marine [13] *regardés* comme [14] *vils* chez les Spartiates, n'étaient pas moins estimés [15] chez les Athéniens que [16] l'art de la guerre [17]. Le sol de l'Attique était stérile et aride. Pour se procurer [18] les fruits [19], le bétail, et le blé *nécessaires* à [20] leur [21] subsistance [22], les habitans tournèrent [23] leur [24] industrie au [25] commerce, aux métiers [26] et aux arts, aussi [27] *utiles* que [27] l'agriculture chez les nations policées [28].

§ 16. *Les belles actions* des Athéniens n'excitent [1] pas moins [2] l'admiration que [3] les exploits et les victoires des Spartiates [4]. Les peuples et les villes de la

---

§ 15. 1 Spartani, orum; Athenienses, ium. 2 Vir, i. 3 Femina, æ. 4 Deditus, a, um, *dat.* 5 Diffluo, is, ere, *abl. sans prépos.* 6 Induratus, a, um, *abl.* 7 Assuetus, a, um, *datif ou ablatif.* 8 Aspernor, aris, atus sum, ari, *acc.* 9 Studium, ii, *n.* 10 Diversus, a, um. 11 Agricultura, æ, *f.* 12 Mercatura, æ, *f.* 13 Res maritimæ. 14 T. *qui étaient regardés*, qui, quæ, quod abjectus, a, um ducor, ceris, ci. 15 Non in, *abl.* minor, oris honor, is habeor, eris, eri. 16 Quàm. 17 Res militaris. 18 Ad comparandus, a, um sibi. 19 Terræ fruges, *f.* 20 Ad, *acc.* 21 *Ne se rend pas.* 22 Victus, ûs. *m.* 23 Verto, is, ti, sum, ere, *acc.* 24 Suus, a, um. 25 Ad, *acc.* 26 Artificium, ii. 27 Non minus…quàm. 28 Moribus excultus, a, um.

§ 16. 1 Moveo, es, ere, *acc.* 2 Minor, is. 3 Quàm. 4 Spartanus.

Grèce *exposés* [5] aux invasions des Barbares, furent plus d'une fois [6] *sauvés* [7] par le courage [8] des Athéniens. La ville d'Athènes ne se distingua [9] pas moins par les philosophes et les orateurs *célèbres qui* naquirent dans son sein [10]. Socrate, *ce vrai sage* [11], fut l'ornement de sa patrie. *Les belles paroles* et les *sages* préceptes de ce philosophe ont été *recueillis* [12] par Platon [13] et d'autres grands écrivains, disciples de Socrate : *ses* [14] actions *justes* [15] et *honnêtes* lui [14] avaient mérité [16] le respect de la Grèce entière [17], et cependant il fut condamné [18] à boire [19] la ciguë.

Turpe est mentiri.

L'adjectif qui ne se rapporte à aucun nom précédent, se met au neutre, et le verbe qui suit se met ordinairement au présent de l'infinitif. *Ex.*

Il est honteux de mentir, *turpe est mentiri.* (T. mentir est honteux).

Il est honteux d'être paresseux, *turpe est esse pigrum.* (*Pigrum.* est à l'acc. masc. on s.-ent. *hominem.*)

§ 17. Il est beau *de vaincre* [1] ses ennemis ; mais il est plus glorieux encore *de vaincre* ses passions. Il y a de la folie [2] *à donner* [3] des conseils aux autres et *à* ne pas *prendre garde* [4] à soi [5]. Il est agréable *de se rappeler* [6] ce qu'on a trouvé dur [7] *à supporter* [8]. Il y a

----

i. 5 Obnoxius, a, um. 6 Non semel. 7 Servo, as, avi, atum. 8 Virtus, tutis, *abl. sans prép.* 9 Inclaresco, inclarui. 10 Felici Philosophorum et oratorum partu. 11 *Cet homme*, vir ille vraiment. 12 Excipio, is, epi, eptum, ere. 13 A Plato, nis. 14 Sua ei. 15 Rectè. 16 Concilio, as, avi, *acc.* 17 Universus, a um. 18 Jubeo, es, ssi, ssum. 19 Haurire, *act.*

§ 17. 1 Vinco, is, cere, *acc.* 2 T. *il est sot de*, Sum, es stultus, a, um. 3 Do, as, dedi, dare, *acc.* 4 Non caveo, es, ere. 5 Suî, sibi. 6 Memini, isse. 7 T. *ce qui a été dur à être supporté*, quod durus, a, um sum, es, fui. 8 Tolero, as, atum.

de la honte[9] non *à apprendre* [10], mais *à ne pas vouloir* [11] apprendre. Nous trouvons [12] qu'il est [13] beau *d'exceller* [14] dans la science, et honteux *d'être dans l'ignorance* [15]. Il n'[16]est jamais [16] utile *de faire* une faute [17], parce qu'il est toujours honteux *de la faire* [18]. Il est difficile *de parvenir* [19] en cette vie, à [20] la véritable félicité.

Remarques sur l'emploi des adjectifs.

1° L'adjectif s'emploie quelquefois substantivement, en vertu d'un substantif s.-entendu. Ex. Le pauvre est partout méprisé, *pauper* (homo) *ubique jacet.* Cette substitution se rencontre encore plus souvent au pluriel. Ainsi quand on désigne les *mœurs*, *l'état*, on omet souvent le mot *homines.* Ex. : Les riches, *divites.* Les gens de bien, *boni.* Et avec le neutre : beaucoup de choses, *multa* (negotia). Cependant cet usage est beaucoup plus rare en latin qu'en français, et l'on ne doit se le permettre qu'autant que l'adjectif, par sa terminaison, ne laisse point d'équivoque à craindre.

2° En latin, comme en français, on se sert du singulier, au lieu du pluriel, pour désigner une classe d'hommes. Ex. : Le soldat (Les soldats) doit obéir à son général. *Miles* (*pour milites*) *imperatori parere debet.*

EXERCICES.

§ 18. Quelquefois *les riches* envient [1] le sort *des pauvres.* Alexandre [2] leva *des soldats* dans [3] le Pélo-

---

9 T. *il est honteux de*, turpis, e sum, es. 10 Disco, is, scere. 11 Nolo, non vis, nolle. 12 Duco, cis, cere. 13 *Ne se rend pas.* 14 Excello, is, llere. 15 Nescio, is, ire. 16 Nunquam. 17 Pecco, as, are. 18 *Ne se rend pas.* 19 Assequor, eris, equi, *acc.* 20 Ne se rend pas.

§ 18. 1 Invideo, es, ere, *dat.* 2 Alexander. 3 Miles, litis con-

ponnèse 4. Il y a 5 la même 6 différence 7 entre *un* 8 *homme instruit* 9 et *un ignorant* 10, qu'entre 11 un cheval dompté 12 et un cheval indompté 13. Il voulait en dire *davantage* 14, mais la mort l'en 15 empêcha 16. Il dit 17 *quelques mots* 18. Alexandre a fait 19 *beaucoup de choses* 20 mémorables 21.

3° Si un participe passif se rapporte à deux substantifs de genre et de nombre différents, le participe s'accorde en genre et en nombre avec le substantif qui désigne l'idée principale, c'est-à-dire, avec le nom de personne préférablement au nom de chose, avec le nom propre préférablement au nom commun. Ex. Balbus fut appelé le trompette de la guerre civile, *Balbus tuba belli civilis est appellatus*, et non *appellata*. Si les deux substantifs ont à peu près la même valeur, et désignent des objets inanimés, le participe s'accorde avec le plus voisin. Ex. La pauvreté m'a paru un lourd fardeau, *paupertas mihi onus visum est grave*, ou en changeant l'ordre des mots : *visa est mihi paupertas onus grave*.

EXERCICES.

§ 19. Attila 1, roi des Huns 2, *fut appelé* 3 le fléau 4 de Dieu. Néron 5 et Caligula, empereurs Romains, ont été *traités de* 3 bêtes féroces 6, par 7 les historiens. La reine Sémiramis *passa pour* 8 un jeune garçon 9. La colère m'a toujours *paru* 10 un vice odieux. L'en-

duco, xi, *act.* è, *abl.* 4 Peloponnesus, i, *f.* 5 Intersum , es, est. 6 Idem , eadem , idem. 7 Discrimen , minis, *neut.* 8 Ne se rend pas. 9 Doctus, i. 10 Indoctus, i. 11 T. *laquelle*, qui, quæ quod inter. 12 Domitus, a, um. 13 Indomitus. 14 Plures, plura volentem dico, is, cere. 15 *Ne se rend pas.* 16 Intercipio, cepi, cipere, *act.* 17 Dico, dixi, *act.* 18 Pauci, cæ, a. 19 Facio, feci, *act.* 20 Multus a, um. 21 Dignus, a, um memoria, æ.

§ 19. 1 Attilla. 2 Huni, norum. 3 Vocatus, a, um sum fui, isti. 4 Flagellum, i. 5 Nero, nis. 6 Bellua , æ, *f.* ferus, a, um. 7 A, *abl.* 8 Creditus, a, um sum, es. 9 Puer, i, *masc.* 10 Mihi visus,

vie m'a toujours *paru* la marque [11] d'une ame basse [12].
Le génie a toujours *été regardé* comme [13] une [14] chose
rare.

***

Lorsque les substantifs sont de genre différent, et désignent,
les uns *des êtres animés*, les autres des *objets inanimés*,
l'adjectif se met au neutre ou au genre des êtres animés, ou
bien il s'accorde avec le dernier substantif. Ex. Les esclaves
et les armes ont été-livrés, *servi atque arma sunt traditi.* Les
vaisseaux et les captifs pris à Chio, *naves et captivi ad Chium
capta.* Le salut, les enfants, la fortune de tous vous sont très-
chers, *Tibi omnium salus, liberi, fortunæ sunt carissimæ.*

Cependant l'usage le plus ordinaire est de construire l'adjectif avec un seul des substantifs et de le sous-entendre pour
les autres; dans ce cas, l'adjectif s'accorde tantôt avec le premier, tantôt avec le dernier substantif. Ex. Thrasybule et
son isolement furent *méprisés* par les tyrans, *Thrasybulus contemptus est a tyrannis atque ejus solitudo.* Les envieux haïssent
la vertu et le bonheur d'autrui, *invidi virtutem et bonum alienum
oderunt.*

EXERCICES.

§ 20. Cicéron [1], défenseur de la république, son [2]
éloquence et son [2] courage étaient *odieux* à Antoine [3].
Toutes les vertus, tous les grands hommes *étaient
suspects* à Domitien [4]. Tous les arts, tous les métiers [5],
tous les artistes *étaient méprisés* à Sparte [6]. Vous,
votre père, votre fortune [7], votre salut m[8]êtes très-
chers.

***

a, um sum. 11 Indicium, ii, *neut.* 12 Abjectus. a, um. 13 Existi-
matus sum, es. 14 *Ne se rend pas.*

§ 20. 1 Cicero. 2 Ejus. 3 Antonius, ii. 4 Domitianus, i. 5
Artificium, ii 6 Apud, *acc.* Spartani, orum. 7 Fortunæ,
arum. 8 *A moi.*

*Deus est sanctus. Credo deum esse sanctum. — Refert adoles-
centis esse impigrum.*

L'adjectif ou le substantif, c'est-à-dire l'attribut qui suit
immédiatement le verbe *sum*, se met au même cas que le nom
ou pronom qui précède le verbe et auquel il se rapporte. Ex. :
Dieu est saint, *Deus est sanctus.* Je crois que Dieu est saint,
credo Deum esse sanctum. En latin l'on dit je crois Dieu être
saint. Il ne m'est pas permis d'être paresseux, *mihi non licet
esse pigro.* On pourrait dire aussi *pigrum* sous-entendu *me* ; *me
esse pigrum.* Nous voulons être heureux, *volumus esse beati.* —
Si cependant le nom qui précède était au *génitif,* il faudrait
mettre l'*adjectif* à l'accusatif. Ex. : Il importe à un jeune
homme d'être laborieux, *refert adolescentis esse impigrum*
(sous-entendu *ipsum*). — On observe la même règle après
tout autre verbe quand l'attribut le suit immédiatement. Ex.:
Le geai revint tout chagrin, *graculus rediit mœrens.* Aristide
mourut pauvre, *Aristides mortuus est pauper.* Je m'appelle lion,
ego nominor leo.

EXERCICES ÉLÉMENTAIRES.

§ 21. Le langage [1] de la vérité est simple. La
science et la vertu sont les véritables ressources [2] de
la vie. Timoléon [3] de Corinthe [4] fut [5] un grand
homme [6]. Un malheureux est une chose sacrée. Le
lion devient [7] quelquefois la proie des plus petits
oiseaux. Celui qui [8] meurt [9] malheureux ne meurt
pas trop tôt [10]. Les attaques [11] soudaines [12] de la fortune paraissent [13] toujours terribles [14]. L'habitude
devient [15] une seconde [16] nature. Le temps [17] fuit [18]

---

§ 21. 1 Sermo, nis, *m.* 2 Præsidium, ii, *n.* 3 Timoleon, tis.
4 Corinthius, a, um. 5 Existo, is, exstiti. 6 Vir, i. 7 Fio, is,
fieri. 8 Qui (*s.-ent.* homo). 9 Morior, reris, mori. 10 Immaturè.
11 Ictus, ûs, *m.* 12 Repentinus, a, um. 13 Videor, eris, eri. 14
Gravissimus, a, um. 15 Fio, fis, fieri. 16 Alter, a, um. 17 Ætas,

sans retour [19]. L'envie attaque [20] avec fureur [21] la vertu et la gloire. Cicéron [22] fut appelé [23] le père de la patrie.

EXERCICES GÉNÉRAUX.

§ 22. Auguste [1] reconnu [2] *empereur* fut victorieux par terre [3] et par mer [3]. A Auguste succéda [4] *Tibère* [5], prince cruel et dissimulé [6], qui fit [7] périr [7] par le poison [8] l'illustre [9] Germanicus. Après la mort [10] de Tibère, l'insensé [11] Caligula devint [12] *le maître* [13] du monde [14]. Bientôt ce monstre [15] tomba sous les coups [16] de [17] Chéreas [18]. Claude [19], empereur stupide, déshérite [20] son fils Britannicus, et adopte [21] Néron, fils d'Agrippine [22]. Celle-ci empoisonne [7-8] Claude; alors commence le règne de [23] *Néron*, le plus cruel des princes. Agrippine sa mère, est mise à mort par son ordre [24]. Il est condamné [25] par [26] le sénat, et se tue lui-même [27]. Ensuite règnent et périssent [28] successi-

---

tatis, *f.* 18. Fugio, is, ere. 19. Irrevocabilis, e. 20 Insector, aris. ari, *acc.* 21 Furens, tis. 22 Cicero, nis.　23 Audivit *ne gouverne pas l'accus. en ce sens*.

§ 22. 1 Augustus, i, *m.* 2 Consalutatus, a, um. 3 *A l'ablat. sans préposit.* 4 Augustum excepit. 5 Tiberius, ii. 6 Falsus. 7 Tollo, is, sustuli, *act.* 8 Venenum, i, *abl.* 9 Clarissimus, a, um vir, i. 10 Exstinctus, a, um, *abl.* T. *Tibère mort.* 11 Demens. 12 Fio, factus sum. 13 Dominus, i. 14 Orbis, is terrarum. 15 Bellua, æ, *f.* 16 Interfectus, a sum. 17. A, *abl.* 18 Chéreas, æ. 19 Claudius. 20 Exhæredo, as, *act.* 21 Adopto, as, *act.* 22 Agrippina, æ. 23 Incipit regnare. 24. Is jubens, tis, *abl.* interficitur Agrippina, æ, mater, tris. 25 Damno, as, atum. 26 A, *abl.* 27 Sui, sibi, se interficio, is, *act.* ipse. 28 Cado, is, ere, *neut.*

vement[29], Galba, Othon[30] et Vitellius. Vespasien est élu[31] empereur. Avec son règne[32] renaissent[33] le bonheur et la paix. A Vespasien succéda Titus, les délices et l'amour du genre humain. Mais ce prince donna[34] au monde[35] une courte[36] joie: et Néron sembla renaître dans la personne de Domitien[37]. Ce prince fut tué après un règne de trois ans[38].

Refert adolescentis esse impigrum. — Mihi non licet esse pigro ou pigrum. — Fuit magni animi, non esse supplicem victori.

Avec *licet*, l'emploi du datif est plus ordinaire. Il en est de même avec *dare, concedere*, accorder; *necesse est*, il est nécessaire; *satius est*, il vaut mieux; *contigit*, il est arrivé. Ex.: il vous est nécessaire d'être courageux, *vobis necesse est fortibus viris esse*. Vous avez le bonheur d'être en même temps un grand citoyen et un grand général, *maximo tibi et civi et duci esse contigit*, etc. Voir les notes de la gram. lat. § 252.

EXERCICES ÉLÉMENTAIRES.

§ 23. Il était permis[1] à Thémistocle[2] (*Thémistocle pouvait*) rester[3] *oisif;* mais il préféra[4] la gloire au repos[5]. Il n'a point été donné[6] à l'homme d'être *heureux* sur la terre[7]. Il lui[8] importe d'être *ferme*[9]

---

29 *L'un après l'autre*, alius post alius, a, ud. 30 Otho, onis. 31 Vespasianus consaluto, as, are. 32 *Lequel régnant, à l'abl.* 33 Renascor, sceris, sci, *dép.* 34 Facio, is, feci, *act.* 35 Terræ, arum. 36 Brevis, e. 37 *Et Domitien régénéra Néron*, Nero, nis regenero, as, avi, *act.* Domitianus. 38 T. *trois ans, ablat.* postquam regnum adeptus esset, interfectus, a, um.

§ 23. 1 Licui, isti. 2 Themistocles, clis. 3 Vivo, is, ere, *v. neut.* 4 Antepono, is, sui. *act.* 5 Otium, ii. 6 Non concessum fuit, il *ne se rend pas.* 7 Hi, hæ, hæc in, *abl.* terræ, arum. 8 *Au*

et courageux dans [10] l'adversité [11], et *modéré* dans [10] la prospérité [12]. Il importe à un prince d'être toujours *généreux* envers ses ennemis vaincus. Il n'est point d'une grande âme d'être *avide* de vengeance. Il vaut mieux pour [13] un homme médiocre être *obscur*, que d'être exposé au grand jour [14]. Trajan [15] eut le bonheur [16] d'être en même temps [17] *un bon prince* et *un grand capitaine* [18]. Il est nécessaire à un roi d'être à la fois [19] *bon et sévère*.

Après les verbes *soleo*, j'ai coutume, *audeo*, j'ose, *possum*, je puis, *debeo*, je dois, on met l'attribut (l'adjectif) au nominatif. Ex. Il a coutume de paraître triste, *solet tristis videri*. Osez être sage, *aude sapiens esse*. — Avec *volo* on met l'infinitif et le nominatif, si le sujet est le même pour les deux verbes, comme *volo eruditus fieri*, je veux devenir savant, et l'accusatif avec l'infinitif, si le sujet est différent, *volo te eruditum fieri*, je veux que tu deviennes savant. On peut aussi employer l'accusatif quand le sujet des deux verbes est le même, pourvu qu'il soit exprimé, *volo me eruditum fieri*.

EXERCICES.

§ 24. Les sots, dans la prospérité [1], ont coutume d'être *insolents*. Tous les hommes veulent être *heureux*; mais ils ne savent pas reconnaître [2] ce qui fait [3] le vrai bonheur. Un général doit être *maître* [4] de lui-même [5] au fort [6] du combat. Osez être *l'ennemi* [7] des

---

génit. 9 Constans, tis. 10 Inter, *acc.* 11 Adversa, orum, *pl. n.* 12 Prospera, orum, *n. pl.* 13 T. à. 14 Quàm in clariori luce versans, tis. 15 Trajanus, i, *au dat.* 16 Contigit. 17 Et. 18 Dux, cis. 19 Et.

§ 24. 1 Res, erum prosperæ, arum. 2 Sed non dispicio, is. 3 Quid afferam, as. 4 Compos. tis. 5 Sui. 6 Medio in ardore. 7 Au-

méchants [8]. Les anciens [9] Romains avaient coutume [10] d'être intrépides dans les combats, et humains après la victoire. Un père sage veut [11] que ses enfans deviennent savants [12], parce qu'il sait [13] que la science est *un trésor* [14] *assuré* [15]. Un homme de bien [16] peut être *malheureux*, mais il ne [17] sera jamais [17] *méprisable*. Je voudrais que tous les hommes fussent [18] *vertueux* [19], afin qu'ils [20] fussent tous *heureux*.

Avidus laudum.

Les adjectifs, *avidus*, avide; *cupidus*, qui désire; *studiosus*, qui a du goût pour; *peritus*, habile dans; *expers*, qui manque; *patiens*, qui souffre; *rudis*, qui ne sait pas; *memor*, qui se souvient; *immemor*, qui ne se souvient pas; *plenus*, plein, et en général ceux qui viennent des verbes gouvernent le génitif.

Exemples :

Avide de louanges, *avidus laudum ;* habile dans la musique, *peritus musicæ ;* plein de vin, *plenus vini.* (On trouve quelquefois *plenus* avec un ablatif : *plenus vino.*)

EXERCICES ÉLÉMENTAIRES.

§ 25. Thémistocle [1] rendit [2] les Athéniens [3] *trèshabiles* [4] *dans* les combats de mer [5]. La recherche [6] de

---

deo, es, sus, sum, ere... inimicus, a, um. 8 *Au dat.* 9 Vetus, teris. 10 Soleo, es, itus sum, ere. 11 Cupio, is. 12 T. *ses enfants,* liberi, orum, *à l'accus. devenir* fio, fieri, *savants:* 13 Scio, is. 14 T. *la science (à l'acc.) être des richesses,* divitiæ, arum, fém. 15 Certus, a, um. 16 Vir bonus. 17 Nunquàm. 18 *Tous les hommes (à l'accus.) être.* 19 Virtute præditus, a, um. 20 Ut.

§ 25. 1 Themistocles, is. 2 Facio, is, feci, acere, *acc.* 3 Atheniensis, is. 4 Peritus, a, um. 5 Bellum, i, n. navalis, e.

la vérité [7] est *propre* [8] *à* l'homme, qui seul [9] de tous les animaux [10] *participe à* [11] la raison. Les Siciliens [12] *avaient beaucoup de goût pour* [13] les tragédies d'Euripide [14]. L'âne *sait endurer* [15] les coups, et *supporte avec beaucoup de patience* [16] la fatigue et la faim. Un esprit [17] *inquiet* [18] de l'avenir est malheureux [19]. Les bêtes sont *privées* [20] de la raison et de la parole. Les hommes légers *ne prévoient pas* [21] l'avenir. Vivez [22] *en pensant* [23] à la mort [24]. Le peuple *désire et craint* [25] *la* nouveauté [26]. L'empereur Galba *ne désirait point* [27] l'argent d'autrui [28], il était *économe* [29] *du* sien et *avare* [30] *de* celui de l'état [31]. Certains animaux *craignent* [32] *la* lumière. L'homme dont l'esprit n'est point cultivé [33] *n'est pas maître* [34] de sa colère. Epaminondas *aimait* [35] *la* vérité. La vertu *procure* [36] *le* plaisir. Tous les jeunes gens bien nés [37] *désirent* [38] *la* gloire. Les anciens Gaulois [39] n'étaient point *indifférens pour* [40] la religion. Celui qui [41] *aime* [42] ses parents *aime* aussi [43]

---

6 Investigatio, nis, *f.* 7 Verum, i. 8 Proprius, a, um. *gen.* 9 Unus, a, um. 10 Animans, tis. 11 Sum, es particeps, icipis. 12 Siculus, i. 13 Sum, es, studiosissimus, a, um. 14 Euripides, is. 15 Sum, es, tolerantissimus, a, um. 16 Patientissimus, a, um. 17 Animus, i. *m.* 18 Anxius, a, um. 19 Miser, a, um. 20 Expers, tis. 21 Sum, es, improvidus, a, um. 22 Vivo, is, ere. 23 Memor. 24 Lethum, i. *n.* 25 Sum cupidus, a, um et pavidus, a, um. 26 Novæ res, erum. 27 Non appetens. 28 Alienus, a, um. 29 Parcus, a, um. 30 Avarus, a, um. 31 Publicus, a, um. 32 Sum timidus, a, um. 33 T. *d'un esprit inculte*, ingenium incultum. 34 Impotens, tentis. 35 Fui, isti diligens, tis. 36 Sum, es efficiens. 37 Ingenuus, a, um. 38 Sum, es appetens, tis. 39 Vetus, eris Gallus, i, *m.* 40 Negligens, tis *ou* incuriosus, a, um. 41 Qui. 42 Amans sum, es. 43

sa patrie. Démosthène [44] *aimait* [45] à entendre [46] Platon [47]. L'homme *ne connaît point* [48] le sort qui l'attend [49]. Celui qui [50] *a la conscience* [51] d'avoir bien vécu [52] *ne s'inquiète pas de* [53] l'avenir [54].

EXERCICES GÉNÉRAUX.

Cupidus videndi urbem, videndæ urbis.

§ 26. Marius désireux [1] *d'obtenir* [2] le consulat, *oublia* toute espèce [3] de bienséance [4], et représenta [5] Metellus, son général, comme [6] un homme *avide du* [7] commandement [8], *inhabile dans* [9] l'art militaire [10], *ne sachant quel* parti *prendre* [11] dans les occasions importantes [12] et ne *désirant* point [13] terminer [14] la guerre de Jugurtha [15]. Marius, au contraire, [16] *avait la conscience* [17] de ses propres talens [18], *connaissait* [19] l'art de manier [20] l'esprit [21] des soldats, n'était *point accoutumé* [22] au luxe et à la mollesse, *supportait très-*

Idem amans sum. 44 Demosthenes, is. 45 Fui, isti studiosus. 46 Audio, is, ire, *act.* 47 Plato, nis, *m.* 48 Nescius, a, um. 49 Futurus, a, um. 50 Qui. 51 Sum, es conscius sibi. 52 *D'une vie bien passée*, vita, æ, bene actus, a, um. 53 Securus, a, um, sum, es. 54 Futurum, i.

§ 26. 1 Cupidus. 2 Adipiscor, sceris, sci, *acc.* 3 Prorsus immemor sum, fui. 4 Decorum, i. 5 Depingo, is, nxi, *act.* 6 Ut. 7 Avidus, a. 8 Imperium, ii. 9 Imperitus, a. 10 Res, rei militaris. 11 Dubius consilium, ii, capio, endus, a, um. 12 Si quas res gravis incideret. 13 Minimèque cupidus *ou* cupiens. 14 Conficio, ciendus, a, um. 15 Bellum Jugurthinum, i. 16 Verò. 17 Sibi Conscius sum. 18 Sua, æ, industria, æ, *au sing.* 19 Gnarus sum. 20 Tracto, as, are, *acc.* 21 Animus, i. 22 Insuetus, a, um.

bien [23] les fatigues [24] de la guerre, était *maître* [25] *de*
lui-même [26] au milieu [27] des plus grands dangers, et
s [28]'il *ignorait* [29] l'art de tromper, [30] l'esprit [31] de ses auditeurs [32] par de beaux discours [33], s'il *n'avait* point
de *goût pour* [34] des sciences frivoles [35], *il savait* [36] se
faire admirer [37] de [38] ses compagnons d'armes [39] par
sa valeur et son habileté [40] dans la guerre [41]. Marius
ayant ainsi parlé de lui [42] au [43] peuple en termes magnifiques [42], *obtint* enfin ce qu'il désirait [44]; mais en se
montrant [45] moins *jaloux* [46] de sa gloire que de ses
intérêts [47], il perdit la réputation d'homme de bien,
perte [48] vraiment irréparable [49].

Voyez ci-après (Méthode) *de* entre un nom et un verbe qui
n'a point de gérondif en *di*. Comme désireux d'être récom-
pensé, loué, etc. *Cupidus mercedis, laudis.* Je suis désireux
d'être présent, *cupio adesse*, etc.

Similis patris ou *patri*.

Similis, semblable, *par*, *æqualis*, égal, *affinis*, allié , *communis*, commun, *peculiaris* et *proprius*, particulier, *superstes*, qui
survit, gouvernent le génitif ou le datif. (Cependant on dit
toujours *mei, tui, nostri, vestri similis, dissimilis* , et non *mihi,
tibi, nobis, vobis*.) Ex : Semblable à son père, *similis patris* ou
patri. Allié au roi, *affinis regis* ou *regi*.

------

23 Tolerantissimus sum. 24 Labor, is, *masc.* 25 Compos, potis.
26 Suî, sibi. 27 Inter *acc.* 28 Quòd si. 29 Rudis essem, es. 3o Decipio, is, ere, *act.* 31 Animus, i, *m.* 32 Audiens, tis, 33 Speciosus,
a, um, oratio, nis, *fém.* 34 Non studiosus essem, es. 35 Vanus,
a, um, 36 Haud inscius eram, as. 37 Admirationem sibi concilio,
as, are. 38 Suus. 39 Commilito, nis. 4o *Abl. sans prépos.* 41 *Au
génit.* 42 Cum hæc de se magnificè dixissem , es. 43 Ad. 44
T. *fut maître de son vœu*, votum, ti tandem compos, potis. 45
Lorsqu'il se montra, præbeo, es, ui , *act.* 46 Anxius *ou* studiosus. 47 Utilitas, tis. *f.* 48 Damnum, i. 49 Nequaquam repara-
bilis, e.

EXERCICES ÉLÉMENTAIRES.

§ 27. La mort est *commune* [1] à tous les âges. Le mensonge *approche* [2] du parjure. La vertu et la science *appartiennent en propre* [3] à l'homme. La gloire et la vertu *survivent* [4] à la puissance et aux richesses. Le sommeil *ressemble* [5] à la mort. Mon frère *me ressemble*. Othon [6] *ressemblait assez* [7] de figure [8] à Tibère [9]. Il y eut à Rome plus de rois [10] semblables à Romulus qu'à Numa. Caton ne voulut pas *survivre* [11] à la liberté. Les richesses *n'appartiennent en propre* [12] à personne [13]. Point d'esclave [14] qui ne soit [15] *allié* [16] aux rois, point de roi qui ne soit [15] *allié* aux esclaves. La vertu *appartient* [17] au pauvre comme au riche.

Adjectifs qui gouvernent le datif seulement.

Mihi utile est.

Utilis, utile à; *commodus*, avantageux à; *infensus, iratus*, irrité contre; *assuetus*, accoutumé à; *aptus, idoneus*, propre à, etc. gouvernent le datif. Il en est de même de tous les adjectifs dont la signification est incomplète, c'est-à-dire dont la qualité se rapporte à un autre objet. La signification d'un adjectif est incomplète, lorsqu'il demande après lui une préposition suivi de son régime, comme propre à, irrité contre. — Sage, juste

---

§ 27. 1 Communis, e. 2 Affinis, e, sum, ès. 3 Proprius, a, um, sum, es. 4 Superstes, stitis, sum, es. 5 Similis, e, sum, es. 6 Otho, nis, *m.* 7 Non absimilis, e. 8 Facies, ei, *abl.* 9 Tiberius, ii. 10 T. *A Rome (au génit.) plus de*, plures, *rois furent.* 11 Sum, es, esse, superstes, stitis. 12 Sum proprius, a, um. 13 Nullus, a, um. 14 Nemo servus. 15 Non *(qui et soit ne se rendent pas).* 16 Affinis, e. 17 Communis, e, sum.

ont une signification complète. Voyez gramm. lat. § 255. Notes. Tels sont les adjectifs qui signifient utile ou nuisible, agréable ou désagréable, ami ou ennemi, facile ou difficile, convenable ou contraire, égal ou inégal, semblable ou différent, propre à, les adjectifs et les adverbes qui expriment la proximité et la parenté; les adjectifs en *bilis*, comme *flebilis*.

Ex : Cela m'est utile, *id mihi utile est*. Corps accoutumé à supporter le travail, *corpus assuetum tolerando laborem*, ou mieux *tolerando labori*.

EXERCICES ÉLÉMENTAIRES.

§ 28. Le travail est *utile à* [1] tous les hommes. L'oisiveté est *nuisible* [2] à la vertu. Le souvenir de vos maux passés vous [3] sera agréable [4]. La présence [5] d'un homme de bien est *désagréable* [6] *au* méchant. Miltiade [7] fut *plus ami* [8] de la liberté de ses concitoyens, que [9] de sa propre [10] domination. La frugalité est *ennemie* [11] des festins somptueux. L'ingrat, comme [12] le tigre, est l'*ennemi* [13] de son bienfaiteur [14]. Alexandre [15] *irrité contre* [16] Clitus, son meilleur ami [17], le tua dans [18] un festin. Un homme *accoutumé* [19] à la mollesse est *incapable* [20] d'une action courageuse [21]. La jeunesse est le temps *propre* [22] au travail. Il n'y a point de [23] chemin *inaccessible* [24] à la vertu. Le faux [25] *touche* [26] au vrai [27]. Les maux sont *voisins* [28]

---

§ 28 1 Utilis, e. 2 Noxius, a, um. 3 T. *à vous*. 4 Jucundus. 5 Aspectus, ûs, *m*. 6 Ingratus, a, um. 7 Miltiades, is, *m*. 8 Amicior, *datif*. 9 Quàm. 10 Suus, a, um. 11 Inimicus, a, um, *dat*. 12 Ut. 13 Infestus sum , es. 14 Homo , inis de se bene meritus . i. 15 Alexander , ri, *m*. 16 Iratus, a, um, *dat*. 17 T. *très-ami à lui,* ipse, a, um. 18 Virum (*le*) interficio, is, feci, *acc*. inter. 19 Assuetus, a, um. 20 Impar. 21 Fortiter aliquid ago, is, gere , (gérond. en do). 22 Conveniens, tis, *ou* aptus, a, um. 23 T. *Aucun*, nullus, a, um. 24 Invius, a, um. 25 Falsa, orum , *pl. n.* 26 Finitimus , a , um. 27 Vera , orum. *pl. n.* 28 Vicinus . a . um.

des biens. Les vices sont *tout près* [29] des vertus. La Gaule est *voisine* [30] de l'Italie. Les Maures sont *près de* [31] l'Espagne. Rien [32] *n'a plus de rapport avec* [33] nos ames [34] que l'harmonie [35] La pauvreté est *parente* [36] de la vertu. La mort de Germanicus [37] *fit couler les larmes de* [38] tous les Romains. La flamme est toujours *près de* [39] la fumée. La vieillesse est *agréable* [40] à un homme lorsqu'elle [41] *ressemble* [42] *à* la jeunesse [43]. Les grandes richesses sont *exposées* [44] à de grands dangers. Le mulet, né d'un [45] âne et d'une jument, est *très-utile pour* [46] porter et traîner les fardeaux.

EXERCICES GÉNÉRAUX.

§ 29. Après Domitien [1], prince cruel et plus *semblable* à Néron [2] qu'à Vespasien [3], son père, et qu'à Titus, son frère, régna Nerva. Il [4] eût été *capable* [5] *de* rétablir [6] les affaires [7] ; mais déjà vieux [8] et *se défiant* [9] de ses forces, il choisit [10] Trajan [11] *pour son* [12] successeur. Ce prince [13] *comparable* [14] aux plus grands hommes [15] de l'antiquité et des temps modernes [16], fut l'*ami de* tous les gens de bien, et l'*ennemi dé*-

---

29 Confinis, e. 30 Conterminus, a, um. 31 Proximè, *adv. acc. ou dat.* 32 Nihil, *n.* 33 Magis cognatus, a, um, *dat.* 34 Mens, tis, *f.* 35 Quàm numeri, orum. *m. pl.* 36 Consanguineus, a, um. 37 Germanicus occidit. 38 Flebilis, *dat.* 39 Proximus, a, um. 40 Gratus, a, um. 41 Quæ. 42 Parilis, is. 43 Juventa, æ. 44 Obnoxius, a, um. 45 Natus ex, *abl.* 46 Utilissimus, *dat.*

§ 29. 1 Proximus post Domitianum. 2 Nero, nis. 3 Vespasianus, i. 4 Ille quidem. 5 Par, is, *dat.* 6 Restituo, is, ere, *acc.* 7 Res, ei, *f.* 8 Senior. 9 Diffidens, tis, *dat.* 10 Eligo, is, egi, ere. *acc.* 11 Trajanus, i. 12 Sibi. 13 Vir ille princeps. 14 Conferendus, a, um, *dat. ou abl.* avec cum. 15 Vir, i, *m.* 16 Prisca et

claré [17] des méchants, et surtout des délateurs. A ces temps si *avantageux pour* [18] l'empire [19] succédèrent [20] ceux [21] d'Adrien [22], mêlés [23] de bien et de mal [24]. Les bonnes qualités [25] dans [26] ce prince *approchaient* [27] *des* vices. *Sa* [28] sévérité était *voisine de* [29] la cruauté, son courage *tenait de* [30] la témérité. *Irrité contre* [31] l'architecte Apollodore [32] qui avait critiqué [33] un temple bâti par son ordre [34], il le fit mourir [35]. Il était *accoutumé* [36] à vivre avec frugalité [37], et à supporter [38] les fatigues [39] de la guerre. Aussi [40] la discipline militaire fut-elle maintenue [41] sous son règne [42]. Quoiqu'il fût *esclave* [43] de ses passions et de ses goûts dépravés, cependant il n'était point *incapable* [44] d'apprécier la vertu, car il adopta [45] Antonin [46] le Pieux, qui adopta lui-même Marc-Aurèle [47] le sage [48] et le philosophe.

Adjectifs qui gouvernent le datif, ou l'accusatif avec *ad*, *in*, *ergà*, *adversus*.

Au lieu du datif, on peut aussi, avec les adjectifs qui expri-

---

recentior ætas, tis. 17 Infensissimus, a, um. 18 Prosper, era, um. 19 Res publica. 20 Succedo, is, cessi, *dat.* 21 Ætas, tatis. 22 Adrianus, i. 23 Mistus, a, um, *abl.* 24 bona, mala, orum. *pl. n. que* 25 Egregiæ dotes. 26 Apud, *acc.* 27 Finitimus, a, um. 28 *Ne se rend pas.* 29 Proximus, a, um. 30 Affinis, e sum, es, eram. 31 Iratus, a, um. 32 Apollodorus, i. 33 Improbo, as, avi, are, *acc.* 34 Eo jubente exstructus, a, um. 35 Censorem morte mulcto, as, avi, are. 36 Assuetus sum, es. 37 Vita, æ, parcè et frugaliter degendus, a, um. 38 Tolero, as, are. 39 Labor, is, *m.* 40 Itaque. 41 Vigeo, es, vigui, *v. neut.* 42 T. *lui régnant*, *à l'abl.* is regnans, tis. 43 Quamvis mancipatus. 44 Impar. Rectè æstimo, as, are, *act.* 45 Adopto, as, avi, *acc.* 46 Antoninus, i. 47 Marcus Aurelius. 48 Sapiens, tis, vir, .

ment *l'affection* ou *la haine*, se servir des prépositions *in*, *ergà*, *adversùs*; et avec les adjectifs qui signifient *convenable*, *propre à*, *porté à*, la chose se met à l'accusatif avec *ad*, ou quelquefois au datif. Ex.: Bon envers tout le monde, *in omnes begnignus*. Enclin au vice, *proclivis vitio*, ou *ad vitium*. Préparé au crime, *paratus flagitio*, ou *ad flagitium*.

EXERCICES.

§ 3o. **Les** arts *nécessaires à* [1] la vie [2] sont innombrables. **L'homme** qui pardonne le *plus difficilement* est celui qui [3] est le plus souvent en faute [4]. Une terre *propre* [5] aux vignes, est *favorable* [6] aux arbres. L'ignorant [7] n'est *propre* [8] à rien [9], n'est *utile* [10] à rien. Soyez *bon* [11] envers tous les malheureux. Celui qui est *enclin* au mensonge [12], tombe facilement dans le parjure [13]. Temps *propre* [14] à l'ouvrage. La modestie, vertu *convenable* [15] à la prospérité [16]. Extérieur [17] *convenable* [18] à un rang élevé [19].

Le nom de la personne doit se mettre au datif, ainsi qu'on l'a vu dans *id mihi utile est*.

––––––––––

Adjectifs, qui gouvernent l'accusat. avec *ad*.

Propensus ad lenitatem.

Propensus, *pronus*, *proclivis*, porté à, et tous les adjectifs qui marquent un penchant, une inclination ou une disposition à

––––––––––

§ 3o. 1 Necessarius, a, um, ad. 2 Victus, ûs, *m*. 3 T. Maximè difficilis est ad, do, das, are, *acc*. venia, æ, qui. 4 Pecco, as, are, sæpiùs. 5 Aptus, a, um, *dat*. 6 Utilis, e, *dat*. 7 Homo indoctus. 8 Aptus ad , *acc*. 9 Nulla res, ei. 10 Utilis, e, ad. 11 Benignus in. 12 Ad mentior, iris. 13 Facilè pejero , as *ou* delabor, eris ad perjurium. 14 Conveniens, *dat*. 15 Conveniens ad. 16 Res secundæ. 17 Forma, 18 Conveniens in. *acc*. 19 Amplitudo dinis.

quelque chose, gouvernent l'accusatif avec *ad*. Ex: Porté à la douceur, *propensus ad lenitatem*.

Quand ces adjectifs sont suivis d'un infinitif français, on met en latin cet infinitif au gérondif en *dum*. (Le gérondif en *dum* est un véritable accusatif.) Ex.: Prompt à se mettre en colère, *pronus ad irascendum*; à venger une injure ; *ad ulciscendum injuriam*, et mieux *ad ulciscendam injuriam*.

On trouve aussi l'accusatif avec *in* lorsque l'adjectif ou le participe exprime un mouvement figuré. Ex: Qui s'abandonne à la colère, *effusus in iram*. Prompt à s'effrayer, *promptus in pavorem*.

· EXERCICES ÉLÉMENTAIRES.

§ 31. Le cheval est *né* [1] *pour* la course, le bœuf pour labourer. L'homme est *né pour* la justice. Non seulement nous sommes *portés* [2] à apprendre [3], mais encore [4] à enseigner [5]. Les gens craintifs [6] sont *enclins* [7] à croire le mal [8]. Certains [9] oiseaux *apprennent facilement* [10] à imiter la voix humaine. Le fer est *nécessaire* [11] à la culture de la terre [12]. Tous les Lacédémoniens étaient *prêts à* [13] sacrifier [14] leur [15] vie pour la patrie. Les Gaulois *sont tout feu pour* [16] entreprendre [17] la guerre. Les sots sont *enclins* [18] à l'orgueil. Les singes sont naturellement imitateurs [19].

---

§ 31. 1 Natus. 2 Propensus, a, um. 3 Disco, is, cere. 4 Sed etiam. 5 Docco, es, cre. 6 Meticulosi homines. 7 Pronus. a. um. 8 Credendus, a, um, deteriora, um, *pl. n.* 9 Quidam, quædam. 10 Docilis, e, sum ad. 11 Necessarius, a, um. 12 T. *aux champs devant être cultivés*, ad colo, is, cre, *etc.* 13 Paratus ad. 14 Profundo, is, dere, *acc.* 15 *Ne se rend pas.* 16 Gallis alacer et promptus est animus ad. 17 Suscipio, is, cre, *acc.* 18 Proclivis, is. 19 *Sont, par la nature, (natura) faits à l'imitation*, factus, a, um, *etc.*

EXERCICES GÉNÉRAUX

SUR LES ADJECTIFS.

§ 32. Antonin le Pieux, toujours en paix [1], fut [2] toujours *prêt* [3] *à* faire faire la guerre. Marc-Aurèle [4], toujours en guerre [5], fut [2] toujours *prêt à* donner [6] la paix à ses ennemis. Commode [7], fils de Marc-Aurèle [8], ne fut point *porté*, comme lui [8], à *cultiver* [9] la vertu; mais, *enclin* [10] à tous les vices, et *semblable à* Néron [11], il parut [12] *né* pour [13] le malheur [14] du monde [15]. *Prompt à* [16] satisfaire [17] ses passions [18] les plus extravagantes [19], il *s'irritait contre* [20] ceux qui n'étaient point *disposés* à céder sur-le-champ à tous ses désirs [21], et les faisait mourir [22] dans les plus cruels supplices [23]. Ce monstre [24] périt [25] de la mort des tyrans [26]. Pertinax fut ensuite *élevé* [27] sur [28] le trône. Il paraissait [29] *propre à* faire renaître [30] le gouvernement [31] des Antonins [32], et *disposé* [33] à corriger [34] les abus [35]; mais il fut massacré [36] par les soldats prétoriens [37], *habitués* [38]

---

§ 32. 1 Pacem coluit. 2 *Ne se rend pas.* 3 Paratus. 4 Marcus Aurelius. 5 T. *fit toujours la guerre,* gero, is, essi, rere, *acc.* 6 Concedo, is, ere, *acc.* 7 Commodus, i, *m.* Propensus. 8 Ut pater. 9 Colo, is, ere, *acc.* 10 Proclivis, e. 11 Nero, nis. 12 Videor, eris; isus sum. 13 In, *acc.* 14 Pernicies, ei, *f.* 15 Genus, neris *n.* humanus, a, um. 16 Promptus, a, um. 17 Expleo, es, er' *acc.* 18 Libidines, um, *f. pl.* 19 Stolidissimus, a, um. 20 Jascor, sceris, sci, *dat.* 21 Paratus, a, um, ad, *acc.* omnis, e obsequium, ii, *n.* 22 Neco, as, are, *acc.* 23 *A l'abl. sans exprimer dans.* 24 Bellua, æ, *f.* 25 Pereo, peris, ii. 26 Eâ nece qu' tyranni. 27 Eveho, is, evexi, ectum. 28 In, *acc.* 29 Ille quiem videor, eris. 30 Regenero, as, are, *acc.* 31 *Ne se rend pa* 32 T. *les Antonins,* Antoninus, i. 33 Paratus, a, um. 4 Corrigo, is, gere, *acc.* 55 Morum pravitas, tis, *f. au sing.* 6 Interficio, is, feci, fectum à, *abl.* 57 Prætoriani, orum. 8 Assuetus, a, um.

depuis long-temps [39] à la révolte [40]. Didius Julianus acheta [41] l'empire, et le sénat, toujours *prêt* à accepter [42] le maître que lui imposaient [43] les soldats, s'*empressa de reconnaître* [44] le [45] nouvel empereur.

Adjectifs en *bundus*. — *Populabundus agros.*

Les adjectifs en *bundus* gouvernent le même cas que les verbes d'où ils viennent. Ex. Ravageant les campagnes, *populabundus agros*. Félicitant son ami, *gratulabundus amico*. — Ces adjectifs servent surtout à exprimer l'état ou l'action. Comme *moribundus*, mourant; *vitabundus* qui évite. Leur usage paraît restreint à un certain nombre de locutions.

EXERCICES.

§ 33. Tandis que [1] Rome était agitée [2] par des séditions [3], les ennemis, *ravageant* [4] les campagnes, s'avançaient [5] quelquefois jusqu'aux [6] portes de la ville. Les Athéniens *félicitant* [7] Alcibiade [8] de ses victoires [9], se reprochaient [10] de l'avoir exilé [11]. Celui-ci se rappelant [12] ses anciennes disgraces [13], recevait *en pleu-*

---

39. Jam dudùm. 40 Rebello, as, are, *v. n.* 41 Mercor, aris, atus sum *acc.* 42 Inservio, is, ire, *dat.* 43 T. *imposé par,* impositus, a, um, à, *abl.* 44 Pronus sum, fui ad obsequium, ii. 45 T. *du nouvel.*

§ 33. 1 Dùm, *subj.* 2 Exagito, as, are. 3 *A l'abl. sans prép.* 4 Populabundus, a, um. 5 Accedo, is, ere, *v. n.* 6 Ad, *acc.* 7 Gratulabundus, a, um, *dat.* 8 Alcibiades, is. 9 *A l'acc.* 10 Ipsi se increpo, are. 11 Quod talis vir, i ejicio, is, ejeci, *acc.* in xsilium. 12 Reminiscens, *acc.* 13 Pristina temporis acerbitas.

rant [14] ces marques d'affection [15]. Épaminondas *mou-rant* [16] baisa [17] son bouclier, comme [18] le compagnon de sa gloire et de ses travaux. Plusieurs [19] chefs de pirates se réunirent [20] pour [21] voir Scipion [22] dans [23] sa maison de Literne [24]. Après l'avoir contemplé long-temps *avec respect* [25], ils se retirèrent [26] laissant [27] devant le vestibule les présens [28] qu'on a coutume [29] de consacrer [30] aux Dieux. Socrate [31], *occupé de ses réflexions* [32], restait [33] quelquefois immobile pendant une journée entière [34]. Les derniers [35] empereurs des Romains, *évitant* [36] les camps, achetaient [37] à prix d'or [38] l'amitié des Barbares.

Adjectifs qui gouvernent l'ablatif.

Præditus virtute.

Præditus, doué de; *dignus*, digne de; *indignus*, indigne de; *contentus*, content de, etc. gouvernent l'ablatif.

Il en est de même de tous les adjectifs qui admettent après eux la question *de quoi, avec quoi, par quoi.* Cet ablatif exprime la cause et la manière.

Les adjectifs qui marquent *abondance, disette, privation, éloignement,* gouvernent aussi l'ablatif.

---

tis. 14 Lacrymabundus. 15 hic, hæc, benevolentia, æ, accipio, is, ere, *acc.* 16 Moribundus. 17 Osculor, aris, atus sum, ari, *acc.* 18 Velut. 19 Complures. 20 Convenio, is, eni. *v. n.* 21 Ad. 22 Scipio, nis. 23 Se tenentem in, *abl.* 24 Villa, æ, Literninus, a, um. 25 Quùm diù cum contemplatus, a, um essem, es, venerabundus, a, um. 26 Abeo, abis, ii, ire. 27 Positus, a, um, *abl. pl.* 28 Donum, i, *abl. pl.* 29. T. *qui ont coutume,* soleo, es, ere. 30 *D'être consacrés,* consecror, aris, ari. 31 Socrates, is. 32 Cogitabundus, a, um. 33 Sto, as, are. 34 *A l'accus. sans exprimer pendant.* 35 Postremus, a, um. 36 Vitabundus, a, um, *acc.* 37 Mercor, aris, ari, *acc.* 38 Aurum, i, *abl. prix ne se rend pas.*

EXERCICES ÉLÉMENTAIRES.

§ 34. Les plaisirs des sens [1] ne sont pas *dignes de* [2] l'excellence [3] de l'homme. Xerxès *comblé* [4] *de* toutes les faveurs [5] de la fortune, non *content* [6] *de* son infanterie, de sa cavalerie, de la multitude de ses vaisseaux, de ses immenses trésors [7], proposa [8] une récompense [9] à celui qui inventerait [10] un nouveau plaisir. Les erreurs humaines sont *dignes de* [11] pardon. Une ame [12] élevée [13] est *libre de* [14] toute inquiétude. L'aigle, *pourvu* [15] *de* grandes ailes, de fortes [16] serres, et d'un bec tranchant, est né pour vivre de rapine [17]. Combien de gens [18] sont *indignes de* [19] la lumière [20], et cependant le jour se lève [21] pour eux [22]. L'esprit [23] est *doué* [24] d'un mouvement éternel. L'homme *privé* [25] de raison est semblable à la brute [26]. Le lion *accablé* [27] de vieillesse et *privé* [28] *de* ses forces, reçut un coup de pied [29] de l'âne. Le riche, *malade* [30] d'inquiétudes [31], est plus malheureux que [32] le pauvre *content* [33] de peu [34], et *libre* [35] *de* toute crainte [36].

---

§ 34. 1 Corpus, oris, *au sing.* 2 Dignus, a, um. 3 Præstantia, æ. 4 Refertus, a, um. 5 Dona, orum et munera, um. 6 Contentus, a, um. 7 Infinitum auri pondus, eris. 8 Propono, is, sui, *acc.* 9 Præmium, ii, *n.* 10 Invenissem, es, *acc.* 11 Dignus, a. um. 12 Animus, i, *m.* 13 Excelsus, a, um. 14 Liber, era, um. 15 Instructus, a, um. 16 Robustus. a, um. 17 Rapto vivere, vivo, is. 18 Quam multi. 19 Indignus, a, um. 20 Lux, cis, *f.* 21 Orior, iris, riri. 22 *Au dat.* 23 Mens, tis, *f.* 24 Præditus, a, um. 25 Destitutus. 26 Fera, æ. 27 Confectus, a, um. 28 Desertus, a, um. 29 Calce impetitus sum, es, ab. *abl.* 30 Æger. 31 Cura, æ, *f.* 32 Quàm. 33 Contentus. 34 Parvum, i. 35 Solutus *ou* liber. 36 metus ûs. *m.*

Les adjectifs suivants gouvernent le génitif et l'ablatif.

EXERCICES.

§ 35. Celui qui [1] *possède la* [2] science a des richesses assurées [3]. Beaucoup d'hommes paraissent être *dépourvus de* [4] raison. Si vous êtes *riche en* [5] argent et *pauvre de* [6] vertus, vous serez méprisé [7]. La pauvreté est *féconde* [8] en vertus. La Gaule est *fertile et peuplée* [9]. Le prodigue *manque de* [10] tout [11].

EXERCICES GÉNÉRAUX.

§ 36. A Didius succéda [1] Sévère, prince *digne de* l'amour des Romains. Mais Caracalla, son [2] fils, *souillé de* [3] tous les crimes, tua [4] son frère Géta, et fut tué lui-même par un centurion. Après lui [5], Macrin régna peu de temps [6]. Heliogabale [7], élevé à [8] l'empire, à l'âge de quatorze ans [9], *sans avoir aucune* [10] vertu, surpassa [11] en infamie [12] Caligula, Néron et Domitien. Il fut assassiné à l'âge de 18 ans [13]. *Doué* des plus heureuses [14] qualités, Alexandre Sévère [15] était *digne de* l'empire. Le sénat, *charmé des* [16] vertus du jeune [17]

---

§ 35. 1 Qui. 2 Compos, tis. 3 Certus, a, um. 4 Expers, tis. 5 Dives, vitis. 6 Inops, pis. 7 In contemptum venio, is, ire. 8 Fecundus, a, um. 9 Fertilis, e, fruges, um, et homo, hominis. 10 Egenus, a, um. 11 Omnes, res, crum. *f.*

§ 36. 1 Excipio, is, cepi, cre. *acc.* 2 Ejus. 3 Contaminatus. 4 Interficio, is, feci, ere, *acc.* 5 Exstincto Caracallâ. 6 Parùm diù. 7 Heliogabalus. 8 Evectus ad, *acc.* 9 Agens, *acc.* quartus decimus annus, i. 10 Omnis, e, que expers, tis, virtus, tis. 11 Vinco, is, vici, cere, *act.* 12 Flagitiorum turpitudo, dinis, *abl.* 13 T. *A la dix huitième année*, ablat. *de son âge.* 14 Optimus, a, um. 15 Alexander Severus. 16 Delectatus. 17 Junior, is.

prince, et *délivré des* [18] craintes [19] que [20] lui avaient inspirées [21] tant de [22] cruels tyrans, faisait des vœux [23] pour la durée de son règne [24]. Les soldats *contenus par* [25] une discipline sévère, et *endurcis aux* [26] fatigues de la guerre, étaient dociles aux ordres [27] de leurs [28] généraux [29]. Tout [30] présageait [31] un heureux avenir [32] aux Romains. Mais ce bon prince, *exempt de* [33] tous les vices, fut assassiné par [34] des traîtres, à l'instigation [35] de Maximin.

§ 37. *Fier de* [1] ses forces et de son courage qui *tenait de* la férocité [2], Maximin [3] se fit [4] élire [5] empereur. Il fut tué [6] par les Prétoriens, et, avec lui, périt son [7] fils, jeune homme d'un esprit cultivé, et *digne d'un* meilleur sort. Peu de temps auparavant [8], Gordien [9], proconsul d'Afrique, *vénérable par* son [10] âge, *distingué* [11] *par* sa naissance [12] et par son mérite [13], avait été élevé [14] à l'empire, et détrôné [15] presqu'aussi-

---

18 Solutus. 19 Metus, ûs, *au sing.* 20 *Accus.* 21 Injicio, jeci, ere. 22 Tot. 23 Votis exposco, is, ere. 24 Ut, *subj.* ille diu regnarem, es. 25 Cohibitus, a, um. 26 Induratus, a, um. 27 Dicto audiens, tis eram, as. 28 Suus, a, um. 29 *Au dat.* 30 Omnia. 31 Portendo, is, ere, *acc.* 32 Rerum status, ûs. 33 Purus, a, um, ab. 34 A, *abl.* 35 Impulsus, ûs, *abl.*

§ 37. 1 Ferox, cis. 2 Affinis sum, eram, *dat.* feritas. 3 Maximinus. 4 *Fit que,* efficio, feci ut, *subj.* 5 Consalutarer, reris. 6 Interficio, feci, fectum, à, *abl.* 7 *Ne se rend pas.* 8 Paulo antè. 9 Gordianus. 10 *Ne se rend pas.* 11 Clarus. 12 Genus, eris, *n.* 13 Virtus, tutis. 14 Evehor, evectus sum ad, *acc.* 15 Deturbatus so-

tôt par [16] Capélien [17], gouverneur de Numidie. Alors deux princes, Maxime et Balbin [18] sont choisis par [19] le Sénat. Mécontents [20] de ce [21] choix, et se croyant [22] *frustrés* [23] de leurs droits [24], les soldats se révoltent [25], et les deux empereurs, *privés* [26] *de* tout secours, sont massacrés. Depuis long-temps [27] le sénat *était dépouillé de* [28] son autorité. Les généraux, *comptant* [29] *sur* l'appui [30] de leurs [31] soldats, se regardaient comme [32] *affranchis* [33] *de* toute espèce [34] de déférence [35] envers cet ordre, et le peuple *fatigué des* [36] discordes civiles, *accablé de* [37] misère, *se soumettait* [38] sans résistance [39] au joug qu'on lui imposait [40].

Mirabile visu.

Après les adjectifs *admirable à, facile à, difficile à*, l'infinitif français, lorsqu'il peut se tourner par *à être*, se rend par le supin en *u*. Ex. chose admirable à voir, *res visu mirabilis*, ou *mirabile visu*. Quand on n'exprime pas le mot *chose*, l'adjectif latin se met au neutre, on sous-entend *negotium*.

On trouve aussi le supin en *u* avec *dignus*, digne de, avec *fas*, il est permis; *nefas*, il n'est pas permis; *Opus est*, il est besoin, etc.

---

lium, ii, *abl.* 16 A, *abl.* 17 Capelianus, i. 18 Maximus et Balbinus. 19 Electus sum, es, à, *abl.* 20 Offensus, a, um. 21 Qui, quæ, quod. 22 Seque arbitror, aris, ari. *acc.* 23 Fraudatus, a, um. 24 Suum jus, juris, *au sing.* 25 Rebello, as, are. *v. neut.* 26 Nudatus, a, um. 27 Jàmpridem. 28 Spoliatus sum, eram. 29 Fretus, a, um. 30 Præsidium, ii, *n.* 31 Suus, a, um. 32 Existimo, as, are se. 33 Immunis, e. 34 Omnis, is, e. 35 Observantia, æ, *f.* 36 Fessus, a, um. 37 Confectus. 38 Subeo, is, ire, *acc.* 39 Non reluctante animo. 40 T. *le joug imposé à soi.*

EXERCICES ÉLÉMENTAIRES.

§ 38. Ce qu'il y a de [1] mieux [2] *à faire* [3] est toujours ce qu'il y a de mieux [4] *à entreprendre* [5]. La chair du paon est dure *et difficile à digérer* [6]. Le fer est de tous les métaux, le plus *difficile à mettre en œuvre* [7]. Rien de [8] *plus utile à entendre* que [9] le langage [10] de la vérité. Tout ce qui [11] est *honnête à faire* est toujours utile. L'Univers [12] offre [13] un spectale *admirable à voir*. Les actions [14] *dignes d'être connues* [15] ne sont pas toujours celles dont on parle le plus [16]. Voilà un évènement [17] *incroyable à raconter* [18]. Rien de plus *difficile à trouver* [19] qu'un [20] ami fidèle. Rien n'est [21] si [22] *agréable à lire* [23] que [24] l'histoire des anciens temps [25]. Il y a bien des choses [26] *dures à supporter* [27]. Le visage [28] d'un homme irrité est *hideux et horrible à voir* [29]. Il *n'est pas permis de faire* [30] ce *qu'il n'est pas permis de dire* [31]. Le sage,

---

§ 38. 1 Quod. 2 Optimus, a, um. 3 Facio, feci, factum. 4 Semper est optimus, a, um. 5 Incipio, cepi, ceptum. 6 Concoquo, is, xi, coctum. 7 Tracto, as, avi, atum. 8 Nihil, *neut.* 9 Quàm. 10 Sermo, nis, *m.* 11 Quidquid, *n.* 12 Hæc rerum universitas. 13 Exhibeo, es, ere, *acc.* 14 Factum, i, *n.* 15 Dignus, a, um cognosco, novi, gnitum. 16 Quæ maximè prædicantur. 17 Res illa est. 18 Incredibilis, e memoro, as, avi, atum. 19 Invenio, nis, veni, ventum. 20 Quàm. 21 Nihil, *n.* 22 Tàm. 23 Jucundus, a, um lego, lectum. 24 Quàm. 25 Prisca ætas, atis. 26 Multa, *pl. n.* incidunt. 27 Durus, a, um tolero, atum. 28 Facies, ei, *f.* 29 Fœdus et horrendus, a, um video, visum. 30 Nefas est facio, feci, factum. 31 Quod nefas est dico xi,

s'il est permis [32] *de le dire*, ressemble [33] à Dieu. *Qu'est-il besoin* [34] *de dire* que la vertu doit être dés-intéressée [35],

---

Difficile est studere lectioni meæ.

Si le verbe latin n'a point de supin, tournez la phrase de cette manière :

Ma leçon est difficile à étudier, *tournez* il est difficile d'étu-dier ma leçon, *difficile est studere lectioni meæ.*

Avec *facilis, difficilis, jucundus*, les meilleurs écrivains se servent souvent de *ad* avec le gérondif en *dum*.

L'emploi du supin en *u*, se bornant à un certain nombre de verbes, on préfère, en général, la tournure par l'infinitif.

EXERCICES ÉLÉMENTAIRES.

§ 39. Le bonheur est difficile à atteindre et plus difficile encore à conserver [1]. L'hospitalité est agréa-ble à exercer [2]. La géographie est une science agréa-ble [3] à étudier. Dieu est facile à servir [4], tandis que [5] les hommes sont difficiles [6] à contenter [7]. La véritable gloire est difficile à acquérir [8]. La religion nous donne des préceptes utiles à suivre [9]. L'avarice

---

ctum. 32 Si fas est. 33 Similis sum. 34 Quid opus est. 35 T. *la vertu (à l'acc.) devoir être*, esse debere gratuitus, a, um.

§ 39. 1 T. *Il est difficile d'atteindre*, assequi, or, cris, *acc. le bonheur, et plus difficile*, difficilius etiam, *de le (ne se rend pas) conserver*, retineo, es, ere. 2 Indulgeo, es, ere hospitio. 3 T. *Qu'il est agréable d'étudier*, cui, etc. 4 Servio, is, ire, *dat.* 5 Verò, *se met après un mot.* 6 T. *Il est difficile de.* 7 Satisfacio, is, cere, *dat.* 8 Consequor, eris, equi, *acc.* 9 T. *Qu'il est utile de*

est une maladie [10] difficile à guérir [11]. L'ambition ouvre une carrière [12] pénible à parcourir [13]. Une petite
fortune [14] est quelquefois plus difficile à faire [15] qu'une
grande [16]. Le mal est facile à faire [17] et difficile à ré-
parer [18]. Le sentier de la vertu est rude [19] à gravir [20],
mais il [21] conduit au [22] bonheur. Les ouvrages des
grands écrivains sont bons à consulter [23], et propres [24]
à former [25] le goût [26].

Doctior Petro ou *quàm Petrus.*

Après le comparatif exprimé par un seul mot latin, on met
le nom à l'ablatif en supprimant *que,* ou l'on exprime le *que*
par *quàm,* et l'on met ordinairement le nom qui suit *quàm* au
même cas que le comparatif. Ex. Plus savant que Pierre,
Doctior Petro, ou *quàm Petrus.* Je ne connais personne plus savant que Paul, *neminem novi doctiorem Paulo* ou *quàm Paulum.*

Le comparatif d'infériorité s'exprime par moins, *minùs,* et le
que par *quàm.* Le comparatif d'égalité s'exprime par si, aussi,
tàm, et le *que* par *quàm.* Ex. Moins savant que Pierre, *minùs
doctus quàm Petrus.* Aussi savant que Pierre, *tam doctus quàm
Petrus.* Il n'est pas si savant que vous, *non est tàm doctus quàm tu.*

EXERCICES ÉLÉMENTAIRES.

§ 40. Le Danemark [1] est plus fertile [2] que la
Suède [3]. Le méchants sont souvent plus riches [4] que

---

suivre, quibus parco, es, ere, *etc.* 10 Ejus modi morbus est.
11 *Qu'il est difficile de guérir,* cui medeor, eris, eri, *dat. etc.*
12 Inducit in curriculum. 13 T. *Qu'il est pénible de parcourir.*
quod emetior, iris, iri, *acc.* arduus, a, um. 14 Modicæ, arum,
opes, um. 15 Colligo, is, gere, *acc.* 16 Amplus, a, um comparo,
as, are, *act.* 17 Patro, as, are. 18 Sarcio, is, cire. 19 Arduus.
a, um. 20 Scando, is, ere, *acc.* 21 Ille, illa, illud verò. 22 Duco, cis, ere ad, *acc.* 23 Consulo, ere, *acc.* 24 Illa quidem aptus,
a, um. 25 Informo, as, are, *acc.* 26 Judicium, ii, *n.*

§ 40. 1 Dania, æ. 2 Fertilis, 3 Suecia, æ. 4 Dives. ditior, is.

les gens de bien [5]. L'Europe est plus petite [6], mais
elle est plus puissante et plus éclairée [7] que l'Asie,
l'Afrique et l'Amérique. Je ne [8] connais [9] pas [8] de
plus grand fléau en amitié [10] que la flatterie. L'esclavage est pire [11] que tous les maux. Il n'y a rien
de [12] plus utile à l'homme que la bonté [13]. L'argent
vaut moins [14] que l'or, l'or vaut moins que la vertu.
Rien de [15] plus fort que l'habitude. La beauté [16], bien
souvent, plaît moins que les manières [17]. Rien ne [18]
choque plus [19] un homme de mérite [20] que les applau-
dissemens des sots. Il n'y a pas [21] d'ami plus fidèle qu'un
bon livre. La chèvre est plus forte, plus légère, plus
agile et moins timide que la brebis. Je pense [22] qu'une
paix assurée est [23] meilleure qu'une [24] victoire qu'on
espère [25]. Je ne [26] favorise [27] personne [28] plus que [29] *vous*.
Lacédémone [30] n'a pas produit de plus grand homme [31]
que Lycurgue [32]. Je pense que la science est [33] plus
précieuse que les richesses. Rien n'est si [34] agréable
à Dieu que la piété et l'innocence. Quoi de [35] si absurde que d'avoir du goût pour [36] les frivolités [37].

---

5 Vir bonus, i. 6 Parvus, minor. 7 Doctus, ior. 8 Nullus, a,
um. 9 Novisse novi, *acc.* Pestis, is, *f.* 10 In amicitiis. 11 Malus,
pejor. 12 Nihil, n. est. 13 Facilitas, tatis. 14 Vilius est. 15 Nihil,
n. 16 Forma. 17 Lepidi mores, um. 18 Nihil. 19 Graviter, iùs,
offendo, is, *acc.* 20 Præstanti ingenio vir, i. 21 Nullus est. 22
Censeo, es. 23 T. *Une paix assurée être*, pacem certam esse. 24
Quàm. 25 T. *Espérée*, speratus, a, um. 26 *Ne se rend pas.* 27
Faveo, es, *dat.* 28 Nemo, minis. 29 Magis quàm. 30 Lacedæmon. 31 T. *N'a produit*, gigno, is, genui, *acc. personne*, neminem
virum, *plus grand.* 32 Quàm Lycurgus, gi. 33 Existimo scien-
tiam esse. 34 Tàm. 35 Quid, n. 36 Delector, aris, ari, *abl.* 37
Nugæ, arum.

Felicior quàm prudentior. — Felicius quàm prudentius.

Quand, après un comparatif, le *que* est suivi d'un adjectif ou d'un adverbe, cet adjectif ou cet adverbe se met encore au comparatif et au même cas que le premier. Ex. : Il est plus heureux que prudent, *felicior est quàm prudentior.* Plus heureusement que prudemment, *felicius quàm prudentius.*

Si l'un des deux adjectifs ou des deux adverbes n'a pas de comparatif, on exprime toujours plus par *magis* et l'on met les deux adjectifs et les deux adverbes au positif. Ex. : Ils envoyèrent un général plus téméraire qu'habile, *miserunt ducem magis temerarium quàm peritum.* On doit honorer Dieu avec plus de piété que de magnificence, *Deus colendus est magis piè quàm magnificè.*

EXERCICES ÉLÉMENTAIRES.

§ 41. La véritable valeur a plus de prudence que d'emportement [1]. Alexandre était plus téméraire que brave. Les lois de Dracon [2] étaient plus sévères [3] que justes [4]. Le sort [5] des rois est souvent plus à plaindre [6] qu'à envier [7]. Les richesses sont souvent plus nuisibles [8] qu'utiles. La plupart [9] des hommes montrent plus de courage [10] dans les dangers que de constance [11] dans le malheur. Les parens [12], par une tendresse aveugle [13], font plus de mal que de bien [14] à leurs enfans [15]. Souvent un ami donne [16] à son ami un con-

---

§ 41. 1 *T. est plus prudente qu'emportée.* Fervidus, dior. 2 Draco, nis. 3 Asper, a, um, ior. 4 Æquus, a, um, ior. 5 Conditio. *f.* 6 Miserandus, a, um, *sans comparatif.* 7 Invidendus, a, um. 8 Noxius, a, um, *sans compar.* 9 Plerique. 10 Se gerunt fortiter, tiùs inter, *acc.* 11 Constanter, tiùs inter adversa. 12 Parentes, um, *pl.* 13 Inconsultus amor, is, *m.* 14 Malè, pejùs; quàm benè, meliùs consulo, is, *dat.* 15 Sui liberi, orum. 16 Aperio, is, *acc.*

seil plus utile qu'agréable. Les Athéniens firent [17] la guerre en Sicile [18] avec plus d'ambition que de bonheur [19].

§ 42. Le renard a plus d'adresse que de force [1], et emploie [2] plus d'esprit [3] que de mouvement [4] pour [5] se saisir de [6] sa proie. Plus circonspect [7] qu'audacieux, il varie sa conduite suivant les circonstances [8]. Quoiqu'aussi infatigable [9], et même [10] plus léger [11] que le loup, il ne se fie pas [12] entièrement à la légèreté de sa course [13]. Plus attentif à veiller à sa conservation [14], que désireux [15] d'atteindre sa proie, il sait se mettre en sûreté [16], en se pratiquant un asile [17], où il se retire [18] dans les dangers pressans [19].

Le loup ressemble beaucoup [20] au chien par sa conformation [21]. Cependant il a [22] la tête plus large que le chien de ferme [23], les oreilles plus courtes et

---

17 Gero, is, gessi, *acc.* 18 Sicilia, æ, *abl.* 19 Cupidè, iùs; feliciter, ciùs.

§ 42. 1 *T. est plus adroit que fort,* ou mieux : *vaut plus par l'adresse que par la force.* Magis valeo, es, solertia, æ (*abl.*), quàm vires, ium (*abl.*). 2 Utor, eris, uti , *abl.* 3 Ingenium, ii. 4 Corpus, oris, *n.* 5 Ad, *acc.* 6 Occupo, as, are, *acc.* 7 Cautus, a, um. 8 T. *A lui, selon le temps,* pro tempore, *est une conduite,* agendi ratio, nis, *f., variée.* 9 T. *Non moins supportant,* patiens, tis, *gén. la fatigue,* labor, is. 10 Etiam. 11 Levis, e, *par la course,* cursu. 12 Fido, is, ere, *dat. ou abl. de la chose.* 13 Pedes, dum. 14 Studiosus, a, um, *génit.,* tuendus, a, um vita, æ. 15 Appetens, tis. 16 Saluti consulo, is. 17 T. *Un asile étant préparé,* paratus, a, um sibi perfugium, ii, *à l'abl.* 18 Quò se recipio, is. 19 Instans , tis, periculum, i, *n., abl. sans prép.* 20 Simillimus. 21 Forma, æ, *abl.* 22 T. *A lui cependant,* illi tamen. 23 Villa-

droites 24. Cet animal a plus de férocité que de courage 25 ; aussi 26 attaque 27-t-il rarement 26 seul les bergeries. Deux se réunissent 28 pour cela. L'un fait semblant d'attaquer 29, et fuit devant le chien qui le poursuit 30 avec plus d'ardeur que de prudence 31 ; l'autre qui était en embuscade 32, se précipite alors sur 33 le troupeau. Si le berger le repousse 34, il court rejoindre 35 son compagnon et dévore avec lui le chien abandonné de 36 son maître 37.

1° *Magis pius quàm tu.* — 2° *Majori virtute præditus.* — 5° *Doctior est quàm putas.*

1° Quand l'adjectif latin n'a point de comparatif, on exprime plus par *magis*, et alors le *que* s'exprime par *quàm*, ordinairement avec même cas après que devant (voir ci-après les observations). Ex. : Il est plus pieux que vous, *magis pius est quàm tu.* Presque tous les adjectifs qui finissent par *eus, ius* et *uus*, n'ont ni comparatif ni superlatif.

EXERCICES ÉLÉMENTAIRES.

§ 43. La voix des petits 1 oiseaux est plus agréable 2 que celle 3 des grands oiseaux 4. Je pense 5 que

---

ticus, a, um. 24 Erectus, a, um. 25 *Cet animal, fera, æ, est plus féroce,* sævus, a, um, *que courageux.* 26 Raró igitur. 27 Adorior. iris, riri, *acc.* 28 Bini ad hoc convenio, is, ire. 29 Irruptio, nis, minor, aris, ari, *acc.* 5o Fugienti instans, tis. 31 Acriter, acriùs, prudenter, tiùs. 32 Tùm alter qui in, *abl.*, insidiæ, arum lateo. ce, ere. 33 Irruo, is, ere in, *acc.* 34 Quod si à pastor, is, *abl.*, fugor, aris. 35 Propero, as, are ad, *acc.* 76 Desertus, a, um, à, *abl.* 37 Dominus, i.

§ 43. 1 Minor, is. 2 Canorus, a, um. 3 Vox, cis. 4 Major, is. 5 A-

Socrate est plus illustre [6] qu'Alexandre. Le méca-
nisme [7] de la nature est peut-être plus admirable [8]
dans les petites [9] choses que dans les grandes [10]. Rien
n'est plus glissant [11] que les degrés qui [12] conduisent [13]
à la fortune. L'homme de bien qui élève ses pensées
vers [14] Dieu, est plus pieux [15] que le méchant qui
charge [16] les autels d'offrandes [17]. Le travail est plus
nécessaire [18] au bonheur que vous ne le pensez. Les
Romains ont été quelquefois [19] plus féroces [20] que les
nations qu' [21] ils appelaient [22] barbares. Les gens du
peuple [23] sont souvent plus magnanimes [24] que les
grands [25]. Rien n'est plus insolent [26] qu'un sot [27] dans
la prospérité [28]. Jamais [29] la fortune n'est plus *à craindre* [30] que lorsqu'elle nous comble de ses faveurs [31].

Majori virtute præditus.

2° Quand l'adjectif français se rend en latin par deux mots (un
adjectif qui n'a pas de comparatif et un nom), on exprime en
général *plus* par *major, majus*; *moins* par *minor, minus*, que l'on
fait accorder avec le nom. Ex. : Plus vertueux, *majori virtute
præditus;* moins vertueux, *minori virtute præditus*, au lieu de

------

bitror. 6 T. *Socrate être plus illustre*, inclytus, a, um, à *l'acc.*
7 Artificium, ii, *n.* 8 Mirus, a, um. 9 Minimus, a, um. 10 Maximus, a, um. 11 Lubricus, a, um. 12 Per quos. 13 Ascenden-
dum est ad, *acc.* 14 Mentem erigo, is ad. 15 Pius. 16 Onero, as,
acc. 17 Donum, i, *abl.* 18 Necessarius, a, um. 19 Interdùm.
20 Ferus, a, um. 21 Qui, quæ, quod, *acc.* 22 Voco, as, *acc.*
23 Plebeius, ia, ium homo, inis. 24 Magnanimus, a, um.
25 Proceres, um. 26 Protervus, a, um. 27 Insipiens, tis. 28 Fortunatus. 29 *Jamais ne*, nunquam. 30 Metuendus, a, um. 31 Ple-
niori manu bona sua dilargitur.

magis, minùs virtute præditus. Cependant on dirait : *Nemo magis quàm Titus præditus fuit hâc animi bonitate quœ,* etc. Personne ne fut plus doué que Titus de cette bonté qui, etc.

On peut aussi employer d'autres tournures, suivant le sens des adjectifs. Ex. : Plus populeux, *populo frequentior;* plus vertueux que riche, *virtutibus copiosiòr quàm pecuniâ.*

EXERCICES.

§ 44. Personne n'est plus *vertueux* que celui dont la vertu est désintéressée [1]. Nul général n'avait été plus heureux que Marius, cependant nul homme ne [2] fut accablé de *plus* de revers [3]. Londres [4] est *plus peuplé* [5] que Paris. Epaminondas n'était pas *moins vertueux* que Socrate [6]. Henri IV [7] est un de nos plus grands rois [8] : jamais prince [9] ne *fut doué à un plus haut degré* [10] de cette bonté, de ce courage qui [11] excitent [12] à la fois [13] l'amour et le respect. Les grands hommes [14] sont ordinairement *plus vertueux que riches.* Les Gaulois étaient *plus impétueux* [15] dans [16] les combats que *constants* dans les revers [17].

Doctior est quàm putas.

3° Si le *que*, après le comparatif, est suivi d'un verbe, on ex-

---

§ 44. 1 Gratuitus, a, um. 2 Nemo. 3 T. *Se servit d'une fortune plus grave,* utor, usus sum, *abl.* gravis, ior fortuna. æ. 4 Londinum, *neut.* 5 Populo frequens, tis. 6 Socrates, is. 7 Henricus Quartus. 8 Nostros inter rex, gis maximus emineo, es. 9 Nullus unquàm vir princeps. 10 T. *Ne fut plus doué.* 11 Quæ. 12 Moveo, es, *act.* 13 Simul. 14 Vir, i. 15 T. *Aux Gaulois était une ame plus impétueuse,* animus alacer, cris. crior. 16 Inter, *acc.* 17 Adversa, orum, *pl. n.*

prime toujours *que*, et l'on met en latin le même temps que dans le français. Ex. : Il est plus savant que vous ne pensez, *doctior est quàm putas* (*ne* qui suit le comparatif français ne s'exprime pas en latin). Rien n'est plus honteux que de mentir, *nihil turpius est quàm mentiri* (*de* ne s'exprime pas).

EXERCICES.

§ 45. On voit le passé [1] meilleur qu'il *ne l'a été* ; on trouve le présent [2] pire qu'il *ne l'est* ; on espère l'avenir [3] plus heureux qu'il *ne le sera*. La mort est une chose moins terrible [4] que nous *ne l'imaginons* [5]. Il vaut mieux être utile [6] aux méchants à cause [7] des bons, que *de ne* pas *être utile* [8] aux bons à cause des méchants. Quoi de plus absurde [9] que *de* ne pas *apprendre* [10], parce qu'on est resté long-temps sans apprendre [11]. Il vaut souvent mieux [12] dissimuler [13] une injure que *de s'en venger* [14]. Le plaisir cause [15] plus [16] d'ennui et le travail plus [16] de plaisir *que vous ne pensez*. Quand nous recevons un bienfait [17], nous devons imiter les champs [18] fertiles qui rendent beaucoup plus [19] *qu'ils n'ont reçu* [20].

---

§ 45 [1] Præterita videntur. [2] Præsentia habentur. [3] Futura sperantur. [4] Tetra minùs et gravis. [5] Le *ne se rend pas*, puto, as, avi. [6] Satius est prodesse, *dat.* [7] Propter, *acc.* [8] Deesse, *dat.* [9] Quid, *n.*, stultus, a, um. [10] Disco, is, scere. [11] T. *Parce que long-temps*, diù ; *tu n'auras pas appris*, disco, is, didici, cro. [12] Præstat. [13] Dissimulo, as, are, *act.* [14] Ulciscor, sceris, sci, *acc.* [15] Habeo, es, *act.* [16] Plùs, *génit.* [17] Beneficio provocati. [18] Ager, gri, *m.* [19] Multò plùs. [20] Accipio, is, cepi.

Récapitulation des règles précédentes, et *Observations* sur la Syntaxe du comparatif.

1°. Certains verbes, tels que *malo*, j'aime mieux; *præstat*, il vaut mieux, expriment une comparaison, et se construisent avec *quàm*. Ex. : Il vaut mieux pardonner que de se venger, *præstat ignoscere quàm ulcisci*.

EXERCICES.

§ 46. 1°. Il *vaut mieux* [1] se faire aimer de ses ennemis que de s'en faire craindre [2]. Un bon prince *aime mieux* [3] défendre [4] son royaume par la justice [5] que par les armes. Il *vaut mieux* se vaincre soi-même [6] que *de vaincre* ses [7] ennemis [8]. Le sage *aime mieux* acquérir [9] de la science que des richesses.

———

2°. Après le comparatif on ne peut pas supprimer que, *quàm*, et mettre le nom qui suit à l'ablatif, si ce nom n'est ni sujet ni régime direct, c'est-à-dire si la comparaison ne se fait pas avec le *nom exprimé* qui suit *que*, mais avec un nom sous-entendu, comme : L'Amérique a de plus grands fleuves que l'Europe, *America majores habet fluvios quàm Europa*, et non *majores fluvios Europâ*. Le terme de la comparaison est sous-entendu; c'est le mot *fleuves* : des fleuves plus grands que *les fleuves*.

EXERCICES.

2°. Rome n'a pas produit [1] plus de grands [2] hommes

———

§ 46. 1 Præstat. 2 T. *Inspirer à ses ennemis l'amour de soi que la crainte,* injicio, is, cre, *acc.*, suî amor, is.... metum incutere. 3 Malo, mavis. 4 Tueor, eris, eri, ac. 5 Æquitas, tatis, *abl.* 6 Se ipsum. 7 *Ne se rend pas.* 8 Hostis, is, *m.* 9 Comparo, as, *acc.*

1 Gigno, is, genui, *accusatif.* 2 Plures et major, is.

que la Grèce. Les grands ont plus de besoins [3] *que
les pauvres*. L'Irlande produit [4] une plus grande
quantité [5] de blé *que l'Angleterre* [6]. Le lion a [7] plus
de noblesse et de générosité [8] *que le tigre*.

———

3°. Cependant, dans cette comparaison, qu'on appelle *comparaison oblique*, on met élégamment à l'ablatif les mots suivans :
opinione, spe, æquo, justo, solito, dicto, etc. Ex. : J'ai ressenti
une douleur plus vive qu'on ne le pense généralement, *opinione
omnium majorem cepi dolorem* (plus grande que l'opinion). Cet
ablatif est gouverné par *pro*, que l'on exprime quelquefois.

EXERCICES.

3°. Une raillerie mordante [1] passe [2] de [3] bouche en
bouche [4], plus vite [5] *qu'on ne saurait l'exprimer* [6].
Vous vous êtes levé [7] plus tôt [8] *que de coutume* [9].
Cicéron [10] étouffa [11] les complots [12] de Catilina plus
tôt [13] *qu'on ne l'espérait* [14]. L'un [15] prend de lui plus
de soins [16] *qu'il ne faut* [17], l'autre [15] se néglige [18] plus
qu'il ne convient [19].

———

3 Viri principes majore laborant inopiâ. 4 Hibernia fero, fers,
acc. 5 Magnus, a, um copia, æ. 6 Britannia. 7 T. *Au lion est.* 8 T.
Un caractère, indoles, *plus noble et plus généreux qu'au tigre.*

1 Dicterium, ii, *n.*, mordax, cis. 2 Circumferor, ris, ri. 3 Per,
acc. 4 Ora. 5 Citiùs. 6 T. *Que la parole*, dictum, i. 7 Surgo, is,
surrexi, *v. neut.* 8 Maturiùs. 9 Solitum, i. 10 Cicero, nis.
11 exstinguo, is, xi, *acc.* 12 Nefarium consilium, ii *n.* 13
Citiùs. 14 T. *Que l'espérance*, spes, ei. 15 Alter. 16 Plus
se colo, is. 17 Justum, i, *abl.* 18 Se negligo, is. 19 Justum,
i, *abl.*

4º. Nous ferons également remarquer l'emploi élégant de *qui, quæ, quod* à l'ablatif avec son antécédent devant le comparatif. Ex. : Rien n'est plus funeste que ce fléau, *quâ peste nihil perniciosius.*

EXERCICES.

§ 47. 4º. Les lettres procurent[1] des jouissances telles[2] qu'*il* n'en est pas de plus douces[3]. Jamais combat ne fut fut plus célèbre[4]. Chez les anciens[5] Romains on décernait[6] une couronne de gazon[7] à celui qui avait sauvé l'armée, et il n'y avait pas de récompense plus glorieuse[8] chez le premier[9] peuple du monde[10]. Nul peuple, dans l'antiquité, ne fut plus belliqueux que les Athéniens[11]. Les Phéniciens sont[12] les plus hardis navigateurs dont il soit parlé dans l'histoire[13].

—————

5º. Lorsque le verbe sous-entendu ne peut pas être suppléé par celui qui précède, on ajoute alors *quàm est* ou *quàm fuit*, etc. au nom qui suit que. Ex. : Germanicus perdit son frère Drusus. (qui était) plus jeune que lui, *Drusum Germanicus, minorem natu, quàm ipse erat, fratrem amisit.*

—————

§ 47. 4º [1] Affero, fers, *acc.* [2] Ejus modi gaudium. [3] Quo nihil dulcius. [4] Qui, quæ, quod pugna, æ, *f.* nullus, a, um unquam nobilis, nobilior. [5] Vetus, teris. [6] *Etait décernée,* decerno, is, ere. [7] Gramineus, a, um. Servo, as, are, *acc.* [8] Qui, quæ, quod nullus, a, um fuit nobilis, ior merces. [9] Princeps, cipis. [10] Orbis, bis terrarum. [11] T. Gens Atheniensium, is ea sum, es qui, quæ, quod nullus, a, um, priscis ætatibus, belli studiosus, a, um, sior. [12] Gens Phænicum is, ea, sum, es. [13] T. *(En comparaison) de laquelle,* qui, quæ, quod. *aucune plus audacieuse en naviguant est rapportée,* nullus, a, um audax in navigando memoror, aris.

EXERCICES.

5°. Octave [1] disait qu'il serait [2] mieux préparé [3] à défendre sa vie [5] *que César* [4] (*ne l'avait été*). Les Perses [6] trouvèrent [7] Alexandre plus équitable que Darius [8]. L'orgueil et l'ambition peuvent rendre [9] l'homme plus féroce [10] *que les bêtes* [11] *elles-mêmes.* Cicéron vainquit [12] Catilina, ennemi plus redoutable [13] qu'*Anibal* [14]. Je viens de [15] Berlin [16], ville [17] moins grande [18] *que Paris.*

———

6° Dans les expressions : supérieur à, *superior, præstantior;* inférieur à, *inferior,* le nom qui suit *à* doit se mettre non au datif, mais à l'ablatif. Ex. : Il n'y a rien de supérieur à la vertu, *nihil virtute præstantius.*

EXERCICES.

6°. Toutes les grandeurs [1] humaines sont au-dessous [2] *de la vertu* [3]. Celui qui [4] meurt [5] injustement [6] et contre [7] les lois est plus heureux et plus grand [8] *que ses juges.* La vertu est toujours supérieure *à la*

———

5°. 1 Octavius. 2 T. *soi,* suî, sibi, se, *acc. devoir être.* 3 Munitus, ior fore. 4 Quam Cæsar fuissem, es. 5 Ad tuendus, a, um, vita, æ. 6 Persæ, arum, *m.* 7 Utor, eris, usus, sum, *abl.* 8 Quam Darius sum, fui. 9 Efficio, is, cere, *act.* 10 Magis ferus, a, um. 11 Ipse, a, um bellua, æ, *f.* 12 Vinco, vici, cere, *act.* 13 Hostis magis metuendus, a, um. 14 Annibal, is. 15 Venio. 16 Berolinum, i, *abl. sans prép.* 17 Ex urbs, bis. 18 Amplus, a, um.

6° 1 Dignitas, tatis, *f.* 2 Inferior, is. 3 *A l'abl.* 4 Qui. 5 Morior, eris, mori. 6 Iniquè. 7 Contrà, *acc.* 8 Superior.

fortune. Épaminondas n'est inférieur 9 *à aucun* 10 des grands hommes de l'antiquité. L'expérience est supérieure 11 *à l'art*. Il y a 12 un 13 courage 14 civil 15 qui ne le cède point 16 *au courage guerrier* 17.

7°. On se sert souvent du comparatif au lieu du positif pour donner plus ou moins de force à l'expression. Ex. : Vous me paraissez triste , *tristior mihi videris*.

EXERCICES.

7°. On trouve *beaucoup* 1 de tigres dans les régions les plus chaudes de l'Asie. Le lion pris *jeune* 2 se montre 3 plus doux 4 et plus docile que sa nature ne semble le comporter 5. Cet accident m' 6 a paru 7 *grave* 8. Ce *jeune* 9 prince est d'un heureux caractère. Les hommes se trompent 10 *souvent* 11.

SUPERLATIF.

Altissima arborum ou *ex arboribus* ou *inter arbores. — Ditis-simus urbis, — harum regionum.*

Le superlatif veut le nom pluriel, qui le suit, au génitif, ou à l'ablatif avec *ex* , ou à l'accusatif avec *inter*. Ex. : Le plus haut

------

9 Inferior. 10 *Aucun* avec une négation (*ne aucun*) nullus , a , um. 11 Præstantior. 12 Sum, es. 13 Quidam, quædam. 14 Fortitudo, *f.* 15 Domesticus , a , um. 16 T. *Non inférieur.* 17 Militaris , is.

7° 1 Frequentior, is occurro , is. 2 Junior. 3 Se præbeo, es. 4 Mitis, e. 5 Ferre videtur. 6 *A moi.* 7 Videor, visus sum. 8 Gravis, ior, 9 Juvenis, junior. 10 Erro, as. 11 Sæpe, sæpius.

des arbres, *altissima arborum* ou *ex arboribus*, ou *inter arbores*.
— Le superlatif s'accorde en genre avec le nom pluriel qui le
suit, lorsqu'il se rapporte à ce nom, c.-à-d. quand ce nom est
sous-entendu devant le superlatif. On pourrait dire *arbor
altissima arborum*. Mais on dit *ditissimus urbis, ditissimus harum regionum*, parce que le mot sous-entendu n'est ni *urbs*, ni
regio, mais *homo*. — Quand l'adjectif latin n'a pas de superlatif,
on se sert de *maximè* avec le positif. Ex. : Le plus remarquable
de tous, *maximè omnium conspicuus*.

Souvent, au lieu du superlatif, on se sert avec élégance du
comparatif, en tournant la phrase de cette manière : Néron le
plus cruel des tyrans, *Nero quo nullus fuit crudelior tyrannus*. (En
comparaison duquel aucun, etc.).

EXERCICES ÉLÉMENTAIRES.

§ 48. L'homme qui n'a [1] aucune [2] vertu est le plus
malheureux des hommes. Platon [3] fut le plus savant
des philosophes de la Grèce. La ville de Syracuse [4]
était la plus belle et la plus grande de toutes les villes
grecques. Auguste fut le plus rusé [5] des tyrans. Titus
fut le meilleur des princes. Le tigre est le plus féroce [6]
des animaux [7]. Rome fut la plus remarquable [8] de
toutes les villes. Le vent du midi [9] est le plus chaud
des vents. Le chemin qui conduit à [10] la gloire est le
plus escarpé [11] et le plus glissant [12] de tous. La gloire
est la plus belle et la plus noble des récompenses [13].
Les républiques [14] les plus remarquables [15] de la

---

§ 48. 1 Destitutus, *abl.* 2 Omnis, is. 3 Plato, nis, *m.* 4 Syracusæ, arum, *f.* 5 Callidus, a, um. 6 Sævus, a, um. 7 Fera,
æ. 8 Conspicuus, a, um. *sans superl.* 9 Auster, tri, *m.* 10
Duco, is, ad, *acc.* 11 Arduus, a, um. 12 Lubricus, a, um, *sans
superl.* 13 Præmium, ii. *neut.* 14 Civitas, tatis. 15 Conspicuus,

Grèce, étaient Athènes et Lacédémone [16]. Alexandre est le conquérant [17] le plus célèbre [18] des anciens temps [19].

EXERCICE GÉNÉRAUX.

§ 49. Le cerf comme [1] le plus noble *habitant des bois* [2], occupe [3] dans les forêts les lieux [4] ombragés [5] par les cimes [6] des plus hautes futaies [7]. Le chevreuil [8], comme étant [9] d'une espèce inférieure [10], content d'habiter sous des lambris plus bas [11], se plaît dans [12] le feuillage le plus épais [13] des jeunes taillis [14]. C'est le plus leste, le plus gracieux, le plus éveillé des hôtes de nos bois [15]. Il n'en est point dont les membres soient plus souples [16], les mouvements plus prestes, qui bondisse avec plus de légèreté [17]. Il se plaît dans les endroits [18] les plus secs et les plus élevés [19] des

---

a, um. 16 Athenæ, arum, Lacædemon, is, *f.* 17 Domitoi gentium. 18 Celeber, bris, e. 19 Priscæ, arum ætates, tatum.

§ 49. 1 Ut. 2 Sylvicola, æ, *m.* 3 Teneo, es, *acc.* 4 T. *Les parties des forêts,* pars, tis. 5 Quæ obumbrantur, *abl.* 6 Cacumen, inis, *n.* 7 Altissimus, a, um arbor, is, *f.* 8 Capreolus, i, *m.* 9 Ut pote. 10 T. *Inférieur par l'espèce,* genus, eris, *abla.* 11 T. *Content d'une demeure plus basse,* contentus, *abl.* humilior, is domus, ûs, *f.* 12 Gaudet versari inter, *acc.* 13 Frondes, dium, *f. pl.* densus, a, um. 14 Recens, tis sylva, æ. 15 T. *Il est celui (en comparaison' duquel aucun entre les hôtes des bois,* is est qui, quæ, quod nullus inter, *acc.* sylvicola, æ, *est plus leste,* etc., promptus, a, um, venustus, a, um, alacer, cris, *cre.* 16 T. *Aucun ne se sert d'un mouvement plus facile des membres, plus preste du corps,* nullus utor, eris, ti, *abl.* motus, ûs, *m.* facilis, e membra, orum, expeditus, a, um corpus, oris. 17 Nullas levior, saltus, ûs edo, is, ere, *acc.* 18 Delector, aris, *abl.* præsertim loca, corum, *pl. n.* 19 Editus, a, um.

forêts, et où [20] l'air est le plus pur [21]. Pyrrhus, roi d'Epire [22], était le prince de son siècle le plus habile [23] dans le métier des armes [24], et le plus entreprenant [25]. Moïse [26], ce chef célèbre [27] des Hébreux [28], le plus ancien des historiens [29], le plus sublime des philosophes [30], le plus sage des législateurs [31], a été admiré par les plus grands hommes de l'antiquité [32].

Optimus quisque illi favet.

Quand le superlatif pluriel n'est pas suivi d'un génitif, il faut ajouter *quisque* au superlatif latin. Ex. : Les plus honnêtes gens le favorisent, *optimus quisque illi favet.*

EXERCICES.

§ 50. Prions [1] *nos plus fidèles amis* [2] de nous avertir [3] librement de nos défauts [4]. *Les plus honnêtes gens* peuvent *faire une faute* [5]; mais ils s'en repentent [6] aussi tôt. *Les plus braves soldats* ne sont pas toujours exempts de crainte; mais il rappellent leur [7] courage

----

20 Ubi. 21 Liquidior spiro, as aër. 22 Epirotæ, arum, 23 Is sum, fui qui, quæ, quod nullus inter, *acc.* vir, i princeps, cipis sua ætas, tatis, peritus, tior. 24 Ars, tis bellica, æ. 25 Nullus in suscipiendo audax, cior. 26 Moses, is, *m.* 27 Celeberrimus ille dux. 28 Hebræus, i, 29. Qui nullus inter, *acc.* historicus, ci, *m.* antiquus, quior. 30 inter, *acc.* philosophus, i sublimis, ior. 31 Sapiens, tior inter, *acc.* legislator, is. 32 T. *a été d'admiration aux plus grands hommes entre les anciens,* vetus, teris.

§ 50. 1 Rogemus, *acc.* 2 Amicissimus quisque. 3 T. *afin qu'il nous avertisse,* ut meneo, es, eam. 4 *gén. ou abl. avec de.* 5 Pecco, cas, are. 6 Peccati eos pœnitet. 7 *Ne se rend pas.*

à l'approche du danger [8]. Parmi les animaux, ainsi que [9] parmi les hommes, les plus cruels sont [10] généralement [11] les plus lâches. Le tigre, malgré sa férocité [12], prend la fuite [13], à la vue d'un danger qu'il ne connaît pas [14]. Tandis qu'un seul lion du désert [15] attaque [16] souvent une caravane entière [17], et *les chasseurs les plus adroits et les plus intrépides* [18] ne peuvent *l'obliger à fuir* [19], tant qu'il [20] est dans la plaine [21].

Validior manuum.

Quand on ne parle que de deux choses, au lieu du superlatif qui est dans le français, on met le comparatif en latin. Ex. : La plus forte des deux mains, *validior manuum.*

EXERCICES.

§ 51 Carthage [1] et Rome furent ingrates envers [2] leurs deux plus grands citoyens. Mais Rome fut *la plus ingrate*, car elle exila [3] Scipion après ses victoires.

---

8 Instans, tis periculum, i, *abla.* 9 Ut. 10 T. *chaque (animal) le plus cruel est*, crudelissimus, a, um quisque, quodque. *N'oubliez pas que dans toutes ces phrases le pluriel est remplacé par le singulier.* 11 Plerùmque. 12 T. *Quoiqu'il soit très-féroce*, ferus. 13 In, *acc.* fuga, æ vertor, eris, ti. 14 T. *un danger inconnu*, ignotus, a, um, *menaçant*, ingruens, tis, *à l'abl.* 15 Unus vero ex, *abl.* leones, um incolæ, arum desertum, ti. 16 Aggredior, eris, gredi, *acc.* 17 Totum agmen viatorum. 18 Nec potest, *chaque chasseur le plus adroit*, strenuus, issimus. 19 In, *acc.* fuga, æ, verto, vertere. 20 Quamdiù. 21 In, *abl.* patens, tis campus, pi, m. versor, aris, ri.

§ 51. 1 Carthago, ginis, *f.* 2 In, *acc.* 3 Nam victrix victorem

Si deux hommes aspirent à [4] votre amitié, choisissez [5] non *le plus riche*, *mais le plus honnête.* Lorsque deux rivaux [6] se disputent [7] la palme, *le plus habile* n'est pas toujours *le plus heureux.* Souvent nous voyons *le mieux* [8], et nous choisissons [9] *le pire.* Lorsque les daims se trouvent [10] en grand nombre [11] dans les parcs [12], ils forment ordinairement deux troupes [13] bien distinctes, bien séparées [14], et qui bientôt deviennent ennemies [15], parce qu'elles veulent également [16] occuper *le meilleur* endroit [17] du parc. Ces deux troupes [18] s'attaquent avec [19] ordre [20] et se battent [21] avec courage [22]; et le combat se renouvelle [23] tous les jours [24] jusqu'à ce que [25] *les plus forts* chassent les *plus faibles* [26] dans *le plus mauvais* pays [27].

Les noms que l'on appelle *partitifs*, c'est-à-dire, qui marquent la partie d'un plus grand nombre, comme *unus*, *quis*, *aliquis*, *nemo*, *multus*, *plerique*, *solus*, *quilibet*, etc., gouvernent le même cas que le superlatif. Ex. : Un des soldats, *unus*

---

expello, is, puli Scipio, nis. 4 Appeto, tis, *acc.* 5 Eligo, is, *acc.* 6 Æmulus, i, *m.* 7 Contendo, 'is inter se de, *abl.* 8 Meliora. 9 Sequor, eris, qui, *acc.* 10 Versor, aris, ari. 11 Frequentior, is. 12 Vivarium ii. 13 T. *Ils ont coutume de se partager en*, soleo, es, scindere se in, *acc.* turma, æ. 14 T. *séparées par une différence certaine*, distinctus, a, um certus, a, um quidam, quædam, quoddam discrimen, inis, *n. abl.* 15 T. *entre lesquelles naissent bientôt des inimitiés.* 16 T. *du désir commun d'occuper*, ex, *abl.* communis cupiditas, tis occupo, as, a' *acc.* 17 Locus, ci. 18 Rivales turmæ. 19 Congredior, eris, di. 20 Ordo, inis, *abl.* 21 Pugno, as, are. 22 Fortiter. 23 Redintegro, as, *acc.*, (*elles renouvellent le combat*). 24 Singuli, orum dies, erum, *abl.* 25 Donec, *subjonct.* 26 *La troupe la plus forte, chasse la plus faible*, Turma fortis, e amando, as, are, *acc.* infirmus, a, um. 27 In, *acc.* malus, pejor locus, ci, *m.*

militum ou *ex militibus* ou *inter milites.* Qui de nous, *quis nostrûm* et non pas *nostri.* On ne se sert de *nostri, vestri,* qu'après un verbe ou un nom qui n'est point partitif, comme : Ayez pitié de nous, *miserère nostri.* La meilleure partie de nous-mêmes, *melior pars nostri.*

EXERCICES ÉLÉMENTAIRES.

§ 52. Un seul[1] *des soldats* de César[2] mit en fuite[3] dix Barbares. Qui *de nous* sait profiter[4] du présent ? Quelqu'un[5] *d'entre vous, de vous* peut prétendre à[6] la victoire. Quel homme est heureux ? peut-être aucun[7] de ceux qui le paraissent[8]. Plusieurs, beaucoup[9] de ceux que nous croyons nos amis[10] sont nos ennemis cachés[11]. La plupart[12] des hommes estiment plus[13] la gloire que la vertu. Le méchant est son propre bourreau[14]. L'homme vicieux[15] rougit[16] de lui-même[17]. Dieu ne peut avoir pitié[18] de nous[19], si nous n'avons pas pitié des autres. Jeunes gens, votre ame[20] est la meilleure[21] partie de vous-mêmes[22]. Qui de nous peut se flatter[23] de vivre[24] jusqu'à demain[25] ? Personne de nous.

---

§ 52. 1 Unus. 2 Cæsarianus, a, um. 3 Fugo, as, avi, *act.* 4 Lucro appono, is, ere, *act.* 5 Aliquis *ou* quidam. 6 Spero, as, are, *acc.* 7 Nullus *ou* nemo. 8 Videor, eris, eri, *le ne se rend pas.* 9 Multus, à, um. 10 qui, quæ, quod, *acc. pl.* credo, is, ere, *act. amis à nous.* 11 Clàm nobis sunt inimici. 12 Plerique, æque, aque. 13 Pluris facio, is, ere, *acc.* 14 T. *le bourreau de soi,* sui, sibi tortor, is, *m.* 15 *A l'accus.* 16 Pudet (*pour* pudor tenet). 17 Suî, sibi. 18 Misereor, ertus sum, ereri, *génit.* 19 Nos, nostri, *etc.* 20 Animus. 21 *Il ne s'agit que de deux parties.* 22 Vos, vestrî, *etc.* 23 Confido, is, dere. 24 T. *soi, acc. devoir vivre.* 25 Crastinus, a, um dies, ei.

Ego audio. — Tu rides, ego fleo.

Tout verbe, quand il n'est pas à l'infinitif, s'accorde avec
son nominatif en nombre et en personne. **Ex.** : J'écoute, *ego
audio* : vous enseignez, *tu doces.* — On sous-entend ordinairement le pronom nominatif; ainsi l'on dit simplement *audio,
doces, legit*. Il faut cependant l'exprimer quand il y a deux
verbes dont le sens est opposé, ou quand la phrase contient
quelque chose de vif. **Ex.** : Vous riez et je pleure, *tu rides,
ego fleo*. Vous osez parler ainsi? *tu loqui sic audes?*

Petrus et Paulus ludunt.

Quand un verbe a deux nominatifs, on met ce verbe au
pluriel, parce que deux singuliers valent un pluriel. **Ex.** :
Pierre et Paul jouent, *Petrus et Paulus ludunt.*

Ego et tu valemus.

Si les nominatifs d'un même verbe sont de différentes personnes, le verbe s'accorde avec la première de préférence aux
deux autres, et avec la seconde de préférence à la troisième.
Ex. : Vous et moi nous nous portons bien, *ego et tu valemus*.
Vous et votre frère vous causez, *tu fraterque garritis*.

En français, la première personne se nomme après les autres,
c'est le contraire en latin.

N. B. Comme l'application de ces règles offre peu de
difficultés, nous nous bornerons à donner des exercices généraux.

Turba ruit ou *ruunt.*

Quand le nominatif est un nom collectif, le verbe peut se
mettre au pluriel; cependant le singulier est préférable.

On appelle collectif un nom qui, quoiqu'au singulier, signifie
plusieurs personnes ou plusieurs choses. **Ex.**: La foule se précipite, *turba ruit* ou *ruunt.*

EXERCICES GÉNÉRAUX.

§ 53. Tarquin[1] le Superbe fut le dernier[2] roi de Rome[3]. Brutus et Tarquin Collatin[4] furent les premiers consuls. La vérité n'est pas toujours cachée[5]. Le front, les yeux, le visage mentent[6] souvent. La nation Scythe[7] a toujours passé pour[8] très-ancienne. Les Romains furent souvent vaincus par Annibal. Le temple de Janus[9] fut fermé par Auguste qui pacifia l'univers[10]. La flatterie et l'orgueil renversent[11] souvent la puissance[12] des rois. L'amour des plaisirs et le dégout[13] du travail conduisent les hommes à[14] leur perte[15]. L'or et le fer servent[16] aux hommes à[17] asservir[18] et à tuer[19] leurs semblables[20].

Tu loqui sic audes. Ego et tu valemus.

§ 54. Ton frère m'aime, *toi,* tu me hais[1]. *Moi,* j'ai chassé[2] les tyrans; *vous, vous* les introduisez; *moi,* j'ai établi[3] la liberté qui n'existait pas[4], *vous, vous* ne voulez pas la[5] conserver[6]. Quoi[7]! disait la mouche à la fourmi[8], *tu* oses[9] *te* comparer[10] à moi[11],

---

§ 53. 1 Tarquinius, 2 Ultimus. 3 Romanus, i. 4 Collatinus 5 Occulto, as, are, *act.* 6 Mentior, iri, *dép.* 7 Scythicus, a, um gens, tis, *fém.* 8 Habeor, eris, bitus, a, um sum. 9 Janus, i. 10 Orbis, is terrarum. 11 Everto, is, ere, *acc.* 12 Opes, opum. 13 Tædium, ii, *n.* 14 Ad, *acc.* 15 Pernicies, ei, *leur ne se rend pas.* 16 Prosum, prodes, esse ad id. 17 Ut, *avec le prés. du subj.* 18 In servitutem redigo, is, gere, *act.* 19 Interficio, is, ere, *act.* 20 Homo, minis.

§ 54. 1 Odi, disti, osus sum, odisse, *acc.* 2 Ejicio, jeci. 3 Instituo, is, ui. 4 Sum, eram. 5 Institutus, a, um. 6 Tueor, eris, eri, *accus.* 7 Quid! 8 Dicebat musca, formicam increpans. 9 Audeo, es, sus sum, ere. 10 Confero, fers, ferre, *act.* 11 *Dans ces phra-*

j'habite [12] dans les palais et dans les temples, tandis que *toi* [13], *tu* [13] rampes [14] dans la fange [15]. *Moi je* ne fais [16] rien, et je jouis [17] des meilleurs choses. *Toi, tu* es obligée [18] de traîner [19] avec peine [20] dans ta demeure [21], un grain de blé pour subsister [22].

§ 55. Alors la fourmi lui [1] répondit: *toi* et *moi*, j'en conviens [2], nous menons [3] une [4] vie bien différente [5]. *Tu es* méprisée de tout le monde, *et moi j'*entends faire partout mon éloge [6]. Tu meurs [7] de faim [8] pendant l'hiver [9], *et* [10] *moi je* me retire [11], en sureté [12], dans [13] ma maison bien fournie [14]. Toi et moi nous sommes données [15] pour exemple [16] à la jeunesse; *moi*, comme [17] l'exemple [17] du travail et de l'industrie; *toi* comme celui [17] de la paresse et de la misère. Laquelle de nous deux mérite la préférence [18]?

---

ses, *rappochez les mots qui forment opposition:* tu te mihi. 12 Commoror, rari. 13 T. *mais toi,* Tu verò. 14 Hæreo, es. 15 Lutum, i. 16 Laboro. 17 Fruor, frui, *abl.* 18 Cogo, is, ere, *act.* 19 Molior, iri, *acc. à l'inf. près.* 20 Multus, a, um labor, is, *m. à l'abl. sans prép.* 21 In, *acc.* Cavum, i. *neut.* 22 T. *D'où tu subsistes,* undè victitem, es.

§ 55. 1 T. *à elle.* 2 Fateor, eri. 3 Duco, is, cere, *act.* 4 *Ne se rend pas.* 5 Longè dispar, is. 6 T. *Tu entends mal de tous et moi bien,* Tu malè audio, is ab omnes, ium, Ego benè. 7 Intereo, is, ire. 8 *à l'abl.* 9 Hibernum tempus, oris, *abl. sans prép.* 10 Verò, *se met après un mot.* 11 Recipio, is, ere, *actif.* 12 Incolumis. 13 In, *acc.* 14 Copiosus, a, um domus, ûs, *fêm.* 15 Propono, is, ere, *act.* 16 *Au datif.* 17 *Ne se rend pas.* 18 Uter, tra, *est préférable à l'autre,* utri anteponendus, a, um, etc.

Turba ruit ou *ruunt.*

§ 56. Vous et moi nous comprenons [1] dans quel but [2] Phèdre et Lafontaine ont composé cette fable [3]. *L'un et l'autre* [4] *ont voulu* faire voir [5] que [6] le mérite réel [7], quoiqu'obscur, l'emporte sur [8] l'orgueil et la présomption [9]. Mais *le vulgaire* [10] *est* souvent *trompé par* [11] une vaine apparence [12]. Les *gens les plus médiocres* [13] peuvent jouir [15], pour un temps [14], de quelque réputation [15]. *La foule* les [16] admire [17]. Les uns [18] vantent [19] leur [20] génie [21], les autres [18] leurs talents [22]; jusqu'au moment où ces hommes [23] paraissant au grand jour [24], retombent [25] dans [26] le mépris et dans l'oubli.

Observations sur l'accord du verbe avec le nominatif ou sujet.

Avec un nom collectif le verbe se met rarement au pluriel en prose ; excepté avec *uterque,* l'un et l'autre, tous deux ; *quisque,* chacun ; *pars , pars,* pour *alii, alii,* les uns, les autres, *alius — alium (accus.)* ou *alter — alterum ,* à cause de l'idée de pluralité que supposent ces expressions.

----

§ 56. 1 Intelligo, is, ere. 2 Quo spectat. 3 T. *Cette fable écrite par,* Scriptus, a, à, *abl.* Phædrus et Fontanius. 4 Uterque. 5 Ostendo, is, ere. 6 *Ne se rend pas.* 7 Solidum decus, à *l'acc.* 8 *L'emporter sur,* præsto, are, *datif.* 9 Arrogantia, æ. 10 Vulgus *ou* turba. 11 Decipio, is, ere , *act.* 12 *à l'abl. sans prép.* 13 Homines maximè vulgares. 14 Ad tempus. 15 Aliquâ esse in existimatione. 16 *Accus.* 17 Miror, ari. *acc.* 18 Alius, a, ud. 19 Prædico, as , *acc.* 20 Eorum. 21 Præclarum ingenium. 22 Eximiæ dotes. 23 Donec isti. 24 Prodiens, euntis in *acc.* clarus, a lux, cis, *f.* 25 Recido, is, ere. 26 In. *acc.*

N. B. Dans les phrases suivantes, tirées des auteurs, les verbes se trouvent au pluriel.

EXERCICES.

§ 57. Le même jour [1], *les deux* généraux [2] *font sortir* [3] leur [4] armée de [5] leurs [6] camps. *Chacun* [7], *disant* [8] qu'il n'y avait plus là [9] de Fourches [10] (Caudines) et de défilés impraticables [11], *frappe* [12] également [13] ceux qui résistent [14] et ceux qui fuient [15]. Tout le reste fut condamné à être décimé [16]. Ils *se regardent* [17] les uns les autres [18], *attendant qui commencera* [19] le combat. Une partie [20] des vaisseaux *fut engloutie* [21], plusieurs [22] *furent jetés* [23] sur [24] le rivage. Les uns [25] *furent mis* [26] en [27] *croix*, les autres [28] *furent exposés* [29] aux bêtes.

VERBES QUI GOUVERNENT L'ACCUSATIF.

Amo Deum. — Imitor patrem. — Servire servitutem.

Tous les verbes actifs, ou ceux qui ont une signification active, gouvernent l'accusatif. Ex. : J'aime Dieu, *amo Deum.* J'imite mon père, *imitor patrem.* Les lâches sont dans un pénible esclavage, *ignavi homines durissimam serviunt servitutem.*

------

§ 57. 1 *A l'abl.* 2 Ducum uterque. 3 Educo, is, cere, *acc.* 4 Suus. 5 E, *abl.* 6 *Ne se rend pas.* 7 Pro se quisque. 8 Memorans, tis. 9 Non hæc *(acc. pl. neut.)* esse. 10 Furcula, æ, *acc.* nec Caudium. 11 Saltus, ûs, *m.* invius, a, um, *à l'acc.* 12 Cædo, is, ere, *acc.* 13 Pariter. 14 Resistens, tis. 15 Fusus, a, um. 16 Cætera multitudo decimus quisque ad supplicium lectus, a, um. 17 Circumspecto, as, *acc.* 18 Alius, a, aliud. 19 Ut incipiam, as, *acc.* 20 Pars. 21 Haurio, hausi, haustum. 22 Pars. 23 Ejicio, is, jeci, jectum. 24 In, *acc.* 25 Pars. 26 Actus, a, um. 27 In, *acc.* 28 Pars. 29 Objicio, jicis, jeci, jectum.

On voit par ce dernier exemple que les verbes neutres peuvent aussi gouverner l'accusatif, lorsqu'ils ont une signification active.

Ils prennent cette signification, 1° lorsqu'ils se composent d'une préposition, comme *invadere*, envahir ; *decurrere*, parcourir, descendre ; *inire*, aller dans ; *obire*, aller autour ; *prætorire*, passer, etc.

2° Lorsqu'ils sont employés comme verbes actifs. Ex. : *Horreo tenebras*, j'ai horreur des ténèbres. *Doleo vicem tuam*, j'ai pitié de ton sort. *Olet unguenta*, il sent les parfums. *Redolet antiquitatem*, il a un parfum d'antiquité.

3° Lorsque le verbe est accompagné d'un substantif de même racine, ce substantif se construit ordinairement avec un adjectif. Ex. : *Vitam jucundam vivere*, mener une vie agréable. *Longam viam ire*, faire une longue route, etc.

4° L'usage permet de construire l'accusatif neutre des pronoms avec des verbes intransitifs. Ex. : *Hoc lætor*, je me réjouis de cela. *Hoc non dubito*, je ne doute pas de cela. *Unum omnes student*, tous veulent la même chose, etc.

EXERCICES. — *Amo Deum.*

N. B. Le régime direct peut être marqué par *de, du, des*, mais il faut toujours le mettre à l'accusatif, et non au génitif.

§ 58. Une bonté soutenue[1] triomphe[2] des méchants. Tout le monde[3] hait[4] l'ingrat. L'étude[5] des lettres nourrit[6] la jeunesse, et charme[7] la vieillesse. Le temps use[8] les pierres[9] et le diamant. La première apparence[10] trompe[11] bien des gens[12]. Le faux a quelquefois[13] l'apparence du vrai. La crainte étouffe[14]

---

§ 58. 1 Pertinax. 2 Vinco, cis, *acc.* 3 Omnes. 4 Odisse, odi, *acc.* 5 Studia, *n. pl.* 6 Alo, is, ere, *acc.* 7 Oblecto, as. *acc.* 8 Tero, is, *acc.* 9 Silices, *nom pl.* 10 Frons. *f.* 11 Decipio, is, *acc.* 12 Multi, æ, a. 13 Quædam falsa, *pl. n.*.. fero, ers. *acc.* 14 Præ-

la voix. Le vif argent [15] corrode [16] et perce [17] les vases [18]. L'insensé désire [19] des richesses, le sage acquiert [20] de la science. Un travail opiniâtre [21] vient à bout de [22] tout [23]. L'envie *s'attaque à* [24] ce qu'il y a [25] de plus grand [25]. La fortune ne cache [26] point de basses inclinations [27].

Imitor patrem.

§ 59. Le sage suit [1] Dieu qui [2] est [2] un guide infaillible [3]. Alexandre et César ont acquis [4] une grande renommée. Socrate et Platon ont acquis la véritable gloire. L'envie accompagne [5] la gloire. Le vice poursuit [6] la vertu ; mais la gloire foule aux pieds [7] l'envie, et la vertu triomphe du [8] vice. Quelquefois [9] le silence [10] ressemble [11] à un aveu [12]. Les autres [13] animaux ont horreur de [14] la chair du loup [15]. Rome essaya [16] d'abord ses forces contre les petits peuples voisins [17]. Lorsqu'elle les eut subjugués [18], incapable

---

cludo, is, *acc.* 15 Argentum vivum. 16 Exedo, is *ou* exes, est, *acc.* 17 Perrumpo, is, *acc.* 18 Vas, asis, *pl.* vasa, orum. 19 Appeto, is, *acc.* 20 Comparo, as, *acc.* 21 Improbus. 22 Vinco, cis, *acc.* 23 Omnia, ium. 24 Peto, is, ere, *act.* 25 Summa, orum, *pl. n.* 26 Obtego, is, ere, *act.* 27 Natura, æ, *f.* turpis, e.

§ 59 1 Sequor, eris, equi, *acc.* 2 *Ne se rend pas.* 3 Certissimus. 4 Adipiscor, adeptus sum, *acc.* 5. Comitor, aris, *acc.* 6 Insector, aris, *acc.* 7 Proculco, as, *acc.* 8 Triumphum ago, is de, *abl.* 9 Interdùm. 10 Taciturnitas. 11 Imitor, aris, *acc.* 12 Confessio, nis. 13 Cæteri, æ, a. 14 Aversor, aris, *acc.* 15 Lupinus, a, um. 16 Experior, iris, pertus sum. 17 Finitimus, a, um exiguus, a, um que gens, tis, *f.* 18 Hic, hæc, hoc verò subactus, a,

de vivre dans le repos [19], elle entreprit [20] la guerre contre des peuples plus puissants. Les jeunes gens bien nés [21] *ont du respect pour* [22] les vieillards. La fièvre mine [23] les forces du corps et la paresse celles [24] de l'ame. L'ambitieux poursuit [25] la fortune, le sage *l'attend* [26] *chez lui* [27]. Le fourbe [28] invente [29] des ruses qui souvent tournent [30] contre [31] lui-même [32].

Servire servitutem.

§ 60. Celui *qui* [1] est esclave *de* [2] ses passions *supporte* [3] une dure servitude. La gloire *a horreur* [4] des ténèbres. Rien [5] *n'échappe* [6] à la connaissance [7] de Dieu. Quelquefois les forces [8] *trahissent* [9] le courage. La mort *attend* [10] tous les hommes. Je ne suis pas de votre avis [11] *sur ce point* [12]. Le sage a plus [13] *de quoi* [14] (plutôt sujet de) se réjouir [15], que de (quoi) s'affliger [16]. La plupart des hommes commencent des travaux qu'ils n'*achèvent* pas [17]. Vous *menerez* [18] une vie agréable si vous faites consister [19] le bonheur dans la médiocrité. Il est beau de s'*exposer* [20] aux plus grands

---

um , *à l'abl. pl.* 19 Impatiens otii. 20 Molior, iris, itus sum, *acc.* 21 Ingenuus, a, um. 22 Vereor, eris, eri, *acc.* 23 Depascor, sceris, sci. 24 Vires, virium. 25 Insector, aris. 26 Is, ea, id opperior, iris, iri. 27 Domi. 28 Homo vafer. 29 Comminiscor, sceris, mentus sum, sci. 30 Convertor, eris, ti. 31 In, *acc.* 32 Ipse, a, um.

§ 60. 1 Qui. 2 Servio, is, ire, *dat.* 3 Servio, is, ire, *acc.* 4 Horreo, es, *acc.* 5 Nulla res. 6 Effugio, is, *acc.* 7 Notitia, æ, *f.* 8 Corporis vires. 9 Deficio, is, *acc.* 10 Maneo, es, *acc.* 11 Non assentior, iris, *acc.* tibi. 12 Illud. 13 Plus habeo, es. 14 Quod. 15 Gaudeam, as, at. 16 Angar, aris. atur. 17 T. *N'achèvent pas le travail commencé*, inceptus, a, um labor, is non decurro, is , *acc.* 18 Vivo, is, ere, *acc.* 19 Pono, is, *acc.*, *au futur.* 20 Adeo, is, ire,

dangers et de sacrifier sa vie [21] pour sa patrie. Les écrits de Fénélon [22] *ont un parfum* [23] d'antiquité [24]. L'amitié *devance* [25] le jugement. Jeunes gens, *mettez-vous en garde contre* [26] l'intempérance. Le dernier jour *est inconnu à* [27] tout le monde [28]. Fabricius, général des Romains, *soupait* [29] *avec* les racines et les herbes qu'[30] il avait arrachées [31] en [32] nettoyant [33] son champ [34]. *Je plains* [35] le sort [36] de ceux qui placent la gloire dans le luxe et dans les richesses.

N. B. Il faut remarquer qu'un verbe peut être *actif en français et neutre en latin*, ou neutre en français et actif en latin.

Tous les hommes *aiment* [1] naturellement [2] la liberté. Les courtisans *aspirent à* [3] la faveur [4] et non [5] à l'amitié des rois. *Voir ci-après.*

Musica me juvat ou *delectat.*

Les verbes *juvat, delectat,* il fait plaisir; *manet,* il est réservé; *decet,* il convient, et *fugit, fallit, præterit,* employés pour exprimer le verbe français *ignorer,* veulent au *nominatif* le nom de *la chose* qui fait plaisir, qui convient, etc., et le nom de *la personne à l'accusatif.* Ex.:

La musique me fait plaisir, mot-à-mot, me réjouit, *musica me juvat* ou *delectat.* Une gloire éternelle nous est réservée, m.-

---

acc. 21 Mors, tis oppeto, is, ere, *acc.* 22 Fenelo, nis. 23 Redoleo, es, ere, *acc.* 24 Antiquitas, tatis. 25 Præcurro, is, rere, *acc.* 26 Caveo, es, ere, *acc.* 27 Lateo, es, ere, *acc.* 28 Omnes, ium. 29 Cœno, as, are, *acc.* 30 Qui, quæ, quod, *à l'acc.* 31 Vello, velli *ou* vulsi, vellere, *act.* 32 In, *abl.* 33. Repurgandus, a, um. 34 Agellus, i. 35 Doleo, es, ere, *acc.* 36 *Gén.* vicis, *dat.* vici, *acc.* vicem.

1 Studeo, es, ere, *dat.* 2 Naturali instinctu. 3 Consector, aris, ari, *accus.* 4 Gratia, æ. 5 Non autem.

à-m., nous attend, *gloria æterna nos manet.* — Quand *attendre* à pour nominatif un nom de chose, on l'exprime par *manere*; quand c'est un nom de personne, par *exspectare.*

Nous ignorons bien des choses, mot-à-mot, bien des choses nous échappent, nous trompent, nous passent, *multa nos fugiunt, fallunt, prætereunt.* Vous n'ignorez pas cela, *id te non fugit.*

On trouve plus souvent *hoc me latet* que *latet mihi*, cela m'est caché.

EXERCICES.

§ 61. La gloire a *des charmes pour*[1] les ames[2] généreuses. Les souvenirs agréables[3] *réjouissent*[4] la vieillesse. La honte[5] *est réservée* au[6] crime, même lorsqu'il est triomphant[7]. Presque tous les hommes *ignorent*[8] le moyen[9] de parvenir au[10] bonheur. La modestie *convient*[11] aux grands[12]. Rien n'est *caché à*[13] Dieu. Il est *beau à un*[14] roi de préférer[15] la patrie à ses enfants[16]. La mort *attend* tous les hommes; mais les hommes n'attendent pas la mort. *On trouve plus de goût* aux mets quand on a faim[17], on boit *avec plus de plaisir* quand on a soif[18]. Jamais les hommes n'*ont ignoré*[19] que la médiocrité fait le bonheur[20], et cependant tous agissent[21] comme s'[22]ils ne *le savaient*

---

§ 61. 1 Juvo, as, are, *acc.* 2 Animus, i, *m.* 3 Rerum grata recordatio. 4 Delecto, as, *acc.* 5 Dedecus. 6 Maneo, es, *acc.* 7 Etiam in triumpho exsultans, tis. 8 Fugio, is, *acc.* 9 Ratio, nis (*le moyen de... fait les*). 10 Assequor, eris, qui, *acc.* 11 Decet, *acc.* 12 Viri principes. 13 Lateo, es, *acc.* 14 Decet, *acc.* 15 Præferre. 16 Liberi, orum. 17 T. *Les mets charment,* juvo, *plus celui qui a faim,* esuriens, tis. 18 T. *Boire charme plus celui qui a soif,* sitiens, tis. 19 Fugit. 20 T. *Le bonheur être placé dans,* felicitas, tatis posita *à l'acc.,* sum, es, esse. 21 Se gero, is. 22 Tan-...

pas [23]. Une généreuse fierté [24] *convient* quelquefois [25] aux vaincus. Une parure [26] recherchée [27] ne *convient* pas à un homme [28]. Quelle [29] gloire *serait réservée à* celui qui sauverait [30] sa patrie aux dépens [31] de sa vie, et même [32] de sa réputation !

Studeo grammaticæ.

La plupart des verbes neutres gouvernent le datif.

Il en est de même d'un grand nombre de verbes *actifs* qui se prennent dans le *sens neutre*, en sorte que le même verbe peut gouverner *l'accusatif* dans un sens et le *datif* dans un autre. Il faut remarquer, en outre, qu'un verbe peut être actif en français et neutre en latin. Beaucoup de verbes *déponens* se prennent aussi dans le *sens neutre* et gouvernent le *datif*. — Les verbes qui se construisent avec le *datif*, sont ceux qui signifient *servir, nuire, secourir, être contraire à, être porté pour* (c'est-à-dire avantage ou désavantage) ; *plaire, déplaire ; commander, obéir, résister ; exceller ; se fier, se défier ; s'approcher ; menacer, s'irriter,* ceux qui expriment le but, et enfin la plupart des *verbes* dans la composition desquels *entrent des prépositions*. Les composés du verbe *sum* gouvernent aussi le *datif*, excepté *absum*, qui gouverne *l'ablatif* avec *à* ou *ab*.

N. B. Pour traduire les exercices suivans, il sera nécessaire de consulter les notes, parce que souvent un verbe *actif* en français sera traduit par un verbe *neutre* en latin.

EXERCICES.

Verbes qui expriment *avantage* ou *désavantage, opposition* (servir, nuire, secourir, être contraire à, être porté pour, plaire, déplaire, etc.).

----

quàm, *subjonct.* 23 Cela *fuyait eux.* 24 Elatior animus. 25 Interdùm. 26 Cultus, ûs, *m.* 27 Mundior. 28 Vir, i. 29 Quantus, a, um. 30 Servo, as, are, *act.* 31 Damnum, i, *à l'abl. sing.* 32 Imò et.

§ 62. Celui qui [1] *favorisera* [2] les méchants *nuira* [3] aux gens de bien [4]. Souvent le riche *ménage* [5] moins sa santé que le pauvre. Les gens du monde [6] *applaudissent* [7] un comédien lorsqu'il joue [8] bien son rôle [9], et *injurient* [10] le sage qui remplit [11] les devoirs de la vertu. Celui qui [12] *sert* [13] Dieu est plus libre que s'il ne *reconnaissait* point de maître [14]. On *mécontente* [15] souvent les autres, quand on est trop content de soi-même [15]. Chez les hommes magnanimes le courage *soutient* [16] les forces défaillantes [17]. Souvent la prospérité [18] *offusque* [19] les lumières [20] de la raison. Zoïle, le plus malveillant des critiques [21], *censurait* [22] Homère, le plus illustre des poètes. C'est mal *consulter* ses intérêts [23], que d'*être esclave* [24] de l'ambition. L'orateur Démosthènes *traversait* [25] les desseins [26] de Philippe, roi de Macédoine. Souvent le plaisir *est contraire* [27] à la santé. Pour plaire [28] aux autres il

---

§ 62. 1 Qui. 2. Faveo, es, *neut.*, *dat.* 3 Noceo, es, *neut.*, *dat.* 4 Vir bonus, a, um. 5 Parco, cis, *neut.*, *dat.* 6 Homo, inis elegantior, is, vita, æ (*d'une vie plus élégante*). 7 Plaudo, is, *neut.*, *dat.* 8 Ago, gis, *act.*, *acc.* 9 Scitè partes, ium, *fém.*, suus, a, um. 10 Maledico, dicis, dicere, *neut.*, *dat.* 11 Adimpleo partes. 12 Qui. 13 Servio, is, *neut.*, *dat.* 14 T. *Que s'il n'obéissait à aucun maître*, quàm si (*subjonct.*) pareo, es, *neut. dat.*, nullus, a, um, *gén.* nullius, magister, tri. 15 T. *Il déplaît souvent aux autres, celui qui se (à soi) plaît trop*, magis. 16 Succurro, is, *neut.*, *dat.* 17 Deficiens, tis. 18 Res secundæ. 19 Officio, is, *neut. dat.* 20 Lumen, inis. 21 Censor, is, *m.* 22 Obtrecto, as, *dat.* 23 T. *Il consulte mal ses intérêts, celui qui est esclave....* consulo, is, *dat.*, malè res, erum suus, a, um, qui. 24 Inservio, is, *n. dat.* 25 Obsto, as, *neut. dat.* 26 Consilium, ii. 27 Noceo, es, *neut. dat.* 28 Tournez *afin que tu plaises*, ut. *subjonctif*, placeo, es.

faut[29] quelquefois se déplaire à soi-même. L'injuste[30] fortune *épargne*[31] rarement les plus grandes vertus. Il est honteux *de médire*[32] d'autrui[33]. La variété *prévient*[34] le dégoût[35]. Il convient à un[36] juge *de secourir*[37] l'innocence. Celui qui[38] *oblige*[39] un méchant, le rend[40] plus méchant.

EXERCICES.

Commander, obéir, résister, se fier, se défier, exceller, s'approcher.

§ 63. Il est plus difficile de *maîtriser*[1] ses passions que de *commander*[1] une armée. Le sage *suit*[2] les conseils de la raison et, quelquefois, se *prête* aux circonstances[3]. L'homme de bien[4] *résiste*[5] à la fortune, comme le brave soldat *résiste*[5] à l'ennemi. Il est également dangereux de se *fier*[6] à tout le monde[7], et de se *défier*[8] de tout le monde. Personne n'est disposé à *croire*[9] un menteur, même lorsqu'il dit la vérité[10]. Alexandre l'*emportait*[11] sur Darius roi des Perses, moins par son courage que par son habileté dans la

---

29 Tournez *il faut que tu te déplaises*, oportet ut, etc. 30 Iniquus, a, um. 31 Parco, cis, *neut. dat.* 32 Maledico, cis, ere, *neut. dat.* 33 Alter, ius. 34 Occurro, is, ere, *neut. dat.* 35 Satietas, tatis. 36 Est, *avec le gén.* 37 Subvenire, *neut. dat.* 38 Qui. 39 Benefacio, is, *neut. dat.* 40 Facio, feci, *act.*

§ 63. 1 Imperare, *dat.* 2 Pareo, es, *neut. dat.* 3 Non nunquàm *sert au temps*, inservio, is, *neut. dat.* 4 Vir bonus. 5 Repugno, as, *neut. dat.* 6 Confido, is, ere, *neut. dat.* 7 Omnes, ium. 8 Diffido, is, *neut. dat.* 9 *Tournez personne ne*, nemo, *croit facilement*, credo; is, *dat.* 10 *Tournez au menteur même*, etiam, *disant vrai*, dicens, tis verum. 11 Præsto, as, are, *dat.* (Ce verbe

guerre [12]. La sagesse l'*emporte* souvent sur la force [13]. Chez les peuples barbares le courage *tient* [14] *de* la témérité, comme la grandeur d'ame *tient* [14] *de* l'orgueil chez les hommes dont l'esprit n'est point cultivé. C'est plutôt par sa vertu que par sa figure que l'homme [15] peut ressembler [16] à Dieu. Les caprices [17] de la fortune *gouvernent* [18] les nations [19]. La gloire l'*emporte sur* les richesses, et la vertu sur la gloire. Il est peu d'hommes dont les paroles et les écrits *soient d'ac-cord* [20]. Il y a de la folie à [21] se fier à [22] la force [23] du corps et à la stabilité de la fortune.

Les verbes de *ressemblance* et de *différence*, tels que *congruo, consentio, abhorreo, dissideo*, se construisent aussi avec le datif; cependant ils sont plus souvent accompagnés des prépositions *cum* et *ab*. Les verbes de *comparaison* se construisent aussi ordinairement avec *cum*.

EXERCICES.

§ 64. La nature a *horreur* de [1] la destruction [2]. Il ne faut pas *ressembler* [3] à vos amis par [4] leurs [5] défauts. J'ai des inclinations qui s'*accordent* avec celles de mon père [6]. Les hommes *sont* [7] rarement *d'accord*

---

régit aussi l'accusatif.) 12 Tournez *de la chose militaire*, res, *ei militaris.* 13 Vires, ium. 14 Accedo, is, *neut. dat.* 15 *Tournez : L'homme, par la vertu, (abl.) plutôt que par la figure, (abl.), peut, etc.* 16 Accedo, is, ere, *dat.* 17 Libido, inis, *au sing.* 18 Moderor, aris, *dat. ou acc.* 19 Gens, tis. 20 T. *les paroles de peu s'accordent avec,* Pauci, corum dicta, orum congruo. is, *dat.* 21 Stultum est. 22 Confido, is, ere, *(ablat.) Il demande l'ablatif du nom qui marque le motif de la confiance.* 23 Firmitas, tatis.

§ 64. 1 Abhorreo, es ab. 2 Interitus, ûs. 3 *Ne congruas, dat.* 4 Per. 5 *Ne se rend pas.* 6 T. *Mes mœurs s'accordent,* congruo cum, *abl.* mores, um pater, ris. 7 Consentio, is, ire, *dat.*

avec 7 eux-mêmes 8. Un discours bien fait 9 doit se *soutenir* 10 dans 11 toutes ses parties 12. Les écrivains *comparent* 13 Germanicus à 14 Alexandre. La témérité *ne s'accorde pas* 15 avec la sagesse.

Les verbes qui expriment le *motif*, l'*intention*, le *but*, se construisent aussi avec le *datif*. Souvent ces verbes sont suivis de la préposition *pour*, ou peuvent admettre cette préposition après eux. Ils peuvent être *actifs* ou *neutres*. On peut ramener à cette règle presque toutes les constructions précédentes. — N'oubliez pas qu'un verbe *actif en français* peut se traduire par un verbe *neutre en latin*.

EXERCICES.

§ 65. *Recherchez* 1 la gloire plus que les richesses, et la vertu plus que la gloire. La fille de Paul Emile, le premier citoyen de Rome 2, *épousa* 3 Elius Tubéron, malgré sa pauvreté 4. Ne *faites* point 5 de nouveaux amis 6 trop facilement 7. Les hommes qui s'*abandonnent* 8 à leurs 9 passions, doivent *craindre pour* 10 leur 11 bonheur. Les parents *désirent pour* 12

---

8 *Sui*, sibi, se. 9 Concinnus, a, um. 10 Consentio, *avec soi*, suî, sibi, se cum. 11 Ex, *abl*. 12 Omnis pars, tis, *fém. au sing*. 13 Confero, fers, ferre, *act*. 14 *Datif ou* cum. 15 Dissideo, es, ere à, *abl*. Cicér.

§ 65. 1 Studeo, es, *neut. dat*. 2 *Prince de la ville*, Princeps civitas, tatis. 3 Nubo, bis, psi, *neut. dat*. 4 Tournez *quoiqu'il fût très-pauvre*. 5 Ne stude, *neut. dat*. 6 Tournez *de nouvelles amitiés*. 7 Tournez *plus facilement*. 8 Indulgeo, es, *neut. dat*. 9 Suus, a, um. 10 Metuere, *dat. Lorsque pour exprime avantage ou désavantage, il ne se traduit pas en latin, et le mot qui lui sert de régime, en français, se met du datif en latin*. 11 Suus, a, um. 12

leurs [13] enfants [14] les richesses et les honneurs, il vau-
drait mieux qu' [15] ils *demandassent pour* [16] eux la sagesse et la science. Celui qui [17] *a rempli* [18] ses devoirs,
ne doit pas craindre la vaine critique du vulgaire. Le
méchant, en voulant [19] *nuire* aux autres, se *nuit* souvent
à lui-même [20]. Un père sage *surveille* [21] ses enfants [22],
pour les gatantir [23] des [24] piéges qui les environnent
de toute part. Sous un mauvais prince [25], le père
tremble (craint) pour [26] son fils. Ce n'est point *pour leur
avantage* particulier, mais c'est dans l'intérêt de
leur patrie [27], que les bons citoyens administrent les
affaires publiques [28]. Il y a de la folie [29] à *s'irriter
contre* [30] les objets inanimés [31]. Ne [32] *menacez* point [33]
votre ennemi, mais tâchez qu'il [34] *trouve son avantage* [35] plutôt à [36] vous aimer qu'à vous craindre.

Cupio, is, *dat.* 13 Suus, a, um. 14 Liberi, orum. 15 Tournez *il
serait mieux si.* 16 Peto, is, ere. 17 Qui. 18 Satisfacio, cis, feci,
neut. dat. 19 Tournez *tandis qu'il veut.* 20 Tournez *lui-même nuit
à soi.* 21 Invigilo, as, *dat.* 22 Liberi, orum. *Lorsqu'on ne parle
pas de tous les enfants en général*, comme : les enfants sont
légers, *on ne se sert pas de* pueri, *mais de* liberi, orum, *qui n'est
pas usité au singulier.* 23 Tournez *afin qu'il garantisse eux de*, ut,
subjonctif, tueor, eris. 24 A, *abl.* 25 Tournez *un mauvais prince
regnant*, à *l'abl.*, s.-entendu sub. 26 Contremisco, cis, *dat.* 27
Tournez *non à leur*, non suus, a, um, *mais à l'utilité de la patrie*,
sed patria, æ utilitas, tatis. Ce, ^cest, *que ne se rendent pas.*
28 Rempublicam administro, as, are. 29 Stultitia, æ sum, es.
Il y a se tourne par le verbe être, *c'est la régle de* culpa est mentiri.
30 Irasci, scor, cris, *dép. dat.* 31 Res, ei, *fém.* inanimus, a. 32 Ne
avec l'impérat. ou le subj. 33 Minor, aris, ari, *dat.* Point *ne se
rend pas.* 34 Conor, aris, ut *avec le subj.* 35 Expediat ipsi magis.
36 Tournez *afin qu'il t'aime que afin qu'il te craigne.*

Defuit officio.

Les composés du verbe *sum* gouvernent le datif, excepté *absum* qui veut l'ablatif avec *a* ou *ab*. (*On dit* abesse alicui, manquer à défendre quelqu'un. Cic.)

EXERCICES.

§ 66. A Lacédémone [1] les vieillards *assistaient* [2] aux exercices des jeunes gens. Les dames [3] Romaines *présidaient* [4] elles-mêmes à l'éducation de leurs [5] enfants [6]. Autrefois les philosophes *assistaient* [7] à la table des rois [8]. Titus ne *laissait échapper* [9] aucune occasion de faire du bien [10]. Varron *commandait* [11] l'armée Romaine qui fut vaincue par Annibal à la bataille [12] de Cannes [13]. La douleur *est* souvent *cachée sous* [14] le plaisir. Scipion *était absent* [15] de la ville lorsqu'il fut accusé par Pétilius. On n'*est* pas *exempt* [16] de faute pour [17] n'avoir pas fait le mal, quand on [18] aurait dû faire le bien. Vous vous *épargnerez* [19] bien [20] des ennuis [21], si vous vous appliquez à l'étude des lettres. Vous *avez manqué* à me défendre [22], lorsque

---

§ 66. 1 Lacædemon, is, *à l'abl. s.-ent.* in. 2 Adsum, ades, adesse, *dat.* 3 Matrona, æ, *f.* 4 Præsum, præes, *dat.* 5 Suus, a, um. 6 Liberi, orum, *masc.* 7 Intersum, interes, esse, *dat.* 8 Epulæ, arum regius, a, um. 9. Tournez *ne manquait*, deesse, desum, *dat.* 10 Benefacio, is, ere. 11 Præsum, es, esse, *dat.* 12 Prælium, ii, *à l'abl. s.-ent.* in. 13 Cannensis, e, *adj.* 14 Subsum, bes, esse, *dat.* 15 Absum, abes, esse, *abl. avec* a *ou* ab. 16 Tournez *il n'est pas éloigné de la faute*, non absum, es, à, *etc.* 17 *Celui qui n'a pas fait, etc.* 18 *Quand il aurait dû, etc.* 19 Absum, es, à. 20 Multus, a, um. 21 Molestiæ, arum. 22 Tournez *vous avez été absent à moi périclitant dans*

4*

j'étais en danger de perdre ma cause. Duillius *commandait*[23] la flotte Romaine qui remporta la première victoire navale sur[24] les Carthaginois. *Il y a* dans[25] le cœur de l'homme un[26] désir naturel de connaître la vérité[27]. Ce qui[28] *nuit*[29] à l'imprudent est quelquefois *utile*[30] au sage. La raison *est dans*[31] nos ames. Dieu *est présent*[32] à nos pensées.

———

Magna calamitas tibi imminet, impendet, instat.

Les trois verbes *imminere*, *impendere*, *instare*, gouvernent le datif. Ex.: Un grand malheur vous menace, *magna calamitas tibi imminet, impendet, instat.*

Id mihi accidit, evenit, contingit.

Les verbes *accidit*, *evenit*, *contingit*, il arrive; *conducit*, *expedit*, il est avantageux; *placet*, il plaît, etc., veulent le nom de la personne au datif: Ex.: Cela m'est arrivé, *id mihi accidit*; cela vous est avantageux, *hoc tibi expedit.*

EXERCICES.

§ 67. La mort qui *menace*[1] tous les hommes n'effraie point le sage. Il *est* souvent plus *avantageux pour*[2] les grands[3] d'[4] avoir des ennemis que des flat-

———

un jugement, absum; es, *ou* desum, dees, *dat.*, ego periclitor aris in judicium, ii. 23 Præsum, præes, *dat.* 24 de *ou* ab, *abl* 25 Insum, ines, *dat. ou* in *avec l'abl.* 26 Quidam, ædam. 27 *Du vrai devant être vu*, verum, i, *neut.* videndus, a, um. 28 Quod. 29 Obsum, obes, *dat.* 30 Prosum, prodes. 31 Insum, ines in, *abl.* 32 Intersum, es, *dat.*

§ 67. 1 Immineo, es, *dat.* 2 Expedit, *dat.* 3 Viri principes.

teurs. Le rocher qui *menace* [5] Sisyphe [6] dans les enfers est moins pesant que le souvenir des crimes qui tourmente sans cesse les méchants. Ce qui [7] *plaît* aux uns, déplaît souvent aux autres. Lorsque la nécessité *presse* [8] le lâche, il devient quelquefois brave par [9] désespoir. Timoléon [10] *eut le bonheur* de délivrer la Sicile opprimée par un tyran. Quand les guerres étrangères *menaçaient* [11] les Romains, ils oubliaient leurs dissensions domestiques. Porus *eut le malheur* [12] d'être vaincu [13] par Alexandre, mais il fut plus grand après sa défaite, que lorsqu'il était à la tête [14] de son armée. Le pilote plie [15] les voiles lorsque la tempête *menace* [16] son vaisseau. Souvent *il est à propos pour* [17] un homme qui veut obtenir [18] de grands avantages, de céder [19] quelque chose de [20] son droit. L'épée *suspendue sur* [21] la tête de Damoclès, est l'image [22] du bonheur des tyrans. Si vous *avez le bonheur* de trouver [23] un ami fidèle, regardez-le [24] comme le plus précieux de tous les trésors. *Il vaut beaucoup* mieux *pour* [25] un jeune homme garder le silence [26], que de [27] parler inconsidérément.

---

4 *De*, ut, *subj.* 5 Impendeo, es, *dat.* 6 Sisyphus, i. 7 Quod. 8 Insto, as, *dat.* 9 Ex, *abl.* 10 Timoleon, tis. Contingit, contigit, *dat. Il arriva à Timoléon*, ut, *subj. qu'il délivrât.* 11 Immineo, es. *dat.* 12 Tournez *il arriva à* Porus, accidit Porus, i. 13 *Qu'il fut vaincu*, ut, *subjonct.* 14 Præesse, præsum, *dat.* 15 Contraho, is, here, *act.* 16 Immineo, es, *dat.* 17 expedit, *dat.* 18 Consequor, consequi, *accus.* 19 *Qu'il cède* ut, *subj.* 20 de, *abl.* 21 Tournez: *L'épée qui était suspendue sur*, impendeo, es, *dat.* 22 Tournez: *représente*, adumbro, as, *accusat.* 23 Tournez *S'il arrive à toi que tu trouves*, si contingit ut, *subjonc.* 24 Existimo, as, *accusat.* 25 Multo præstat, *dat.* 26 Tacere. 27 Quàm.

Homo irascitur mihi.

Les verbes déponens *irasci,* se mettre en colère; *blandiri,* flatter; *opitulari,* secourir; *minari,* menacer, etc., gouvernent le datif.

Exemples ;

Cet homme se fâche contre moi, *homo irascitur mihi;* il me menace, *minatur mihi.*

Le verbe *menacer* s'exprime par *minari;* quand il a pour nominatif un nom de personne.

N. B. Les verbes *déponents* qui se construisent avec le *datif* rentrent dans la règle des verbes qui expriment l'*avantage* ou le *désavantage,* l'*intention,* le *but.*

EXERCICES.

§ 68. Les flatteurs *tendent des embûches* [1] aux princes. Pison, pour *servir* [2] la haine de Tibère, empoisonna Germanicus. Jeunes gens, vous devez *résister* [3] aux attraits de la volupté. Car elle *flatte* [4] les passions, et *rend* le vice *agréable* [5]. Ce n'est point en portant envie à [6] ses concurrents, mais en cherchant à les *égaler* [7] qu'on acquiert [8] de la gloire. Le chien, *en flattant* [9] son maître, lui donne une preuve d'attachement [10]; les courtisans, *en flattant* [9] les prin-

---

§ 68. [1] Insidior, aris, *dat.* [2] Tournez *afin qu'il servît*, ut, *subj.*, gratificor, caris, *dat.* [3] Obnitor, eris, niti, *dat.* [4] Blandior, iris, iri, *dat.* [5] *Rendre agréable,* lenocinor, aris, *dat.* [6] Tournez *non celui qui envie,* invideo, es, *dat.* [7] *Mais celui qui cherche à les égaler,* studeo, es æmulari, *dat.* [8] *Acquiert,* consequor, eris, equi, *acc.* (Æmulari, *avec le datif signifie quelquefois porter envie.*) [9] Tournez *flattant,* adulor, aris, *dat.* (*Il gouverne aussi l'accusatif.*) [10] Tournez *signifie l'amour à lui,* significo, as, *accus.,* amor is, ca, id. [11] Tournez *se montrent*

ces, se montrent leurs ennemis [11]. Le torrent qui, roulant ses ondes à grand bruit [12], semble *menacer* [13] le voyageur, est souvent moins à craindre pour lui [14] que la rivière *qui le trompe* [15] par son cours paisible. Les Romains ne *secoururent* [16] point la ville de Sagonte, leur alliée la plus fidèle. Dans la suite, vaincus par Annibal, ils crurent, avec raison, que les Dieux *étaient irrités contre* eux [17]. La philosophie *guérit* [18] les maladies de l'ame. Un père demandait une chose injuste à [19] son fils, et comme celui-ci [20] ne voulait point lui *complaire* [21], le père *s'emportait contre* [22] le fils, et lui disait: oses-tu donc [23] *résister* à [24] mes ordres? Je n'y *résiste* point, mon père, répondit le fils; au contraire, je m'y conforme [25] en suivant [26] les règles de la justice, comme vous me l'avez commandé [27]. Celui qui *maîtrise* [28] sa colère, *défend* [29] mieux ses intérêts [29], que l'homme qui *s'emporte contre* [30] son adversaire. Il y a de la grossièreté [31] *à injurier* [32] ceux qui ne sont

---

en nemis à eux, se præbeo, es, cre, etc. 12 *Courant avec un grand bruit des eaux*, decurro magnus, a, um strepitus, ûs masc. (*à l'abl. sans prépos.*) 13 Minitari, tor, *dat.* 14 *A craindre pour*, metuendus, *dat.* 15 Insidior, aris, *dat.* 16 Opitulor, aris, atus sum, *dat.* 17 Tournez *ils crurent avec raison* (meritò) *les Dieux irrités contre*, irascor, ceris, iratus, *dat.* eux, ipse, a, um. 18 Medeor, eris, *dat.* 19 *Demander à*, peto, is, cre à *ou* ab, *ablat.* 20 Hic autem cum, *subjonc.* 21 Morigeror, aris, ari, *dat.* 22 Irascor, sceris, sci, *dat.* 23 Tu ne audeo, es. 24 Refragari, *dat.* 25 *J'obtempère à eux*, obtempero, as, *dat.* 26 *Lorsque je suis les*, etc. 27 Ut præcipio, is, cepi, cre. 28 Moderor, aris, *dat.* 29 Patrocinor, aris, *dat.*, suî. 30 Irasci, cor, sceris, *dat.* 31 Inhumanum est. 32 Convicior, aris, *dat.*

pas de notre avis[33]. Phocion[34] *contredisait*[35] souvent (*était opposé à*[36]) Démosthène[37].

Verbes composés d'une préposition. (Voir les notes du § 277 et 278. de la Grammaire.)

Pour compléter la règle des verbes qui se construisent avec le datif, nous donnerons quelques exercices sur les verbes composés d'une préposition, qui gouvernent le datif seulement, ou le datif et l'accusatif, ou même l'ablatif en répétant la préposition, ainsi que sur ceux qui gouvernent l'accusatif dans un sens, et le datif dans un autre.

EXERCICES.

§ 69. Le lâche *insulte*[1] son ennemi abattu[2], l'homme de cœur[3] le relève. Souvent les grands *envient*[4] le sort du peuple. Le vaincu qui ne *supplie*[5] point le vainqueur se fait respecter[6] de son ennemi.[7] C'est en *marchant sur* les traces[8] des grands hommes qu'on parvient[9] à la gloire. Le philosophe Carnéade[10] *s'appliquait*[11] avec tant d'ardeur[12] à la recherche de la vérité[13], qu'[14]il oubliait de prendre de la nourriture. Alexandre *inspirait*[15] du respect[16] à tous

----

33 Opinio, nis *f.* nostra, æ dissentientes, tium, tibus, *avec le* dat. 54 Phocio. 55 Refragor, aris, *dat.* 56 Adversor, ari, *dat.* 37 Demosthenes, is.

§ 69. 1 Insulto, as, *dat.* 2 Prostratus, a, um. 3 Vir fortis. 4 Invideo, es, *dat.* 5 Supplico, as, *dat.* 6 Sibi conciliare, o, as veneratio, nis. 7 T. *lorsque tu marcheras,* insisto, is, ere, *dat.* 8 Vestigia, orum. 9 *Alors tu parviendras etc.* 10 Carneades, is. 11 Incumbo, bis, ere, *dat.* 12 Tantum studium, *à l'abl. sans prépos.* 13 *A la vérité devant être cherchée,* veritas, tis inquiro, is. 14 Ut, *subjonct.* 15 Injicio, is, ere. 16 *Le respect de soi,* sui.

ceux qui l'approchaient [17]. Epaminondas *pressait* [18] la victoire avec ardeur [19], lorsqu'il fut blessé mortellement. Une épée *était suspendue sur* [20] la tête de Damoclès, dans [21] un festin somptueux [22]. Denys de Sicile [23] voulait lui faire comprendre [24] ce que c'est que le bonheur des tyrans [25]. Un trône est solidement établi lorsqu'il *a pour appui* [26] la religion et la justice. Alcibiade *surpassait* [27] tous les Grecs de son temps [28], par ses vices et par ses vertus [29]. La grandeur des exploits [30] de César les *a rendus* presque incroyables [31].

§ 70. Germanicus *ressemblait* [1] à Alexandre par [2] le courage et la grandeur d'ame, mais non par [2] la témérité et par l'orgueil. Les inclinations [3] et les mœurs de Commode *s'accordaient* [4] avec celles [5] de Néron. Le jeune homme qui *trompe* [6] les espérances [7] de ses parens, ne diffère point du [8] débiteur qui *fait banqueroute* [9] à ses créanciers. Pour faire des progrès

---

17 T. *à quiconque approchant*, quilibet accedo, is, erc. 18 Insto, as, tili, tarc, *dat.* 19 Acriter. 20 Impendeo, es, erc. 21 Inter, *acc.* 22 Lautissimæ epulæ. 23 Siculus ille Dionysius. 24 T. *déclarait ainsi à l'homme*, sic declaro, as, *etc.* 25 T. *de quel bonheur (à l'abl.) jouissent* (fruor, frueris, frui, *subj.*) *les tyrans.* 26 Innitor, cris, niti, *s'appuyer sur*, *dat.* (*On trouve aussi l'abl.*) 27 Antecello, is, erc, *dat.* 28 Suus, a, um, ætas, talis, *fém.* 29 *A l'abl. sans préposition.* 30 *Des choses faites par César*, res, ei, *fém.* gestus, a, um à Cæsar, is. 31 *A presque dépassé la croyance*, antecedo, is, cessi, *acc.* fides, ei.

§ 70. 1 Congruo, is, *dat.* 2 Per, *acc.* 3 Natura. 4 Congruo, is. 5 Cum natura et mores, um, *etc.* 6 Decoquo, is, xi, erc, *dat.* 7 Bona spes, ei, *au sing.* 8 Non differo, differs, à, *abl.* 9 Deco-

dans [10] l'étude des lettres, il faut *s'attacher* [11] à un petit nombre de [12] livres, et s'en nourrir [13]. Crassus *convoitait* l'or des Parthes [14], lorsqu'il entreprit la guerre contre ce peuple. Brutus vaincu à la bataille de Philippes [15], *se jeta sur* [16] son épée. Pendant long-temps les Romains négligèrent les arts et *donnèrent* tous leurs soins à la guerre [17]. Notre cœur doit être aussi pur que [18] nos mains, car Dieu *intervient* [19] au milieu de nos pensées [20]. La haine qui *survint* [21] entre Sylla et Marius [22], fut très-funeste à la république. Le loup *rode autour* [23] des troupeaux.

Verbes qui gouvernent le datif dans un sens, et l'accusatif ou l'ablatif dans un autre.

EXERCICES.

§ 71. Les flots de la mer *s'élancent* [1] avec un vain bruit *contre* les rochers du rivage. Les Eques *firent* souvent *des incursions* sur [2] le territoire [3] des Romains. Les grands hommes *s'occupent du* [4] salut de leur patrie, avant de *s'occuper* [5] de leurs propres intérêts.

---

quo, is, *dat.* 10 *Si vous voulez*, si velis proficere in, *abl.* 11 Immorari, *dat.* 12 Paucus, ca, cum. 15 *Se nourrir d'eux*, innutriri, *abl.* 14 Inhio, as, *dat.*, aurum parthicus, a, um. 15 Prœlio (*abl.*) apud Philippos. 16 Incumbo, cubui, *dat.* ou *acc.* avec in. 17 T. *s'appliquèrent à la guerre*, incumbo ad, *acc.* (*tous leurs soins*, omni studio). 18 *Aussi...que*, tam... quàm. 19 Intervenio, *dat.* 20 Mediæ cogitationes. 21 Intervenio. 22 Inter, *se place entre ses deux régimes*, Sylla... et Marius. 25 Obambulo, as, *dat.*

§ 71. 1 Incurso, as, *dat.*, *s'élancer contre*. 2 Incurso, as, avi, *acc.*, *faire des incursions sur*. 3 Agri, rorum. 4 Consulo, lis, lui, *dat.*, *s'occuper de*. 5 *Rejeter le verbe à la fin de la deuxième*

A Lacédémone [6], les jeunes gens *consultaient* [7] les vieillards sur [8] les devoirs de la vie. Jugurtha, roi des Numides [9], *usa* de la plus grande cruauté [10] envers [11] Adherbal et Hiempsal, fils de Micipsa. Les tribuns du peuple [12], *en étudiant* [13] l'éloquence, *désiraient* [14] tous la même chose [15]; c'était de [16] tromper le peuple, pour le soulever plus facilement [17] contre [18] les patriciens. Jeunes gens, *croyez* [19]-moi : le travail est le père [20] du plaisir. Miltiade *comptait* [21] avec raison [22] sur le courage de ses soldats, lorsqu'il conduisit au combat dix mille Grecs contre cent mille Perses. On ne [23] *croit* [24] point le menteur, même quand il dit la vérité [25]. Celui qui *confie* [26] ses projets à tout le monde [27], réussit rarement dans ses entreprises [28].

C

Est mihi liber.

Quand on se sert du verbe *sum* pour signifier avoir, on met le nom de la personne au datif, et alors le régime du verbe *avoir* devient le nominatif en latin. **Ex.** : J'ai un livre, *tournez*, un livre est à moi, *liber est mihi.*

phrase, et séparer prius de quàm, *de cette manière* : Viri magni prius salus, tis, *etc.* quàm propria utilitas, atis consulo, is. 6 Lacedæmon, is, *abl.* (s.-ent. in.) 7 Consulo, is, ere, *act. acc.* 8 De, *abl.* 9 Numida, æ, *masc.* 10 Crudelissimè consulo, is, lui. 11 In, *acc.* 12 Plebs, bis. 13 T. *lorsqu'ils étudiaient,* studeo, es, *dat.* 14 Studeo, es, *acc.* 15 Id unum. 16 Ut, *afin qu'ils trompassent.* 17 Quo facilius concito, as, *au subj., pour qu'ils le soulevassent.* 18 In, *acc.* 19 Credo, is, *dat.* 20 Pario, is, ere, *acc.* 21 Credo, is, ere, *dat.* 22 Meritò. 23 Nemo. 24 Credo, is, *dat.* 25 Etiàm verum dicens, tis. 26 Credo, is, *acc.* 27 Omnes, nium. 28 Susceptum, i, feliciter perago, gis, gere, *acc.*

EXERCICES.

§ 72. Les hommes n'*ont* qu'un seul [1] moyen de parvenir au bonheur, c'est de préférer [2] la vertu aux richesses. Le riche *a* [3] ses peines, et le pauvre *a* ses plaisirs. La vertu *a* [4] des charmes auxquels les méchants eux-mêmes ne sont point insensibles [5]. De [6] tout temps, les princes *ont eu* [7] beaucoup de flatteurs, mais peu d' [8] amis. Cimon l'Athénien *avait* [9] d'immenses richesses ; mais son ame était encore [10] plus grande que ses richesses. César *aurait eu* plus de gloire [11], s'il se fût soumis [12] aux lois de sa patrie. Les grands hommes *auront* [13] toujours des ennemis, car la gloire excitera toujours l'envie. N'*ayez* pas beaucoup de livres [14], mais *ayez* de bons [15] livres. Le premier roi des Mèdes *s'appelait* [16] (avait nom) Arbacte. Philippe, roi des Français, *surnommé* Auguste [17], remporta une victoire éclatante [18] à Bouvines [19]. Louis onze [20], *surnommé* le Néron de la France, fit périr [21] un grand nombre [22] de seigneurs [23].

---

§ 72. 1 T. *Ce seul moyen est aux hommes*, hæc una ratio, etc. 2 T. *s'ils préfèrent.* 3 T. *Ses peines sont au riche*, suus, a dives, vitis cura, æ, *fém. etc.* 4 Sum. 5 T. *par lesquels les méchants ne peuvent ne pas être touchés*, quibus, etc. 6 Ab, *abl.* 7 Sum, es. 8 Multus, a, um... pauci, æ, ca. 9 Sum, es. 10 T. *mais une ame encore, etc.* Sed animus etiam, *etc.* 11 *Une plus grande gloire*, sum, es. 12 Parco, es, parui, *dat.* 13 Sum, es. 14 *Que beaucoup de livres ne soient pas à vous*, ne *subj.*, sum, es, *etc.* 15 Probati libri. 16 T. *le nom d'Arbacte était ou fut au premier etc.* (*Voir les notes du* § 281 *gr.*) 17 T. *auquel le surnom fut Auguste*, qui, æ, quod cognomen, etc. 18 Insignis. 19 Apud Bovinas. 20 Undecimus. 21 Interimo, is, emi, *act.* 22 Plurimus, a, um. 23 Optimates, um, *masc. pl.*

Hoc erit tibi dolori. — Crimini dedit mihi meam fidem.

Quand on se sert du verbe *sum* pour signifier *causer*, *apporter*, *procurer*, il gouverne deux datifs. Ex. : Cela vous causera de la douleur : *tournez*, cela sera à douleur à vous, *hoc erit tibi dolori.* — Les verbes *do*, *verto*, *tribuo*, suivent la même règle. Ex.: Il m'a fait un crime de ma bonne foi, *crimini dedit mihi meam fidem.* —Blâmer quelqu'un de quelque chose, *vitio vertere aliquid alicui;* c'est-à-dire, tourner quelque chose à défaut à quelqu'un.

EXERCICES.

§ 75. La passion de la gloire chez les rois *a causé* souvent les plus grands maux au genre humain [1]. Ce qui *causa* le plus de douleur à César [2], lorsqu'il fut assassiné dans le sénat, ce fut de voir Brutus [3] au nombre [4] des conjurés. La vertu *procure* aux hommes la gloire [5] et le bonheur. Lorsque Mardonius envahit l'Attique, mille Platéens [6] *vinrent* au secours des Athéniens [7], contre les Perses. Attale *fit présent* de son royaume aux Romains [8]. A Athènes [9] on *faisait un crime* à tous les grands hommes de leurs vertus et de leur gloire [10]. Chez les anciens Romains on *regardait comme un honneur* de savoir supporter

---

§ 75. 1 T. *a été au plus grand dommage* (damnum, i.) *au genre humain.* 2 T. *cela fut à la plus grande* (gravissimus, a, um.) *douleur à César.* 3 T. *parce qu'il vit Brutus*, quòd, etc. 4 Inter. acc. 5 Tournez *la vertu est aux hommes à gloire.* 6 Platæenses. 7 *Vinrent au secours aux Athéniens.* 8 *Donna à don son royaume aux Romains*, dono dedit, (*comme on dit* pignori *dedit.*) 9 Athenis, *abl. s.-ent.* in. 10 *Construisez : leur gloire et leur vertu étaient tournées à crime aux grands hommes. Leur se rend par* suus, sua, suum, *et se place à côté du datif de la personne :*

la pauvreté [11]. Les Spartiates *se seraient crus déshonorés* [12] de prendre [13] la fuite dans un combat. Vous *deviendrez la risée de tout le monde* [14], si, par une sotte vanité [15], vous aspirez à des emplois [16] que vous êtes incapable de remplir [17]. *Cicéron*, dans son consulat, *s'occupait* plus du salut de la république, que du sien propre [18]. La cavalerie gauloise *fut très-utile* [19] aux Romains dans la guerre qu'ils firent [20] aux Germains. Ptolémée, roi d'Egypte, *envoya en présent* [21] à César la tête de Pompée. *Néron prenait plaisir* à conduire [22] des chars et à paraître sur la scène [23]. Souvent *les vaincus n'ont* qu'un moyen de se sauver [24], c'est de ne point espérer de salut [25]. Le tribun Clodius *blâma Cicéron* [26] de l'empressement qu'il avait mis à punir les complices de Catilina. Agésilas, à

---

suæ magnus vir, i virtutes gloriaque, etc. 11 *La pauvreté bien supportée était conduite à honneur*, laus, dis ducor, ceris. 12 *Auraient conduit à soi à très-grand déshonneur.* 13 *S'ils avaient pris la fuite*, si, subj. 14 *Vous serez à risée* (dersisus, ûs) *à tous.* 15 Stultâ tumens superbiâ. 16 *Vous affecterez des emplois*, affecto, as, are, *act.*, munus, eris. 17 *Auxquels devant être remplis vous êtes inégal*, quibus obeundus, a, um impar sum, es. 18 *A Cicéron, gérant le consulat, le salut de la république, plusque le sien, était à soin.* 19 *Fut à grand usage*, usus, ûs. 20 *Dans la guerre contre les Germains, ou dans la guerre Germanique.* 21 *Envoya à présent*, munus, eris. 22 *Néron avait cela à goût à soi, afin qu'il conduisît*, id, studium, ii, sui, sibi habeo, es ut, subj. 23 In scenam prodeo, is, ire. (*afin qu'il parût.*) 24 *Cela seul est souvent à salut aux vaincus*, id unum. 25 *De n'espérer aucun salut*, nullus, a, um spero, as, *acc. etc.* 26 *Donna à crime à Cicéron son empressement à punir*, in puniendis, *etc.*

ca use [27] de sa petite taille [28] et de sa figure peu avantageuse [29], *fut méprisé des Égyptiens* [30]. Cependant
Agésilas *avait fait trembler le roi* de Perse [31]. L'ambition et l'orgueil de *Xerxès causèrent sa perte* [32].
Vaincu par les Grecs qu'[33]il avait voulu soumettre, il
retourna précipitamment dans ses états et *devint l'objet du mépris de ses propres sujets* [34]. Si vous *avez à
cœur* les intérêts de vos amis [35], ne leur accordez jamais rien de contraire [36] à la justice, et ne *vous in-
quiétez* point de leurs reproches [37], s'ils *vous font un
crime* de votre fermeté [38].

Abundat divitiis. Nullâ re caret.

Les Verbes Neutres qui signifient *abondance* ou *disette*, gouvernent ordinairement l'Ablatif. Ex. : Il regorge de biens, *Abundat divitiis.* Il ne manque de rien, *nullâ re caret.* Le Verbe
gaudere, se réjouir, gouverne aussi l'Ablatif : se réjouir du
bonheur d'autrui, *gaudere felicitate alienâ.*

Implere dolium vino.

Les Verbes d'*abondance*, de *disette*, et de *privation*, veulent
leur régime indirect à l'ablatif, sans préposition. Ex. : Emplir
un tonneau de vin, *implere dolium vino.* Combler quelqu'un
de bienfaits, *cumulare aliquem beneficiis.* Priver quelqu'un de
secours, *nudare aliquem præsidio.*

---

27 Agesilaus, propter, *acc.* 28 Brevis, e, statura, æ. 29 Facies, ei, *f.*
ingratus, a, um. 30 *Fut à mépris* (despectus, ûs.) *aux Egyptiens.*
31 *Avait été à terreur au roi des Perses.* 32 *Son ambition et son
orgueil furent à perte* (exitium, ii,) *à Xerxès*, sua Xerxes, xis,
etc. 33 *Que à l'acc., régime de soumettre.* 34 *Et devint à mépris aux
siens.* 35 *Si les intérêts de vos amis sont à cœur à vous.* 36 Nihil
tu illis concede contrà, *acc.* 37 *Et que leurs reproches ne soient
point à soin à vous*, neque, *etc.* 38 *S'ils tournent* (verto, is,) *à
crime à toi la fermeté*, constantia, æ, *f.*

EXERCICES.

§ 74. Mécène [1], favori d'Auguste [2], *était plongé*
dans toutes les délices que procurent [4] les richesses, (
n'était privé [5] d'aucun plaisir. Le philosophe Arcésila
brillait par [6] la vivacité [7] de son esprit, et par la grâc
de son élocution [8]. Que Denys, tyran de Sicile, étai
malheureux [9] d'*être privé* [10] du commerce de l'ami
tié [11]! Le soleil *remplit* [12] tout [13] de sa lumière [14]; au
cune des productions de la terre ne peut [15] *se passer*
de sa chaleur bienfaisante. La prudence et l'autorit
ne *manquent* pas ordinairement à la vieillesse [17], mai
au contraire [18], elles *se trouvent* dans les vieillards *à u.
degré supérieur* [19]. Il *y a* dans la Germanie un gran
nombre de rivières et de fleuves [20].

§ 75. Pompée revint à Rome [1], *chargé des dé*

---

§ 74. 1 Mecænas. 2 *Homme très-cher à Auguste*, vir, etc. :
Diffluo, is, ere, *ablat. sans prépos.* 4 Qui, quæ, quod. *à l'accusat*
affero, fers. 5 Careo, es, *ablat.* 6 Floreo, es, ui. ere, *ablat.*
Acumen, minis. 8 Lepor, is dicendi. 9 *Combien il était misérabl*
à Denys, etc. quàm miserum erat, etc. 10 Careo, es, ui, ere
abl. 11 Consuetudo, dinis amici, corum. 12 Compleo, es. 1
Cuncta, orum, *pl. n.* 14 Lux, cis, *fém.* 15 *Rien des choses qu*
sont engendrées de la terre peut, etc. Nihil res, ei quæ generor
aris è, *abl.* terra, æ. 16 Careo, es, ere, *abl.* 17 *Non seulement l*
vieillesse n'a pas coutume (soleo, es) *d'être privée* (orbor, aris
ari, *ablat.*) *de prudence et d'autorité*, consilium. ii, auctoritas
tatis. 18 Sed etiam. 19 Tournez: *Elle a coutume d'être augmentée*
(*s. entendu d'elles.*), augeor, eris, eri. 20 *La Germanie abonde.*
abundo, as, *ablat., en fleuves.*

§ 75. 1 Roma, æ, *accusat., sans préposition.* 2 Onustus, a

pouilles de l'Orient et *couvert* de gloire [3] ; cependant
Pompée, dépouillé [4] de tous ses honneurs, *n'eut* pas [5]
même [6] de tombeau. Antoine, *gorgé* [7] de vin, au
milieu des [8] festins les plus splendides [9], avait encore
soif de [10] sang humain. Comment [11] puis-je savoir
quel sera votre courage dans la pauvreté [12], si vous
vivez au sein des richesses [13]. Cicéron *a fait le plus bel*
éloge de [14] la clémence de César, qui avait su se vaincre lui-même avec autant de courage qu'il avait
vaincu [15] ses ennemis. Auguste avait *comblé* [16] de bienfaits Cinna ; mais Cinna oubliant [17] les bienfaits d'Auguste, conspira contre lui. Non seulement l'empereur
pardonna à son ennemi, mais il lui *accorda* encore de
nouvelles faveurs [18]. Le prêteur Verrès avait *dé-*
pouillé de [19] leurs biens [20] un grand nombre de [21] Siciliens. Il *avait privé* [22] plusieurs pères de leurs enfants [23], et *fait subir* le supplice de la croix à un citoyen
romain [24]. Cicéron prononça contre lui [25] plusieurs

---

um, *ablat*. 3 *Et brillant de gloire*, refulgens, *ablat*. 4 Nudatus,
a, um, *ablat*. 5 Careo, es, ui, *ablat*. 6 Etiam. 7 Obrutus, a,
um, *ablat*. 8 Inter, *accusat*. 9 Epulæ, arum, *f*. apparatissimus,
a, um. 10 Sitio, is, ire, *accusat*. 11 Undè. 12 *Combien de cou-*
rage soit à toi contre la... Quantùm, *génit*. animus, i, etc. 13 Si
diffluo, is, *ablat*. divitiæ, arum. 14 *A élevé par les plus grandes*
louanges la clémence, extollo, lis, extuli, *act*. 15 *Qui avait*
vaincu soi-même non moins courageusement que. 16 Cumulo, as,
avi, *act*. 17 Immemor, *génit*. 18 Sed etiam orno, as, avi eum
(*il orna lui*) *de nouvelles faveurs*, amplior, ius, oris munus,
nèris, *neut*. 19 Spolio, as, avi, *ablat*. 20 Bona, norum. *Leurs*
ne se rend pas. 21 *Plusieurs*, plurimus, a, um. 22 Orbo, as,
avi. 23 Suus, a, um liberi, orum, *masc*. 24 *Il avait puni du sup-*
plice de la croix un... afficio, cis, feci supplicium, ii. 25 Habuit

discours très-éloquents, et Verrès, craignant d'être condamné [26], s'exila volontairement [27].

§ 76. La ville d'Argos [1] *privée* [2] du secours [3] de ses guerriers complètement *défaits* par Cléomène, roi de Sparte [4], fut défendue par la courageuse Télesilla, qui rangea en bataille [5], sur les remparts, les femmes armées à la hâte [6], et repoussa les assauts des Lacédémoniens. Dans une grande disette de vivres [7], les Romains se *privèrent* [8] de leur nourriture [9] pour offrir des provisions [10] à Horatius Coclès qui avait sauvé [11] la ville de Rome, assiégée par Porsenna. Les anciennes histoires [12] *sont remplies* [13] de descriptions merveilleuses de catapultes, de balistes [14] et d'autres machines de ce genre [15], destinées à lancer [16] des traits et d'énormes pierres. Les antichambres des grands [17] *sont remplies* [18] d'hommes, et *vides* [19] d'amis. Tous les hommes disent qu'ils *ont besoin* [20] d'argent, mais très-

---

in eum. 26 *Craignant la condamnation.* 27 Abeo, is, ii in exsilium voluntarium.

§ 76. 1 Argos, gi, *neut.* 2 Nudatus, a, um, *ablat.* 3 Præsidium. ii. 4 *Que Cléomène, roi de Sparte, avait accablés de la dernière défaite*, quos Cleomenes, is, rex Spartanus, i afficio, ficis, feci, *ablat.* ultimus, a, um clades, dis, *fém.* 5 Acie instruo, is, xi, *accusat.* 6 Raptim. 7 Annonæ inopia, æ. 8 Fraudo, as, avi, *act.* 9 Suus victus, ûs. 10 *Afin qu'ils offrissent*, ut confero alimentum, i. 11 Servo, as, avi, *accusat.* 12 Veterum annales. 13 Scateo, es, *ablat.* 14 *De catapultes, de balistes décrites d'une manière merveilleuse*, catapultæ, arum, balistæ, arum, mirum in modum descriptæ, arum. 15 Id genus. 16 *D'où étaient lancés*, undè emitto, is, ere. 17 Principes, um. 18 Refertus, a, um, *ablat.* 19 Vacuus, a, um, *ablat.* 20 *Disent soi*

peu [21] croient *avoir besoin* [22] de conseils. Après la défaite essuyée [23] par les Athéniens en Sicile, les campagnes *étaient remplies* de fuyards [24] qui *manquaient* [25]
des choses les plus nécessaires à la vie. Les Siciliens
donnèrent à boire et à manger [26] à ceux [27] qui purent leur réciter des vers d'Euripide. Les Corinthiens
donnèrent le droit de cité à Alexandre le Grand [28],
droit [29] qu'ils *n'avaient donné* avant lui qu'à Hercule.
Celui qui se *réjouit* [30] des maux d'autrui [31], sera puni
un jour [32] de son inhumanité.

Fruor otio.

Les sept verbes déponens qui suivent, et leurs composés,
gouvernent l'ablatif: *fruor otio*, je jouis du repos; *fungor officio*,
je m'acquitte du devoir; *potior urbe*, je suis maître de la ville;
vescor pane, je me nourris de pain; *utor libris*, je me sers de
livres; *gloriari alienis bonis*, se glorifier des avantages d'autrui;
lætor hâc re, je me réjouis de cela.

EXERCICES.

§ 77. Xerxès *était maître* [1] d'un vaste empire, il
se nourrissait [2] des mets les plus exquis, il *se glorifiait* [3]

----

avoir besoin, indigeo, es, ere, *ablat. ou génit.* 21 Paucissimi
verò. 22 *Croient soi avoir besoin*, indigeo, es, ere. 23 Acceptus,
a, um. 24 *Beaucoup erraient par les campagnes*, ager, agri. 25
Egenus, a, um (*manquant*) *gén. et abl.* 26 Potu et cibo recreo, as,
avi, *act.* 27 *Ceux*, *rég. direct.* 28 *Gratifièrent Alexandre du droit
de cité*, dono, as, avi, *act.*, Alexander, dri civitas, tatis. 29 *Duquel* (*à l'ablat.*) *ils avaient gratifié avant lui le seul Hercule*, unus,
a, um Hercules, lis. 30 Gaudeo, es, ere. 31 Alienus, a, um.
32 Pœnas do, as aliquandò.

§ 77. 1 Potior, iris, iri, *abl.* 2 Vescor, sceris, sci. 3 Glorior,

de ses immenses richesses, de son infanterie, de sa cavalerie, de ses flottes; cependant Xerxès ne *jouissait*[4] pas du vrai bonheur. Diogène qui *se servait*[5] d'une besace pour[6] porter ses provisions, d'un tonneau pour[7] maison, *était satisfait*[8] du genre de vie qu'il menait[9], et se trouvait[10] plus heureux que le grand roi. Socrate *remplissait*[11] tous les devoirs d'un bon citoyen dans la paix et dans la guerre[12]. Lorsque les trente tyrans *furent maîtres*[13] de la république, *il se servit*[14] de l'ascendant[15] qu'il avait sur[16] le peuple pour ranimer[17] le courage des citoyens. Théramène, un des trente tyrans, mais qui *avait eu*[18] Socrate pour[19] maître, ne voulant[20] pas *abuser*[21] de son autorité, fut cité en justice[22] par ses collègues, et condamné à mort[23]. Socrate *se glorifia*[24] d'avoir un tel disciple[25], et ne craignit[26] pas de prendre sa défense[27], et de dire hautement[28] que l'arrêt prononcé contre lui était injuste[29].

Emploi figuré des verbes utor, fungor, etc.

EXERCICES.

§ 78. Le poète Horace *vivait* dans une grande in-

---

ais. 4 Fruor, eris, frui. 5 Utor, eris, ti. 6 Ad, *acc.* 7 Pro. *abl.* 8 Lætor, aris. 9 Hoc suum genus, eris vitæ. 10 Sese existimo, as, are. 11 Fungor, fungeris, gi. 12 Tùm domi, tùm militiæ. 13 Potior, tiris, titus sum. 14 Utor, eris, usus sum. 15 Is, ea auctoritas, tatis, *f.* 16 Quâ valebat apud, *acc.* 17 Excito, as, are, *acc.* 18 Utor, eris, usus, sum. 19 *Ne se rend pas.* 20 Cùm nollet. 21 Abutor, eris, ti. 22 Vocor, aris, atus sum in jus. 23 Capite damnatus. 24 Glorior, aris, atus sum. 25 T. *d'un tel disciple.* 26 Dubito, as, avi, are. 27 Patrocinor, aris, ari, *dat.*, is, ejus. 28 Palàm. 29 *T. lui av ir été condamné injustement,* cum damno, avi, atum.

timité avec [1] Mécène. Les enfants qui *ont*[2] des pères
trop indulgents sont exposés à de grands malheurs [3].
Quoique César *n'eût* pas une bonne santé [4], cependant
il marchait[5] dans ses expéditions, la tête découverte [6],
au soleil, comme à la pluie [7]. Vous ne devez *vous pré-
valoir*[8] de l'erreur de personne [9], pas même [10] de votre
ennemi. Porus, roi des Indes, *après avoir vaillamment
combattu* [11], fut fait prisonnier par les Macédoniens.
Après un règne [12] de quarante-trois ans [13], Numa, second roi de Rome [14], *mourut* paisiblement [15]. Ce fut
sous la conduite et les auspices de Publius Scipion que
les Romains [16] *terminèrent* [17] la seconde guerre punique. Les jeunes gens en voulant *se conduire* tout-à-fait
à leur guise[18] commettent souvent de grandes fautes[19].
Les méchants ne peuvent *jouir* long-temps du fruit

---

§ 78. 1 Familiariter uti, tor, eris, *abl.*, *se servait familiè-
rement de Mécène*, Mecœnas, atis. 2 T. *Aux enfants qui ont*
uti, tor, *abl.*) 3 *De grands malheurs menacent*, immineo, es. 4
Ne se servit pas d'une bonne santé, minùs commoda valetudo,
dinis uti, or, eris, usus sum, *abl.* 5 Incedo, is in, *abl.* 6 Caput, itis, *neut.*, apertus, a, um, *abl.* 7 *Soit que (sive) le soleil,
soit que la pluie fût.* 8 Abuti, utor, eris, *abl.* 9 Quisquam, cu-
jusquam. 10 Ne... quidem. Quidem, *se met après le mot auquel
il se rapporte, ici après de votre ennemi.* 11 Defunctus, *abl.* acer-
rimum prœlium, ii. *s'étant acquitté d'un combat, etc.* 12 *Après
qu'il eut régné.* 13 *A l'acc. sous-entendu* per, *pendant.* 14 *Des
Romains.* 15 Vita, æ fungi, gor, functus sum, *abl.* 16 Dux,
ducis, auspex, picis Publius, ii Scipio, nis, *à l'abl. sous-
entendu.* sub, *sous, les Romains furent délivrés (on ne rend
pas ce* fut... que*).* 17 Perfungi, gor, functus sum, *ablat.* 18
Tandis qu'ils veulent jouir trop librement de leur imagination,
dùm volo, vis frui liberiùs ingenium, ii. 19 Graviter pecco,

de leurs crimes [20]. Lucullus *vivait au sein* [21] des plaisirs les plus recherchés [22]. Alexandre, *tu es fier* [23] de la victoire que tu as remportée [24] sur [25] les Perses; mais bientôt les Perses pourront aussi se *glorifier* de t'avoir vaincu [26]. Les enfants eux-mêmes, quand [27] ils sont bien nés [28], *aiment* [29] la gloire avec passion. Pour l'homme, la vertu *est un plus ferme soutien* que la puissance [30].

Miserere pauperum.

Le verbe *misereri*, avoir pitié, gouverne le génitif. Ex. : Ayez pitié des pauvres, *miserere pauperum.*

Meminisse, recordari; reminisci, oblivisci vivorum ou *vivos.*

Oblivisci, oublier, *recordari, meminisse*, se souvenir, gouvernent le génitif ou l'accusatif. Ex.: Je me souviens des vivans, et je ne puis oublier les morts, *vivorum memini, nec possum oblivisci mortuorum.*

EXERCICES.

§ 79. Alexandre lui-même *eut pitié* [1] de Darius assassiné par deux traîtres qui avaient été comblés de bienfaits par ce prince infortuné. Souvent les hommes de basse naissance [2] *oublient* [3] leur origine, lorsqu'ils sont parvenus à une haute fortune [4]. Annibal sur le

---

as, are. 20 Potior, potiris, iri, *abl.*, scelus, eris. *Fruit ne se rend pas.* 21 Vescor, sceris, sci, *abl.* (*Cicéron.*) 22 Paratissimus, a, um. 23 Glorior, aris, *abl.* 24 *De la victoire remportée,* parta, æ victoria, æ, 25 *De, abl.* 26 *De toi vaincu,* tu victus, a, um. 27 Dummodò. *subj.* 28 Liberale ingenium, ii. 29 Lætor, aris, ari, *aimer avec passion. On peut ajouter* maximè. 30 *T. les hommes s'appuient sur* (nitor, eris, *abl.*) *un plus ferme soutien* (firmius, oris præsidium, ii.) *de la vertu que de la puissance.*

§ 79. 1 Misereor, eris, ertus, sum, *gén.* 2 Tenuis locus, ci, *abl.* 3 Obliviscor, eris, sci, *gén. ou acc.* 4 Ad altior, is fortunæ

point de livrer bataille[5] à Scipion, exhorta ses soldats
à [6] *se rappeler* leur ancienne [7] valeur, à ne point [8]
oublier leurs femmes [9] et leurs enfants[10]. *Oubliez* les
injures qu'on vous a faites [11], et *souvenez-vous* [12] des
services [13] qu'on vous a rendus [14]. A l'approche de la
mort [15] le méchant se *souvient* avec effroi [16] de sa vie
passée [17], l'homme de bien [18] *se rappelle* ses bonnes
actions [19] avec plaisir [20]. Le philosophe Callisthène
avait été enfermé dans une cage par ordre[21] d'Alexandre. Lysimaque *eut pitié*[22] de ce grand homme [23], et
lui donna du poison pour mettre fin[24] à ses maux. Les
hommes peuvent *oublier* les bonnes actions [25]; mais
Dieu *se les* [26] *rappelle*.

Do vestem pauperi.

Les verbes qui signifient *donner*, *dire*, *promettre*, etc., veulent au datif leur régime indirect marqué par *à*. *Ex.* : Je
donne un habit au pauvre, *Do vestem pauperi*. Dieu promet
une vie éternelle au juste, *Deus vitam æternam justo promittit*.

---

gradus, ûs evectus, a, um. 5 *Devant livrer bataille avec*, prœlium committere, to, isi, issum cùm, *abl.* 6 Ut *subj.* (*afin
qu'ils se rappelassent*, reminisci, scor, sceris, *gén. ou acc.*) 7
Suus, a, um pristinus, a, um virtus, tis, *fém.* 8 Neve (*à ce
qu'ils n'oubliassent*). 9 Suus, a, um uxor, is. 10 Liberi, rorum.
11 *Portées à vous*, illatus, a, um. 12 Meminisse, memini. 13
Officium, ii, *neut.* 14 *Portés sur vous*, in te collatus, a, um. 15
Instans, tis fati necessitus, tatis, *à l'abl.* 16 Non sine terrore. 17
Vita, æ anteactus, a, um. 18 Vir bonus. 19 Recordor, aris
rectè facta. 20 Libenter. 21 Jussu. 22 Misereor, ertus sum, *gén.*
23 Tantus vir. 24 *Pour qu'il mît fin*, ut finem facio, cere. 25
Rectè factum, i. 26 Ea, eorum verò memini.

EXERCICES.

§ 80. Le second [1] Scipion l'Africain *mit fin* [2] à la troisième guerre punique, par la prise [3] de Carthage. Annibal *offrit* [4] la vie aux Sagontins [5], s'ils [6] voulaient se rendre [7]; mais ceux-ci préférèrent [8] se tuer entre eux [9]. Publius Scipion *rendit* [10] une jeune princesse [11] espagnole à ses parents, et *offrit* [12] la rançon de la captive [13] à son fiancé [14]. Lycurgue *donna* des lois aux Lacédémoniens, Solon *en donna* [15] aux Athéniens et Numa aux Romains. Les Grecs *accordaient* [16] de grands honneurs aux athlètes vainqueurs [17] dans les jeux olympiques. La terre *rend* [18] avec usure [19] au laboureur le fruit de ses peines [20]. Dieu *accorde* avec bonté [21] à l'homme tout ce qui est nécessaire à [22] sa subsistance [23]. Un bon citoyen doit *sacrifier* [24], s'il le faut [25], sa fortune [26] et sa vie au salut de sa patrie. Les Romains *ont fait* la guerre [27] à toutes les nations. Gillias d'Agrigente [28] *faisait part de* [29] ses richesses à tous ses concitoyens.

---

§ 80. 1 Posterior. 2 Finem impono, is. sui. 3 Expugnationis, *ablat.* 4 Offero. ers, obtuli, *act.* 5 Saguntinus, i. 6 Modò, *subjonc.* 7 Deditionem facere. 8 Malo, mavis, malui. 9 Mutua internecione se occido, is, di, ere. 10 Reddo. is, didi, *acc.* 11 Nobilior quædam puella. 12 Offero, ers, obtuli, *acc.* 13 Pretium pro libertas, talis virgo, ginis allatus, a, um. 14 Sponsus, i. 15 Instituo, is, ui, *act.* 16 Tribuo. is uere, *act.* 17 Qui avaient vaincu, vinco, cis, vici. 18 Rependo, is, ere, *act.* 19 Cum fenore. 20 Labor, is. 21 Largior, iris, iri. *accus.*, benignè. 22 Ad, *accus.* 23 Victus, ûs, *masc.* 24 Gratificari, cor. *acc.* 25 Si res poscit. 26 Fortunæ, arum. 27 Infero, fers, intuli bellum. 28 Agrigentinus. 29 Impertior, iris, iii, *accus.*

Minari mortem alicui.

Les Verbes Déponens *minari*, menacer, *gratulari*, féliciter, veulent le nom de la chose à l'accusatif, et le nom de la personne au datif. Ex. : Menacer quelqu'un de la mort, *tournez*, menacer la mort à quelqu'un, *Minari mortem alicui*. Féliciter quelqu'un d'une victoire, *tournez*, complimenter la victoire à quelqu'un, *gratulari victoriam alicui*.

EXERCICES.

§ 81. César *menaça* [1] du supplice de la croix [2] des pirates par [3] qui il avait été pris, et lorsqu'il fut libre [4] il leur tint parole [5]. Les Parthes *félicitèrent* [6] l'empereur Auguste de ses victoires, et lui rapportèrent les enseignes qu'ils avaient prises sur [7] Crassus. Tout ce qu'il y avait d'honnêtes gens [8] à Rome [9] *félicita* [10] Cicéron de l'activité et du courage qu'il avait déployés [11] en punissant [12] les complices de Catilina ; mais les mauvais citoyens *menacèrent* ce grand homme de la mort, et parvinrent à le faire exiler [13] par l'entremise [14] du tribun Clodius. Tous les Dieux *félicitèrent* Plutus [15], de ce que Jupiter lui avait accordé les honneurs divins [16]. Minerve seule lui témoigna du mépris. La sagesse fait peu de cas des [17] richesses.

---

§ 81. 1 Minor, aris, atus sum. 2 Crux, cis, *fém.* 3 A, *ablat.* 4 Libertas, tatis, *fém.*, receptus, a, um, *à l'ablat.* 5 Fidem vocis exhibeo, es, ui. 6 Gratulor, aris, atus sum. 7 Captus, a, um de *ablat.* 8 (*Tout ce qu'il était d'hommes de bien*, quidquid vir, i bonus, i.) 9 Roma, æ, *génit.* 10 *Félicitèrent*, gratulor, aris, atus sum. 11 Qui, quæ, quod expromo, is, ompsi, *accus.* 12 In, *ablat.*, puniendus, a, um. 13 *Et enfin,* et demùm, *ils l'exilèrent*, in exilium ejicere, cio, eci, ectum, acc. 14 Opera, æ, *à l'ablat.* 15 *Tournez à Plutus.* 16 *Les honneurs divins déférés.* (delatus, a, um) *par*, à, *abl.* Jupiter, Jovis. 17 Parvi facio, cis, *act.*

Hæc via ducit ad virtutem.

Quand le verbe signifie quelque mouvement, comme *conduire à...* ou une inclination vers quelque chose, comme *exhorter à*, *exciter à*, etc., le régime indirect marqué par *à* se met à l'accusatif avec *ad*. Ex. : Ce chemin conduit à la vertu, *hæc via ducit ad virtutem*. Je vous exhorte au travail, *te hortor ad laborem*.

EXERCICES.

§ 82. Le chemin qui *conduit à* [1] la gloire est rude et escarpé [2], et il [3] n'est donné à personne de le gravir sans beaucoup de peine [4]. C'est [5] par les exemples, plus que par les paroles, qu' [5] un maître doit *exciter* [6] ses disciples *à* la vertu; un général, ses soldats *au* courage. La passion des richesses et le désir de la vengeance [7] ont *poussé* [8] bien des hommes [9] *à* commettre des crimes. Catilina *fut entraîné* [10] à conspirer contre la République, par ses passions déréglées [11]. Ce qui *porte* les grands hommes *à* faire [12] de belles actions, c'est moins le désir [13] de s'illustrer [14], que de rendre service [15] à leur patrie. Rien ne [16] *contribue* [17] plus *au*

---

§ 82. 1 Duco, cis, cre ad, *accusai.* 2 Asper, a, um, præruptus, a, um. 3 Tournez *lequel gravir*, qui, quæ, quod, *accus.* Scando, is, cre. 4 *Si ce n'est avec beaucoup de peine*, nonnisi multus a, um labor, is, *à l'ablat. sans prép.* 5 *On ne rend ni c'est ni que : par les exemples plus que par les paroles un maître.* etc. 6 Incitare, to, *act.* 7 *Le désir d'avoir et de se venger*, habendi et, etc. 8 Impello, is, puli, *act.* 9 Multi, æ, a. 10 Impello, is, impuli, pulsum. 11 Effrenatus, a, um. 12 *Les grands hommes sont invités* (invito, as, are) *à...* 13 *Moins par le désir* (*c'est ne se rend pas*). 14 Inclaresco, cis, cre. 15 *l'ené mereri*, cor de, *ablat.; leur ne se rend pas.* 16 Nihil. 17 Valeo, es, cre ad. 18

bonheur d'un peuple, que le goût [18] des belles-lettres. Lorsqu'à Rome [19] tout était soumis [20] à la domination [21] de César, Cicéron *se livra à* [22] l'étude de la philosophie, et composa [23] un grand nombre d'ouvrages en peu de temps [24]. Aucune [25] espérance ne [25] *porte* [26] l'homme de bien *à* des choses honteuses [27]. La fortune *change* [28] souvent les disgrâces [29] en [30] succès [31]. Les récompenses [32] *excitent* [33] les jeunes gens bien nés [34] *à* la culture [35] des lettres. Numa *fit passer* [36] les Romains d' [37] une vie grossière [38] *à* une vie plus douce [39].

Docco pueros grammaticam.

Les verbes *docere*, instruire; *rogare*, prier; *celare*, cacher, veulent deux accusatifs, le nom de la personne et celui de la chose. Ex. : J'enseigne la grammaire aux enfans, *tournez*, j'instruis les enfans sur la grammaire, *docco pueros grammaticam.*

EXERCICES.

§ 83. La fortune *enseigne* [1] aussi *aux vaincus* l'art de vaincre [2], et plus d'une fois [3] la victoire est devenue funeste au vainqueur. Antigone voulant [4] tomber à l'improviste sur [5] Eumène [6], *cacha* [7] *à ses soldats* le

----

Studium. 19 Romæ, *au génit.* 20 Teneor, eris, eri. 21 Dominatus, ûs, *à l'abl.* 22 Se confero, ers, contuli ad. 23 Scribo, is, psi. 24 Intra, *acc.* brevis, e tempus, oris. 25 Nullus, a, um. 26 Invito, as, *act.* 27 Turpia, *s.-ent.* negotia. 28 Verto, is, *acc.* 29 Incommoda, orum. 30 Ad, *acc.* 31 Boni, æ, a, eventus, uum, *masc.* 32 Præmium, ii, *n.* 33 Acuo, is, ere,

c. 34 Ingenuus, a, um. 35 *Aux lettres devant être cultivées,* colo, is, ere, endus, a, um. 36 Traduco, cis, xi, *act.* 37 E, *abl.* 38 Agrestis, is. 39 Humanus, a, um.

§ 83. 1 Docco, es, *(deux accusat.)* 2 *Les vaincus (sur) l'art de vaincre.* 3 Non semel. 4 Antigonus cum vellet. 5 Adoriri ex improviso. 6 Eumenes, is. 7 Celo, as, avi, *deux accusat.*

chemin qu'il voulait prendre [8]. Dédale [9] *apprit* [10] *à Icare* un art funeste. Il y a des connaissances qu'il faut *cacher à la* jeunesse [11], de peur qu'elle n'en abuse [12]. Ne [13] *redemandez* [14] pas *à votre ami* l'argent que vous lui aurez prêté : regardez-vous comme son débiteur [15], parce qu'il vous a fourni l'occasion [16] de l'obliger [17]. *Demandez* [18] *à Dieu* de bons sentiments [19], la la santé [20] de l'ame et ensuite celle [21] du corps. L'homme de bien ne *demande* pas *avec instance* [22] *à un ami* puissant des dignités et des honneurs ; il ne *lui* demande qu'une seule chose [23], c'est de [24] récompenser le mérite et de ne rien accorder à la faveur. C'est une sottise de vouloir enseigner [25] *aux autres* ce qu'on ne sait pas soi-même par expérience [26]. Les flatteurs *firent oublier* [27] *à Alexandre* les sages préceptes qu'Aristote lui avait donnés [28]. Réponds *à ce que je te de-*

---

8 Qui, quæ, quod ingressurus sum , eram , *acc.* 9 Dædalus. 10 Erudio, dis, ii, ire, *deux accusat.* 11 *Tournez vous aurez caché avec raison* rectè celo, as, avi quædam ars, tis juvenes . um. 12 *De peur qu'ils n'abusent d'elles,* ne , *subjonc.,* abutor , eris, ti, *ablat.* 13 Ne, *impérat. ou subjonc.* 14 Reposco, scis, scere, *deux accusat. Les verbes qui signifient demander, prier, gouvernent aussi l'ablatif de la personne avec* a *ou* ab. 15 Puta aliquid te illi debere. 16 Quòd locum do, dedi. 17 Bene mereri, cor de, *ablat.* 18 Rogo , as , are, *deux accusat.* 19 Bona mens , tis , *au singul.* 20 Bona valetudo , inis. 21 *Celle ne se rend pas.* 22 Flagito , as , *deux accusat. ou l'ablat. avec* a *ou* ab. 23 *Il lui demande ,* oro , as , *cela seul,* hic , hæc , hoc unus, a , um. 24 *Afin qu'il récompense* ut , *subj. , et accorde rien.* 25 *Il est sot celui qui veut enseigner.* 26 *Ce qu'il n'a pas éprouvé lui même ,* quod pse non experior, iris, ertus sum, *au subj.* 27 Dedoceo, es, cui, *deux accusat.* 28 *Dont* (quibus) *il avait été imbu par Aristote,* Aristoteles, lis. 29 *Réponds ce que* (hic, hæc, hoc qui , æ,

mande [29], toi qui es avide de plaisirs; l'égoïsme ne t'a-t-il pas fait oublier [30] les sentimens de l'humanité?

Emploi de ces verbes au passif.

§ 84. Ayant appris la discipline romaine [1] par une longue incorporation dans les armées [2], les Barbares attaquèrent les provinces de l'empire et s'en emparèrent. Tarquin l'ancien étant mort [3], on cacha cet évènement au peuple [4] pour donner à Servius Tullius le temps [5] d'établir son autorité. Instruit dès sa jeunesse dans toutes les parties de l'art militaire [6], Annibal, dès qu'il eut le commandement [7] d'une armée, devint la terreur des Romains.

Les Verbes composés de la préposition *trans*, gouvernent aussi deux accusatifs.

§ 85. Annibal fit traverser [1] l'Èbre à son armée [2] composée [3] de quatre-vingt-dix mille [4] fantassins et de douze mille cavaliers. Agésilas [5] ayant transporté [6]

---

od.) *je t'interroge.* 30 *Préoccupé par l'amour de toi, n'as-tu pas* (nonne) *oublié.*

§ 84. 1 Tournez *instruits* sur, edoctus a, um, *avec l'accusatif de la chose*, militia, æ romanus, a, um. 2 *Par une longue société de la guerre.* 3 Tarquinius priscus mortuus, a, um, *à l'ablat.* 4 *Le peuple fut célé sur cela* (sur *ne se rend pas*). 5 *Pour qu'il* (ut) *fût permis,* licet, liceret, *par le temps,* (per tempus) *à Servius,* etc. 6 Edoctus à teneris omnes, ium artes, ium belli. 7 Præficior, fectus sum, *dat.*

§ 85. 1 Transduco, cis, xi, *deux accusat.* 2 Iberus, i, *à l'accus.* 3 Conflatus, a, um, *avec l'ablat.* 4 Nonaginta millia, ium, ibus peditum. 5 Agesilaus. 6 *Lorsqu'il eut transporté,* tra-

ses troupes au-delà de 7 l'Hellespont, pénétra dans 8
la Perse et fit trembler 9 le grand roi jusque dans son
palais 10. Les Séquanais 11, peuple de la Gaule 12, ayant
donné passage sur 13 leur territoire 14, aux Germains,
sous la conduite d'Arioviste 15, ceux-ci s'emparèrent
du tiers 16 du pays 17.

Les verbes qui signifient *nommer, estimer, regarder comme,
choisir pour, avoir pour, prendre pour, rendre, se montrer*, prennent à l'actif deux accusatifs.

EXERCICES.

§ 86. Les esclaves révoltés *choisirent ou prirent
pour* 1 chef Spartacus, qui vainquit dans plusieurs
rencontres 2 les armées romaines. Le roi Philippe fit
venir 3 *Aristote pour donner des leçons* 4 à son fils.
Le médecin Philippe aimait Alexandre, non seulement
comme son roi, mais encore 5 *comme son élève* 6.
Voyez ci-dessus la règle d'apposition.

Scribo ad te ou tibi epistolam.

Les trois verbes *scribo*, j'écris; *mitto*, j'envoie; *fero*, je porte,

---

jicio, jeci, *deux accusat.* 7 *Ne se rend pas.* 8 In accusat. 9 *Jeta*
injicio, jeci, *de la terreur au.* 10 In intimis ædibus. 11 Sequanus, i. 12 Gens, tis, *fém.* gallicus, a, um. 13 Cùm transmitto,
is, si, *deux accus.* 14 Sinus, a, um fines, ium, *masc.* 15 Duce
Arioviste. 16 Tertia, *pars,* tis. 17 Agri, orum.

§ 86. 1 Eligo, is, egi, *act.* 2 Prœlium, ii, *abl. sans prép.*
3 Accio, is, ivi. *act.* 4 T. *Aristote maître à*, etc. Aristoteles, is,
doctor, is. 5 Sed etiam. 6 Ut alumnus, i.

veulent leur régime indirect à l'accusatif avec *ad*, ou au datif. Ex. : Je vous écris une lettre, *scribo ad te* ou *tibi epistolam*.

N. B. On verra par les exercices suivants, qu'on n'emploie pas toujours indifféremment le *datif ou l'accusatif* après ces verbes, surtout après leurs composés.

EXERCICES.

§ 87. Alexandre avait envoyé [1] cent talents à Phocion, général des Athéniens. Ce grand homme ne voulut pas les recevoir et les renvoya [2] au roi, en [3] Asie, en disant [4] qu'il voulait [5] non-seulement paraître, mais être réellement [6] homme de bien. Ce qui [7] contribua beaucoup à affaiblir la république romaine, ce furent [7] les dissensions qu'excitaient entre les patriciens et les plébéiens, les lois séditieuses proposées [8] au peuple par les tribuns. César, après une victoire remportée sur Pharnace [9], fils de Mithridate, écrivit [10] au sénat : je suis venu, j'ai vu, j'ai vaincu. Les Lacédémoniens écrivirent [11] à Agésilas, en Asie [12] de [13] venir au secours de sa patrie. Agésilas commandait une armée victorieuse, et avait presque la certitude [14] de s'emparer du royaume des Perses. Cependant il n'hésita pas à [15] obéir aux ordres des Éphores. Les Gaulois s'adressèrent [16] à César pour [17] obtenir des secours contre les Germains qui s'étaient

---

§ 87. 1 Mitto, is, si, *dat. ou acc.* 2 Remitto, si. 3 In, *acc.* 4 Dicens. 5 *Soi vouloir, acc.* 6 Verè. 7 T. *les dissensions... contribuèrent*, confero, ers, contuli ad, *acc.* 8 Fero, ers, tuli, latum ad, *acc.*, Plebs, plebis. 9 De, *abl.*, Pharnaces, cis. 10 Scribo, is, psi. 11 Conscribo, is, psi. 12 In, *acc.* 13 Ut, *subj. (qu'il vînt.)* 14 *Avait une grande confiance*, fiducia, æ. 15 Non dubito, as, avi. 16 Summitto, is, isi. 17 Ut, *subj. afin qu'ils obtinssent.*

emparés d'une partie de la Gaule. César vainquit les Germains et les obligea de [18] repasser le Rhin. Popilius Lénas, meurtrier de Cicéron, apporta [19] la tête de ce grand homme à Antoine [20] et à sa femme [21] Fulvie [22]. Celle-ci perça la langue de Cicéron avec une aiguille [23]. Régulus, vainqueur des Carthaginois [24], en Afrique, écrivit [25] aux consuls que le fermier de son champ était mort [26] et qu'il demandait [27] qu'on lui envoyât un successeur [28], de peur que [29], son champ demeurant inculte [30], sa femme et ses enfants n'eussent plus de moyens de subsistance [31].

Accepi litteras à patre meo. — *Haurire aquam ex fonte.*
Id audivi ex ou ab amico meo. — *Ex litteris tuis cognovi.*
Christus redemit hominem à morte.

Les verbes, qui expriment le *point de départ*, *l'éloignement*, *la séparation*, comme :

1° Demander à, recevoir de, emprunter de, acheter de *ou* à, espérer de, attendre de, obtenir de, etc.

2° Allumer à, juger à, par, d'après; puiser à; pendre, être suspendu à, prendre à *ou* sur, etc.

3° Apprendre de, connaître par, s'informer à, etc.

4° Délivrer de, racheter de, éloigner de, arracher de *ou* à.

---

18 *César obligea les Germains vaincus de.* 19 Affero, ers, attuli. 20 Antonius, ii. 21 Uxor, is ejus. 22 Fulvia, æ. 23 *à l'abl. sans prépos.* 24 Carthaginiensis. 25 Scribo, psi, *dat. ou acc.* 26 *Le fermier (à l'acc.) de son champ (agellus, i) être mort.* 27 Ideò, soi (accusat.) demander. 28 *Que,* ut, *subj. un successeur fût envoyé,* mitto, si, ere, *à soi, au dat. et non à l'acc. avec* ad. 29 Ne, *subj.* 30 *Le champ étant abandonné,* desertus, a, um, *abl. absou.* 31 *Il ne fût pas d'où sa femme,* uxor ejus, *et ses enfants,* liberi, *fussent nourris,* alo, is, ere.

ôter de, séparer de, détourner de, etc. se construisent avec
l'ablatif.

Les premiers veulent en général leur régime indirect marqué par *à* ou *de* à l'ablatif avec *a* ou *ab*, quand c'est un nom
de personne, *e* ou *ex*, quand c'est un nom de chose. — Les
seconds avec *e* ou *ex*, pour les noms de choses. — Les troi-
sièmes avec *a* ou *ab*, *e* ou *ex*, pour les noms de personnes, et
ex, pour les noms de choses. — Les quatrièmes avec *a* ou *ex*,
et quelquefois sans préposition. — *Voir les notes du* § 291,
gramm. lat.

EXERCICES.

§ 88. Diogènes *demandait* [1] une mine *à un* prodigue. Pourquoi, lui dit celui-ci, me *demandes-tu* une
mine, tandis que tu ne *demandes* qu'une obole *aux
autres* [2] ? C'est [3], lui répondit Diogène que [3] j'espère
encore *recevoir* [4] quelque chose *des autres*, tandis
[5] que les Dieux seuls savent si [6] je puis encore [7] *attendre* [8] quelque chose *de toi.* Le tyran Hiéron [9] ayant
demandé [10] *au poète Simonide* [11], *homme savant et
sage,* ce que [12] c'était que Dieu, Simonide *lui demanda* [13] un jour pour [14] réfléchir. [15] Le lendemain
[16] le tyran *lui* ayant *fait la* même *question* [17], le poète

---

§ 88. 1 Peto, is à *ou* ab. 2 Tournez *demandes-tu de moi
une mine, mais* (vcrò *se place après un mot*) *des autres seulement une obole.* 3 *Parce que,* quòd. 4 *Devoir être que je reçoive.*
foic ut. 5 Autem, *après un mot.* 6 An, *subjonc.* 7 Insuper. 8
Exspectare à *ou* ab. 9 Hiero, nis. 10 *Lorsqu'il eut demandé,*
quæro, is, sivi e *ou* ex. 11 Simonides, is. 12 Quid, *entre
deux verbes, veut le subjonc.* 13 *Demanda à lui,* postulo, as, avi
ab. 14 Ad, *gérondif en* dum. 15 Delibero, as, arc. 16 Posterus
dies, *nom de temps à l'ablat.* 17 *Lorsque le tyran eut demandé*

demanda [18] deux jours [19], et dans la suite [20] il alla
toujours en doublant [21]. Hiéron étonné [22] *lui demanda* [23] pourquoi [24] il agissait ainsi. C'est [25], répondit Simonide, que[25] la chose me paraît d'autant [26] plus obs-
cure, que[27] je la considère plus long-temps. Alexandre
reçut [28] d'*Aristote*, [29] des préceptes de conduite [30] si [31]
utiles, qu'il [32] ne craignit [33] pas de dire, qu'il ne devait [34] pas moins à Aristote qu'à Philippe, puisqu'il
avait reçu seulement la vie *de son père*, tandis qu'il
avait *appris de son maître*, à bien vivre [35]. *Les historiens*
nous *apprennent* [36] que presque tous les grands hommes ont éprouvé l'ingratitude de leurs concitoyens [37].
Alcibiade avait *reçu* [38] *de la nature* tous les avantages du corps et de l'esprit. *La mort* de l'empereur
Titus *causa* la plus vive douleur à tous les Romains [39].

§ 89. Sachez *distinguer* [1] l'ami *du flatteur. De l'un*,
attendez [2] quelquefois des reproches, même lorsque

---

la même chose de lui, quæro, is, sivi, *act.*, idem. 18 Peto, is, ivi. 19
Biduum, i, *au sing.* 20 Deinceps 21 *Il doubla toujours le nombre.*
22 Admirans, tis. 23 Requiro, requisivi. 24 Cur, *entre deux
verbes, veut le subjonc.* 25 *Tournez parce que*, quia. 26 Tantò.
27 Quantò, *devant un comparatif.* 28 Accipio, is, cepi. 29 Aristoteles, is. 30 *De vivre;* vivo, vivere. 31 Tam. 32 Ut, *subj.* 33
Dubito, as, avi. 34 *T. soi ne devoir pas.* 35 *Soi avoir reçu de son
maître l'art de bien vivre,* se autem. 36 *Nous avons reçu des historiens.*
37 *Presque tous les grands hommes avoir éprouvé l'ingratitude* (ingratus animus). 38 Sortiri, ior, titus sum à *ou* ab. 39 *T. Les Romains prirent la plus vive,* gravissimus, a um, *douleur de la mort,*
capio, cepi ex.

§ 89. 1 *T. Distingue,* discerno, is, erc à *ou* ab. 2 Exspecto.

vous croirez avoir mérité [3] des éloges ; *de l'autre* [4], *attendez* des éloges, quand vous croirez [5] être digne de blâme. Demosthène, le plus célèbre des orateurs grecs, *emprunta* [6] *au travail*, les forces que sa constitution [7] lui avait refusées [8]. Dïdius Julianus *avait acheté* [9] l'empire *des (ou aux) soldats*. Il le perdit avec la vie [10], six semaines [11] àprès. Auguste, pour ne point donner [12] l'exemple du luxe, refusa d'[13]*acheter* une robe de soie [14] à sa femme Livie [15]. Que peut-on *espérer* [16] *d'un homme* qui ne veut pas entendre la vérité. Les Romains ne *désespérèrent* [17] jamais *du* [18] *salut* de la république dans toutes les extrémités où elle se trouva [19]. Lorsqu'Alexandre eut tué Clitus, ce ne fut qu'avec peine que ses amis *obtinrent de lui* [20], qu'il ne [21] se donnerait pas la mort. Le chameau *a reçu* [22] *de la nature* des pieds conformés [23] pour marcher [24] facilement dans [25] les sables.

---

as , arc à *ou* ab. 3 T. *toi (accusat.) avoir mérité.* 4 Alter, a, um. 5 T. *toi (accusat.) être digne.* 6 Mutuor, aris, atus sum, ari à. 7 Corporis habitus. 8 Denego, as, avi. 9 Mercor, aris, atus sum à. 10 T. *duquel il fut dépouillé,* exuo, is, ui, utum, ere, *ablat.,* simul et vita, æ. 11 *A l'accus. ou à l'ablat.* 12 *De peur qu'il donnât,* ne præbeo, es, ere. 13 *Ne voulut pas,* nolo, ui. 14 Sericus, a, um. 15 Uxor, is Livia, æ, *datif d'avantage, à signifie ici* pour. 16 T. *Quelle chose,* quid, *peut être espérée,* spero, as, arc à, ab. 17 Despero, as, avi. 18 De *(du signifie touchant).* 19 Angustiæ, arum, *dans lesquelles elle fut amenée,* in, acc. 20 T. *Avec peine,* ægrè, *les amis obtinrent,* impetro, as, avi à *ou* ab. 21 Ne, *subjonctif.* 22 Obtineo, es, ui, à *ou* ab. 23 Tournez *tels (is, ea, id).* 24 *Par lesquels il marchât,* incedo, ere. 25 Per

[26] L'historien Valère Maxime [27], *a choisi, dans* [28] *d'il-*
lustres auteurs, les paroles et les faits [29] mémorables
[30] des grands hommes.

§ 90. Ce fut [1] à [2] *l'incendie* d'Athènes, que [1] s'allu-
ma [3] dans le cœur [4] des Grecs, le noble désir de délivrer leur [5] patrie *de la servitude* dont [6] la menaçaient [7] les Barbares. Xerxès put *juger* [8] *par le dé-*
vouement de Léonidas et des trois cents Spartiates,
qu'il y avait, dans la Grèce, plus de soldats [9] que
dans l'armée innombrable des Perses. Les habitants
de Capoue [10], qui avaient *abandonné le parti* [11] *des*
Romains, comprenant par [12] *l'opiniâtreté* avec laquelle les ennemis assiégeaient [13] leur [14] ville, qu'ils
ne pouvaient [15] *attendre d'eux,* aucune capitula-
tion [16], prirent, la plupart, la résolution [17] de se sous-
traire [18] à la vengeance de leurs ennemis, en se donnant [19] la mort. C'est [20] *aux sources* pures de l'antiquité qu'il faut *puiser* les préceptes [21] de l'éloquence

---

26 Historiarum scriptor. 27 Valerius Maximus. 28 Seligo, is,
egi e *ou* ab. 29 Dictum, i, factum, i. 30 T. *Dignes à être ra-*
contés, dignus, a, um memoro, as, avi, atum.

§ 90. 1 *Ne se rend pas.* 2 Ex. 3 *Fut allumé.* 4 Animi, orum.
5 *Ne se rend pas.* 6 T. que, à l'accus. 7 *Menaçaient à elle.* 8 Conjicio, is, ere ex. 9 T. *Plus de,* plures, être dans. 10 Capua, æ.
11 Deficio, is, feci à. 12 Intelligo, is, ere ex. 13 T. *des en-*
nemis en assiégeant, in obsidendus, a, um. 14 Ipse, a, um. 15
Soi ne pouvoir. 16 Sperare ab. 17 Consilium inire, eo, ivi. 18 Se
subduco, is, ere. 19 Conscisco, is, ivi, ere, act. 20 *Ne se rend*
pas. 21 T. *les préceptes sont devant être puisés,* haurio, si, ire ex.

et de la poésie. Quelquefois un lâche [22] (*trouve*) *puise dans la nécessité*, un courage qui ne lui appartient pas [23]. L'épée que Damoclès, au milieu [24] d'un festin somptueux [25], vit *suspendue* [26] *au plafond*, par un seul crin de cheval [27], est l'image [28] de la félicité des tyrans. Les anciens guerriers attachaient [29] dans les temples, les armes *prises sur* [30] *l'ennemi*.

§ 91. Charles-Quint [1], roi d'Espagne [2], *apprit* [3] *d'un seigneur* [4] qu'il [5] avait exilé, la défaite et la captivité de François premier [6]. Epaminondas, atteint [7] d'un coup mortel, *demanda à* [8] *ses amis*, si [9] les Thébains étaient vainqueurs. Lorsqu'il eut *appris* [10] *de ceux qui l'entouraient* [11] que la victoire était assurée [12] aux siens, tout va bien [13], dit-il [14], et j'ai assez vécu. Quelquefois on peut [15] *connaître par* [16] *le silence*, mieux que *par les paroles* des auditeurs [17], si l'on a produit sur leur esprit l'impression que l'on désirait [18].

---

22 Homo ignavus. 23 *Non sien*, non suus, a, um. 24 Inter, *accus*. 25 Apparatissimus, a, um. 26 Pendens, tis è. 27 Et religatus, a, um unus, a, um seta, æ equinus, a, um. 28 Exhibeo, es, *act.*, imago, ginis. 29 Affigo, is, ere, *aux temples*. 30 Captus, a, um de.

§ 91. 1 Carolus Quintus. 2 Hispani, orum. 3 Audio, is, ivi a. 4 Quidam vir nobilis. 5 Qui, quæ, quod, *acc*. 6 Franciscus, ci, *acc.*, *avoir été vaincu et pris*. 7 Confossus, *avec l'abl*. 8 Quæro, is, sivi à *ou* ex. 9 Nùm, *subj*. 10 Audio. 11 Circumstans, tis. 12 *La victoire (à l'acc.) être assurée*, partus, a, um. 13 *La chose se a bien*. 14 Inquam, quis. 15 *Tu pourras*. 16 Cognosco, cis, cere ex. 17 Audiens, tis. 18 Nùm, *vous aurez touché leur esprit à votre volonté*, moveo, es, vi, *acc.*, animus, i ex, *abl.*, voluntas, tatis.

Ayant appris par [19] *ses espions* que les Gaulois voulaient attaquer [20] les Romains dans leurs quartiers d'hiver [21], César rassembla quelques légions à la hâte, et déjoua [22] les projets des ennemis. Vous connaîtrez [23] *par les lettres* de mes amis, ma bienveillance [24] à votre égard. (*Expl. de Cicéron.*) Philippe *demandait à* [25] *Alexandre*, pourquoi [26] il préférait Homère à tous les autres poètes ; c'est [27], répondit Alexandre, que [27] la poésie d'Homère me paraît seule digne [28] d'un roi [28].

VERBES D'ÉLOIGNEMENT.

Christus redemit hominem à morte.

En *général*, ces verbes régissent l'ablatif avec *à* ou *ab*, lorsqu'ils ont pour régime un nom de personne, et l'ablatif seul ou avec une des prépositions *ab*, *de* ou *ex*, lorsqu'ils ont pour régime un nom de chose. *A* marque seulement l'éloignement, *ex*, marque aussi que l'action d'éloigner part *de l'intérieur* de la chose, *de* marque éloignement d'une surface et mouvement de haut-en-bas.

EXERCICES ÉLÉMENTAIRES.

§ 92. Le maître a séparé [1] cet enfant vicieux *de* ses condisciples. Le voleur s'est échappé *de* [2] la prison. Ils

---

19 *Lorsqu'il eut connu par*, comperissem per. 20 *Les Gaulois, à l'acc. agiter cela dans l'esprit*, animo, *afin qu'ils attaquassent.* 21 Hiberna, orum. 22 *Des légions étant rassemblées à la hâte, (abl. absolu)...* Raptim collectus, a, um, consilium disturbo, avi. 23 Cognosco, cis, cere ex. 24 *Touchant ma bienveillance*, de, abl. 25 Sciscitor, aris, ari ex ou ab. 26 Cur, *subj.* 27 T. *parce que.* 28 Regius, a, um.

§ 92. 1 Sejungo, is, xi, gere à. 2 Evado, is, si è.

se sont desistés *de*[3] leur[4] entreprise. Le cerf s'est sous-
trait *à*[5] ma vue. Cet homme a de l'aversion *pour*[6]
l'étude. Cela était sorti *de*[7] ma mémoire. Nous déli-
vrerons[8] votre ami *du* danger. Il ôta[9] l'anneau *de* son
doigt. Le préteur a quitté[10] son gouvernement[11]. Vous
avez éloigné[12] votre père *de* mon ami. Le fleuve est
sorti *de*[13] son lit. Le pilote est sorti *du*[14] port. Je
me suis abstenu *de*[15] nourriture[16]. Les serviteurs ti-
raient[17] le pain *des* corbeilles.

EXERCICES GÉNÉRAUX.

§ 93. Iphicrate[1], général Athénien, se voyant
pressé par les ennemis[2], ordonna aux[3] soldats du
premier rang de combattre *à*[4] genoux. Le décemvir
Appius voulut enlever, par un jugement inique[5], Virgi-
nie[5] *à* son père; mais celui-ci tua sa fille, pour[6] la sous-
traire *au*[7] déshonneur qui la menaçait[8]. Les Helvétiens[9] ayant quitté[10] leur pays pour aller s'établir[11]
dans une autre partie de la Gaule, César leur coupa *les*

---

3 Desisto, is, stiti, cre à. 4 Suus. 5 Evolo, as avi, are e *ou*
de. 6 Abhorreo, es, ere à. 7 Excedo, is, essi, ere. 8 Libero, as,
are. 9 Detraho, is, xi de. 10 Discedo, is, cessi ex *ou* de. 11
Provincia, æ. 12 Abalieno, as, avi à. 13 Sese effero, ers, extuli.
14 Solvo, is, vi è. 15 Abstineo, es, ui. 16 Cibus, bi. 17 Expedio, is, ire.

§ 93. 1 Iphicrates, is. 2 T. *lorsque les ennemis le pressaient*,
justo, as, titi, are, *dat.* 3 *Ordonna les*, jubeo, es, ssi. 4 Pugno, as, are de. 5 Contrà jus abjudico, as, are à. 6 Ut, *subj.*,
7 *Afin qu'il la préservât*, vindico, a, are à. 8 Imminens, tis. 9
(9, 11, 12 et 13) Helvetius, ii. 10 *Qui avaient quitté*, qui migro, as,
avi è suus. 11 Eo consilio ut consideo, es, sedi, sidere. 12 T.
César exclut des vivres, intercludo, is, si, *act.*, leur *ne se rend pas.*

vivres [12] et leur fit essuyer une sanglante défaite. [13] Les Lacédémoniens, pour se délivrer [14] *de* la crainte [15] que leur inspirait Athènes [15], voulurent, après que Xerxès fut chassé de la Grèce, empêcher [16] les Athéniens *de relever leurs murs* [17], et envoyèrent des ambassadeurs pour obtenir [18] *d'eux* qu[19]'ils renonceraient [20] *à ce* projet. Mais Thémistocle, par son adresse [21], affranchit [22] ses concitoyens *des* obstacles [23] que leur suscitaient[24] les Lacédémoniens. Celui qui est malade [25] doit s'abstenir [26] *de* nourriture [27]; celui qui a des penchans vicieux[28] doit s'éloigner *de* [29] tout ce qui peut le porter au vice [30]. Otez *à l'*homme [31] l'amour de la droiture [32], et vous ôterez *à* [33] *la* société son plus ferme soutien [34]. Caton [35], dès son enfance [36], avait tant de fermeté, que [37] rien ne pouvait le faire changer d'[38]*avis*. Lorsqu'un peuple veut s'affranchir [39] *des* lois, il se dépouille[40] lui-même *de* toute espèce de garantie [41]. Le Sénat ne voulut point *racheter* [42] d'*Annibal* les prisonniers qu'il

---

Commeatus, ûs, *abl. sing.* 13 Et afficio, is. feci, *act.*, *d'une sanglante défaite, à l'abl. Commencez par,* Helvetios qui. etc., Cæsar. 14 *Afin qu'ils se délivrassent,* ut se levo, as, *abl.* 15 T. *de la crainte d'Athènes,* metus, ûs Athenæ, arum. 16 Prohibere. 17 *Des murs devant être relevés,* excitandus, a, um. *à l'ablat.* 18 *Qui obtinssent,* impetro, as, are ab. 19 Ut. 20 Desisto, is, ere ab. 21 *A l'abl.* 22 Expedio, is, ivi. 23 Impedimentum, i. 24 Molior, iris, iri. 25 Ægroto, as, are. 26 Abstineo, es, ere, *abl.* 27 Cibi, orum. 28 *Celui qui est dépravé,* pravus. *de sa nature,* naturâ. 29 Refugere à. 30 *Des attraits des vices,* irritamenta, orum. 31 *Dépouillez l'homme de,* spolio, as, are. 32 Rectum, i. 33 Nudo, as, are. 34 Præsidium, ii. 35 Cato, nis. 36 A teneris, s. ent. annis. 37 *Fut d'une si grande,* tantus. a, um, *fermeté,* que, ut, *subj.* 38 Dimoveo, es, ere de. 39 Solvo, is, vere se, *abl.* 40 Ipse se nudo, as. 41 Omnis, e præsidium, ii. 42 Redi-

avait faits [43], afin que les soldats Romains se persua-
dassent bien qu'il fallait vaincre ou mourir [44]. Lorsque
les Romains prirent Jérusalem, ils arrachaient les enfants *des bras* [45] de leurs mères pour les massacrer [46].

Les verbes *abdicare, exsolvere, exonerare, levare* se construisent *ordinairement avec l'ablatif seul;* mais les verbes *differre,
discrepare, distare, abhorrere, alienare,* et *abalienare* exigent en
général une préposition.

EXERCICES.

§ 94. Quintius Cincinnatus, vainqueur des Eques [1],
abdiqua [2], au bout de seize jours [3], la dictature qu'il
avait reçue pour [4] six mois. Peu d'hommes [5] renoncent
à [6] la liberté. Le plaisir ne dissipe pas toujours les inquiétudes de l'esprit. [7] Dioclétien se débarrassa du [8]
poids [9] des affaires, et alla vieillir [10] dans ses domai-
nes. Si vous voulez soulager votre ami [11] de son chagrin, pleurez avec lui [12].

---

mo, is, ere ab. 43 Qui venio, is, eni, in. *acc.* potestas, tis ejus.
44 *Afin que, ut, subj. il fût inculqué,* insitus, a, um, *aux soldats
Romains de vaincre ou de mourir.* 45 *Les Romains, Jérusalem
étant prise,* (*à l'abl.*) Hierosolyma, æ captus, a, um, *arrachaient,*
divello, is, ere, *abl.,* nati, orum complexus, ûs. 46 *Devant être
massacrés,* trucidandus, a, um.

§ 94. 1 Æqui, orum. 2 Se abdico, as, avi, *abl.* 3 T. *Le
seizième jour, à l'abl.* 4 In, *acc.* 5 Pauci, æ, a. 6 Se abdico, as,
abl. 7 *Ne délivre pas l'esprit des,* non exsolvo, is, *abl.* 8 Exonero,
as, avi, *abl.* 9 Moles, is imperium, ii. 10 Alla *ne se rend pas;*
consenesco, is, senui. 11 Levo, as, are animum amici, *abl.* 12
T. *Pleurez au* (*à lui*) *pleurant,* flens, tis adfleo, es, ere.

§ 95. Le courage diffère de [1] la témérité. Il arrive souvent que les actions [2] ne s'accordent [3] pas avec les paroles. Cette maison est éloignée de [4] la ville. Malheur à l'homme qui a de l'aversion pour [5] l'étude. Sacrifiez quelque chose de [6] votre droit, plutôt que d' [7] éloigner de [3] vous un ami.

Prohibeo et *defendo*.

Avec *prohibeo*, empêcher, tenir éloigné, on met (ce qui est mieux) *la chose à écarter*, à l'accusatif, ou bien à l'ablatif, avec ou sans la prép. *à*.

EXERCICES.

§ 96. Nos soldats ont éloigné [1] les ennemis [2] de [3] la ville. Ce magistrat a préservé les citoyens d'un [4] grand malheur.

J'ai garanti ces fleurs des ardeurs du soleil. [1] Je protégerai [2] mon ami contre [3] l'injustice. [4]

Implere dolium vino. (Voir le § 283 Gramm. Lat. et § 74-76 du Cours.)

Les verbes d'*abondance*, de *disette*, de *privation* veulent leur régime indirect à l'ablatif, sans préposition.

---

§ 95. 1 Differo, ers à, *abl.* 2 Factum, i. 3 *Différent des* discrepo, as à. 4 Disto, as ab. 5 Abhorreo, es à. 6 Detraho, is, ere aliquid de. 7 Potiùs quàm, *subj. ou inf.* 8 Alieno, ou abalieno, as, are à.

§ 96. 1 Prohibeo, es, ui. 2 Hostis, *à l'acc.* 3 A ou ab. 4 Prohibeo cives, *abl. avec ou sans la prép.* à.

1 Defendo, is, di, ere, 2 Defendo. 3 Ab, 4 Injuria, æ.

EXERCICES ÉLÉMENTAIRES.

§ 97. Crassus *avait* [1] d'immenses richesses. Les rues de la ville *regorgent* [2] ou sont innondées de sang. Malheureux est celui qui *n'a* point [3] d'amis ! L'homme le plus prudent *a besoin* de [4] conseil. Vitellius *se gorgeait* [5] de nourriture. César *comblait* de [6] bienfaits ses ennemis mêmes. La guerre a *privé* [7] ce père de tous ses enfants. Les triumvirs *dépouillèrent* [8] un grand nombre de citoyens de leurs [9] biens. Néron ne pouvait se rassasier [10] de sang. Le philosophe Cléanthe se privait de [11] nourriture, pour acheter [12] des livres. Annibal prit le camp de Varron [13].

Voir pour les exercices généraux le § 76.

Admonui cum periculi ou *de periculo.* — *Hoc* ou *hujus rei* ou *de hoc mihi venit in mentem.*

Les verbes *avertir, informer* veulent leur régime indirect, marqué par *de,* au génitif ou à l'ablatif avec *de.* Avec *moneo,* on met bien les accusatifs *hoc, id, illud, unum.*

---

§ 97. 1 Abundo, as, are, *v. n. abl.* 2 Redundo, as, are, *v. n.* 3 Careo, es, ere. *v. n.* 4 Egeo, es, ere, *abl. ou gén.* 5 Ingurgito, as, are, *act.* 6 Cumulo, as, are, *act.* 7 Orbo, as, avi, *act.* 8 Spolio, as, avi, are, *act.* 9 Suus. 10 Saturari, *pass.* 11 Fraudo, as, are, *act.* 12 *Afin qu'il achetât.* 13 *Dépouilla Varron de,* Exuo, ui, *act.,* Varro, nis castra, orum, *pl. n.*

EXERCICES ÉLÉMENTAIRES.

§ 98. Le malheur *fait ressouvenir* [1] les hommes de leurs anciens amis [2]. Je vous ai averti [3] *des piéges* qu'on vous tendait [4]. Les bons citoyens informent [5] le prince *des dangers* qui le menacent. Je vous avais averti *de cela*; pourquoi l'avez-vous oublié. Vous avez informé cet homme, *des bruits* [6] qui se répandent sur [7] lui. Je veux vous avertir *d'une chose*, c'est de vous souvenir [8] des bienfaits que vous aurez reçus. Depuis long-temps [9], je vous avais averti *du danger* qui vous menaçait. Quand je serai informé *de vos projets, j'en* [10] avertirai nos amis. On devrait avertir les grands [11] *d'une chose*, c'est que la vertu l'emporte sur [12] la naissance [13]. Si votre père eût été averti *de cela*, il ne l'aurait point oublié.

EXERCICES GÉNÉRAUX.

§ 99. Alexandre s'étant baigné [1] dans le Cydnus, à Tarse [2], tomba dangereusement malade [3]. Le médecin Philippe [4], pour le tirer de l'engourdissement [5] où

---

§ 98. 1 Commonefacio, is, ere. 2 *De l'ancienne amitié, vetus, eris.* 3 Admoneo, es, ui, ere. 4 *Qui étaient tendus à toi, struo, is, xi, ere.* 5 Certiorem facere. 6 Rumor, is, m. 7 Differor, erris, erri de, (sont répandus) abl. 8 *Afin que vous vous souveniez.* 9 Jamdudùm. 10 T. *d'eux.* 11 Princeps, cipis vir, i monendus sum, essem, es. 12 T. *la vertu, acc., à savoir,* scilicet, *l'emporter,* antecello, is, ere, act. 13 Generis nobilitas, tatis, *au dat.*

§ 99. 1 *Lorsqu'Alexandre se fut baigné.* 2 Tarsus, i, *au gén.* 3 In, acc., gravis morbus incido, is. 4 Philippus. 5 *Afin qu'il excitât lui engourdi,* ut excito, as. are, act. torpens, tis.

il se trouvait, ne cessait[6] de lui *parler*[7] *de* sa mère, de
ses sœurs, de la victoire glorieuse qu[8]'il allait remporter[9] sur[10] Darius. Lorsque vous *avertirez* votre
ami d'une faute qu'il aura commise, ne[11] vous emportez point contre lui, mais faites-lui connaître[12]
par votre tristesse la peine que vous ressentez[13] de
le voir coupable[14]. Un[15] jeune[16] patricien se rendait
au[17] camp de Catilina. Son père en *ayant été averti*,
l'arrêta sur la route, et le tua de sa main[18]. Demosthène, *informé* des projets de Philippe, roi de Macédoine, *avertissait* les Athéniens des devoirs qu'ils
avaient à remplir envers leur patrie et envers la
Grèce[19]; aussi[20] put-il dire avec raison[20], autant qu'[21]
il a été en moi, Philippe a été vaincu, et Athènes[22]
a été victorieuse.

Insimulare aliquem furti ou *furto. Damnare ad triremes.*

Les verbes *accuser, condamner, absoudre, convaincre* et semblables, veulent leur régime indirect au *génitif* ou à *l'ablatif*,
mais mieux au génitif.

Voici les principaux d'entre ces verbes. *Accusare, incusare,
arguere, insimulare, coarguere,* accuser, *convincere,* convaincre,
comperiri, être convaincu de, *increpare,* reprocher, *teneri,*

---

6 Desisto, is, tere. 7 Admoneo, es, ere. 8 *Acc.* 9 *Qu'il était
devant remporter.* 10 Ab, de *ou* ex. 11 Ne, *impér. ou subj.*
12 *Faites qu'il comprenne,* facio, is ut *subj.* intelligo, is, ere.
13 *Combien vous êtes affligé,* quantùm doleo, es, *subj.* 14 Quòd
in culpâ sum, es. 15 Quidam. 16 Junior. 17 Peto, is, ere, *act.*
18 *Tua lui arrêté,* (retractus, a, um,) *du milieu du chemin,*
de medius, a, um iter, itineris, *n.* 19 T. *de ce que,* quid,
la patrie et la Grèce demandaient (subj.) d'eux. 20 Jure igitur. 21
Quantùm. 22 Athenæ, arum, *fém. pl.*

être convaincu, coupable de ; *damnare, condemnare,* condamner. *Absolvere, purgare, liberare,* absoudre, justifier. *Agere, arcessere, citare, deferre, postulare, reum facere,* citer, accuser, imputer.

Le nom de la peine particulière et déterminée se met aussi au génitif ou à l'accusatif avec *ad,* rarement à l'ablatif.

Devant un infinitif, *accuser* se rend par *arguere,* et condamner par *jubere,* avec l'infinitif latin. *Voir les notes de la gramm.,* § 296.

EXERCICES ÉLÉMENTAIRES.

§ 100. On peut *accuser* un lâche [1] *de trahison* envers sa patrie. Les lois peuvent quelquefois *absoudre* un méchant de *ses crimes* ; mais sa conscience ne l'*absoudra* pas. Si vous *êtes convaincu d'une faute,* vous ne devez point vous en défendre [2], mais vous en corriger [3]. Ce magistrat a *été accusé de concussion* [4]. Il n'a pu se *justifier* [5] des crimes qu'on lui imputait [6]. Phocion *fut accusé d'un crime* capital [7]. J'étais *accusé* [8] d'un vol audacieux [9], envers un hôte qui m'est si cher. [10] Il a été *condamné* (comme *coupable*) de [11] violence [12]. Ce malfaiteur *a été condamné* [13] aux mines. Les esclaves coupables étaient *condamnés* au supplice de la croix. Ce voleur a *été condamné* à la potence. Je vous *accuse* [14] *d'avoir négligé* les intérêts de vos amis. Socrate fut *condamné* [15] *à boire* [16] la ciguë. Les sénateurs *accusèrent* Manlius d'aspi-

---

§ 100. 1 Tournez *un lâche* (homo ignavus) *peut être accusé.* 2 *Nier d'elle,* abnuere de, *abl.* 3 *La corriger,* emendo, as, are, *acc.* 4 Repetundæ, arum. 5 Purgo, as, are, *avec l'accusat.,* ou se purgo, as ; *avec le génit.* 6 T. *desquels* agebar, is. 7 Accuso *ou* arcesso, ivi, situm caput, pitis. 8 Postulo, as. 9 Latrocinium, ii. 10 *Très-cher à moi.* 11 Condemno, as, avi, atum de. 12 Vis, vis. 13 Damno, as, are ad. 14 Arguo, is, ere. 15 Jubeo,

rer à la royauté [17], et le *condamnèrent* à *être précipité*
de la roche Tarpéienne [18]. Il a été *condamné* [19] à une
forte amende [20].

EXERCICES GÉNÉRAUX.

§ 101. Le célèbre Miltiade [1] qui vainquit les Perses
dans les plaines de Marathon [2], et sauva [3] Athènes de
la ruine qui la menaçait [4], *fut accusé* de trahison parce qu'il n'avait pu prendre [5] Paros [6], et *condamné* [7] d'a-
bord *à payer* cinquante talents, puis à [8] la prison,
parce qu'il ne put satisfaire à [9] cet amende [10]. Toutes les
républiques [11], mais Athènes surtout, peuvent être *ac-
cusées* d'ingratitude [12]. Cimon, fils de Miltiade, le bienfaiteur de [13] sa patrie, Aristide surnommé [14] le Juste,
Thémistocle vainqueur de Xerxès, Alcibiade le plus
habile des généraux de son tems, furent *condamnés* à
la mort ou à l'exil. Lorsque Quintus Metellus, surnommé [14] le Numidique, *accusé* de concussion par ses
ennemis, plaida sa cause, les juges furent si persuadés
de son intégrité [15], qu'aucun d'eux ne voulut exami-
ner [16] ses registres [17]. Cependant ce grand homme *fut*

---

es, ssi, bere. 16 Haurio, is, ire. 17 Regnum affecto, as, are.
18 T. *Lui être précipité*, eum dejicio, is, ere de rupes, is, *f.*
Tarpeius, a. 19 Mulcto, as, are, *abl.* 20 Grandis pecunia, æ.

§ 101. 1 Miltiades, is. 2 In campus, i Marathonicus, ci.
3 Servo, as, avi, *act.* 4 Imminens, tis. 5 Expugno, as, are. 6
Paros, ri, *fém.* 7 Jubeo, ssi. 8 Damnatus ad. 9 Solvo, is, ere,
accus. 10 Pecunia, æ. 11 Civitas libera. 12 Ingratus animus,
i. 13 *Ayant très-bien mérité de*, mereor, reris, ritus sum de.
14 *Par le surnom*, cognomentum, i. 15 *Son*, ejus, *intégrité fut
si* (adeò) *manifeste aux juges*, que, ut *subj.* 16 Inspicio, is,

condamné à sortir de la ville. Celui qui *s'excuse* d'[18] une faute ne s'en *justifie* pas toujours[19]. Sous Domitien, les Sénateurs *étaient accusés*[20] du crime[21] de lèse-majesté[21], pour les paroles les plus indifférentes[22]. Popilius Lénas, *accusé* de parricide, fut sauvé[23] par Cicéron, qui le fit *absoudre*[24] de ce crime. Dans la suite, Popilius fut le meurtrier de Cicéron proscrit et *condamné* à mort par Antoine. Nos vœux *sont accomplis*[25], nous avons vaincu nos ennemis, notre patrie est libre.

Après les verbes de *blâme*, *d'accusation*, *la faute* se met aussi quelquefois à *l'accusatif*, et le nom de la *personne au génitif*.

EXERCICES ÉLÉMENTAIRES.

§ 102. J'ai blâmé mon ami *de son opiniâtreté*[1]. Les Romains accusaient Fabius *de lâcheté*[2]. Il est difficile de se justifier *d'une faute*, quand on se sent coupable[3]. Socrate convainquit ses juges *d'erreur*[4]. Les lois châtient le méchant de *ses crimes*[5]. Callisthène blâmait Alexandre de son *orgueil*[6].

---

cere, act. 17 Tabulæ, arum. 18 *Celui qui*, qui, *excuse une faute*. 19 *Ne justifie pas toujours l'accusation*, crimen purgo, as, act., accus. 20 Postulo, as, are. 21 Majestas, tatis. 22 Innoxius, a, um de verbum, i. 23 Servo, as, avi, atum. 24 *lequel défendant*, qui patrocinans, tis, à *l'ablat.*, *il fut absous*. 25 T. *Nous sommes condamnés de* ou *par nos vœux*, damno, as, avi, atum, *gén.* ou *ablat.*

§ 102. 1 Increpo, as, pui, acc., *l'opiniâtreté de mon ami*. 2 *La lâcheté de Fabius*. 3 T. *Vous justifierez*, purgo, as, avi, are, *difficilement une faute*, si conscius sum, es tibi, *de la faute*. 4 Coarguo, is, ui, ere, *l'erreur de*. 5 Punio, is. *les crimes du* 6 Reprehendo, is, *l'orgueil de*.

Deus amat virum bonum illique favet.

Quand deux verbes n'ont qu'un régime en français, et que les verbes latins gouvernent différents cas, on met le nom au cas du premier verbe, et l'on se sert d'un des pronoms *is, ille, ipse,* pour le mettre au cas du second.

EXERCICES ÉLÉMENTAIRES.

§ 103. Les plus grands écrivains de nos jours [1] *ont lu et étudié* les auteurs anciens [2]. Trop souvent [3] les courtisans *flattent* et *corrompent* les princes [4]. Auguste et Louis quatorze [5] ont *aimé* et *favorisé* [6] les gens de lettres [7]. Bien des choses [8] peuvent *exciter* [9], mais non *satisfaire* [10] nos passions [11]. Nous devons non-seulement *plaindre* [12], mais encore [13] *secourir* [14] les malheureux. Nous ne devons point *nous irriter* [15] ni *déclamer* avec violence contre [16] nos ennemis. Les gens de bien *sont utiles* [17] et *chers* [18] à leurs [19] concitoyens. Un esclave ne peut ni *aimer* ni *servir* [20] plusieurs maîtres d'un caractère opposé. Les hommes emportés [21], en voulant [22]

---

§ 103. 1 Nostra ætas, tatis. 2 T. *ont lu les auteurs anciens et ont étudié à eux.* Lego, is, egi, *act. acc.,* studeo, es, ui , *n. dat.* 3 Sæpiùs. 4 *Flattent,* blandior, iris, *aux princes et les corrompent.* 5 Ludovicus decimus quartus. 6 Faveo, es, vi, *dat.* 7 Viri litterati. 8 Multa , *s.-ent.* negotia. 9 Irrito, as, are, *acc.* 10 Satisfacio, is, ere, *dat.* 11 Cupiditas, tis , *fém.* 12 Misereor, eris, eri, *gén.* 13 Sed etiam. 14 Opitulor, aris, ari, *dat.* 15 Irasci, *dat.* 16 Acriter invehi in, *acc.* 17 Prosum, des, esse, *dat.* 18 *Et sont chéris de,* diligor, eris, gi à, *abl.* 19 Suus. 20 Servio, is, ire, *dat.* 21 Iracundus, i. 22 *Tandis qu'ils désirent,* dùm cupio.

secourir[23] ou *venger*[24] leurs[25] amis, les exposent[26] souvent aux plus grands dangers. Pour *traiter*[27] et *guérir*[28] les maladies de l'ame, les philosophes emploient[29] quelquefois, comme les médecins pour[30] les maladies du corps, des remèdes violents. Celui qui, par l'appât du gain[31], *traverse*[32] ou *trahit* les projets qu'on lui a confiés[33], en perdant la réputation[34] d'homme de bien, perd plus qu'il ne gagne en recevant le salaire[35] de sa perfidie.

1° *Amor a Deo.* — 2° *Mœrore conficior.* — 3° *Hæc sententia neque illi, neque nobis probatur.* — 4° *Claris majoribus ortus.* 5° *Malum aureum à Discordiâ immissum.*

1° Le régime du verbe passif se met à *l'ablatif* avec *à*, ou *ab*, quand c'est un nom de chose *animée.* — 2° A *l'ablatif*, sans préposition, quand c'est un nom de chose *inanimée.* — 3° Avec *probor, improbor, videor*, et les participes en *dus, da, dum*, l'on met mieux le nom au *datif* qu'à l'*abl.* — 4° Avec les participes *natus, editus, genitus, ortus, satus*, on met le nom de personne à *l'ablatif sans préposition.* On dit aussi *natus è.* — 5° Quand les noms *de choses* sont *personnifiés*, ils se mettent à l'ablatif avec *à*, ou *ab.*

---

is, ere. 23 Opitulor, aris, ari, *dat.* 24 Ulcisci, *acc.* 25 Suus, a, um. 26 Objicio, is, ere. 27 Curo, as, *acc.* 28 Medeor, eris, eri, *dat.* 29 Adhibeo, es, ere, *act.* 30 In, *abl.* 31 Qui turpis, e captus, a, um studium, ii lucrum, cri, *pris par un désir honteux, abl. etc.* 32 Adversor, aris, ari, *dat.* 33 *Confiés à soi.* 34 *La réputation d'homme de bien étant perdue, à l'abl.*, amissus, a, um. 35 *Le salaire étant reçu, à l'abl.*, merces, edis, *etc.*

EXERCICES ÉLÉMENTAIRES.

§ 104. Les richesses sont désirées [1] par *la plupart
des* [2] *hommes.* Le monde est éclairé [3] *par le soleil.* Vos
projets ont été improuvés [4] et *par lui* et *par moi. Né* [5]
d'un père affranchi, Horace, par son génie [6], devint
l'ami [7] de Mécène[8] et d'Auguste. Typhon [9] fut créé [10]
par la Terre, irritée contre Jupiter, à cause de [11] la
mort des Géans.

Annibal fut vaincu *par Scipion,* à Zama [12]. Clitus fut
tué *par Alexandre,* au milieu d'un festin [13]. Votre esprit [14] sera récréé *par la variété* des objets [15] que [16]
vous lui offrirez. Ce qui [17] paraîtra injuste à un homme
de bien, ne sera jamais *approuvé par lui.* Quand [18]
vous seriez *issu* [19] *des ancêtres* les plus illustres, vous
ne seriez estimé *de personne,* si [20] vous n[20] étiez pas re-
commandable par votre mérite personnel [21]. Le temple des Muses est ouvert par *la Grammaire* [22]. Le
voyage d'Italie *doit être entrepris* [23] *par ceux* qui
veulent connaître les monuments anciens.

N. B. Dans les exercices suivants les élèves trouveront quelques verbes qui, n'ayant point de passif, devront être tournés par
l'actif en latin, ou par un substantif et un verbe.

---

§ 104. 1 Expeto, is, ere. 2 Plerique, æque, aque. 3 Illustro,
as, are. 4 Improbor, aris, atus sum. 5 Natus. 6 Ingenium, ii,
abl. 7 Sibi concilio, as, avi amicitiam. 8 Mæcenas, atis. 9
Typhon, nis. 10 Procreo, as, avi, atum. 11 Propter, *acc.* 12
Ad, *acc.,* Zama, æ. 13 Inter epulæ, arum. 14 Animus. 15 Res,
ei, *fém.* 16 *Acc.* 17 Quod. 18 Etiamsi. 19 Orior, ortus sum. 20
Nisi *subj.* 21 Virtus, tis, *fém.* proprius, a. 22 *Chose personni-
fiée.* 23 Suscipiendus, a, um.

EXERCICES GÉNÉRAUX.

§ 105. La veille[1] de la bataille de Vouillé[2], *gagnée par Clovis* sur les Visigoths[3], les drapeaux des Français *furent bénits*[4] par l'évêque Saint Remi[5]. Les secrets du cœur[6] *sont révélés*[7] par la mort. Rien n'est autant haï que la flatterie, par un homme de bien[8]. Les anciennes hymnes de l'église *ont le mérite de*[9] *la simplicité;* elles ont été *inspirées* par l'admiration et la reconnaisance. Nous ne devons pas faire de belles actions[10] pour être admirés de la postérité[11], mais pour être utiles[12] à nos contemporains. Conduite par la Piété, l'Innocence s'élève jusqu'au trône de Jupiter, et attire sur[13] le juste[14] les bienfaits du père[15] des hommes. Nous devons toujours avoir dans le cœur, et répéter sans cesse cette maxime de Solon[16]: Que les autres aient les richesses; mais nous, ayons la vertu. Dans l'antiquité[17], les héros et les rois avaient la prétention[18] de *descendre* des dieux[19]. Bacchus,

---

§ 105. 1 Pridiè, gén. ou acc. 2 *De la bataille livrée*, commissus, um ad Boleriam. 3 *Dans laquelle les Visigoths,* Visigothus, i, *furent vaincus par Clovis,* Clodoveus, i... 4 Consecro, as, avi, atum. 5 Remigius, ii. 6 Intimi sensus animi. 7 Retego, is, gere, act. 8 *L'homme de bien ne hait rien plus,* odisse, odi pejus, *que,* quàm. 9 *Sont recommandées par,* commendo, as, are. 10 Præclarè gesta edo, is, edere, act. 11 *Pour que,* ut, subj. , *la postérité,* posteri, m. pl. *nous admire.* 12 *Afin que nous soyons utiles.* 13 Concilio, as, avi, are, act. 14 *Au juste,* vir, i justus 15 Parens, tis. 16 *Cela,* illud, *de Solon, est toujours devant être eu dans l'esprit à nous, et devant être usurpé par les paroles.* 17 *Chez les anciens,* vetus, teris. 18 Volo, velle. 19 *Soinés des dieux.*

Hercule et Alexandre se disaient *fils*[20] de Jupiter, et César faisait *remonter*[21] son origine *jusqu*[22]'à Enée[23], fils d'Anchise[24] et de Vénus[25].

Hoc ad me pertinet.

Les trois verbes *pertinere*, appartenir; *attinere, spectare*, regarder, avoir rapport à, veulent le nom de la personne à l'accusatif, avec *ad*. Ex.: Cela me regarde *ou* m'appartient, *hoc ad me pertinet ou spectat*; pour ce qui me regarde, *quod ad me attinet*.

EXERCICES.

§ 106. L'héritage de la gloire d'un père *appartient* à son fils[1]. Si l'on[2] veut vous[3] parler des[4] affaires d'autrui[5], répondez: cela ne me *regarde* pas. Tous les arts qui ont *rapport*[6] à l'humanité, ont un lien commun. Ce pays s'*étend*[7] jusqu'à la mer. Il ne *vous importe*[8] en rien[9] que[10] je vienne ou non[11]. Cette maison *est située*[12] à l'Orient. Il *est très-important*[13] pour l'Etat[14], que[15] la jeunesse soit bien élevée[16]. Il *est de*[17] la dignité d'un citoyen de servir[18] sa patrie sans intérêt[19].

---

20 Genitus, a, um. 21 Repeto, is, ere. 22 A *ou* ab. 23 Æneas, æ. 24 Anchises, æ. 25 Venus, neris.

§ 106. 1 Paternus, a, um... Son *ne se rend pas*. 2 Siquis. 3 Tecum. 4 De. 5 Alienus, a, um. 6 Specto, as. 7 Pertineo, es. 8 Attineo, es. 9 *En rien*, nihil. 10 Utrùm, *subj*. 11 Nec ne. 12 Specto, as, are. 13 Hoc valdè pertineo, es. 14 Respublica. 15 Ut. 16 Bonis artibus inficio, is, ere. 17 Attinet. 18 Operam navare. 19 Gratuitus, a, um.

Me pœnitet culpæ meæ. Socratem non puduit fateri se multas res nescire.

Les cinq verbes *pœnitet*, *pudet*, *piget*, *tædet*, *miseret* veulent à l'accusatif le nom ou pronom qui précède le verbe français, et au génitif le nom qui le suit. Ex.: Je me repens de ma faute, *me pœnitet culpæ meæ*. S'il y a un verbe au lieu du nom de chose, ce verbe se met au présent de l'infinitif. Ex.: Il ne rougit pas d'avouer, *fateri illum non pudet*.

EXERCICES ÉLÉMENTAIRES.

§ 107. *Les méchants* ne se *repentent* [1] pas de leurs [2] crimes, tant qu'ils [3] sont heureux. *Socrate* ne *rougissait* [4] point de recevoir des présents de ses amis. *Un enfant* d'un bon naturel *est fâché* [5] des fautes qu'il a commises. *Le paresseux s'ennuie* [6] plus de son oisiveté, qu'il ne s' [7] ennuierait du travail. Un *homme* généreux *a pitié* [8] de ses ennemis, lorsque le malheur les accable. *Je suis fâché* de l'erreur où je suis tombé. *Vous vous ennuierez* bientôt des plaisirs, si vous voulez sans cesse en [9] jouir. *Les insensés se repentent* d'avoir mal vécu, lorsque la vie leur échappe [10]. Le véritable savant [11] ne *rougit* pas d'avouer qu'il ignore [12] beaucoup de choses.

1° *Incipit me pœnitere culpæ meæ.* 2° *Te visum est pœnitere culpæ tuæ.*

1° Tous les verbes, excepté *volo*, *nolo*, *malo*, *audeo*, *cupio*, (qui expriment une action qui ne convient qu'aux personnes)

.§ 107. 1 Pœnitet. 2 Suus, a, um. 3 Quamdiù. 4 Pudet. 5 Piget. 6 Tædet. 7 *Se par* ipse. 8 Miseret. 9 *D'eux*. 10 Deficio. is. 11 Vir verè doctus. 12 *Soi ne pas savoir*, nescio, cis, ire.

deviennentimpersonnels devant *pœnitet, pudet*, etc., c'est-à-dire
qu'on les met à la troisième personne du singulier, et le nom ou
pronom qui les précède, se met à l'accusatif. — 2° Si le verbe
qui précède *pudet*, etc., est au passif, il faut mettre *les temps
composés*, tels que le *parfait*, le *plus-que-parfait* et le *futur passé*,
à la 3ᵉ *personne du singulier et au neutre*.

EXERCICES ÉLÉMENTAIRES.

§ 108. Dans les guerres civiles, les vainqueurs
doivent[1] *être fâchés* de leur victoire. Un temps viendra que[2] les hommes vicieux ne *pourront* plus *se repentir* de leurs fautes. Nous *ne tardons* pas[3] *à nous
ennuyer* d'une acquisition[4] qui semble nous reprocher
notre sottise. Les Curius, les Fabricius, et tous les
grands hommes de l'antiquité, ne *parurent*[5] jamais
avoir honte de leur[6] pauvreté. Les tyrans eux-mêmes
paraissent quelquefois *se repentir* de leur cruauté.
Quand vous *aurez paru fâché* d'avoir fait une injure à
un homme généreux, il sera disposé à vous la pardonner. Ceux qui ne *veulent*[7] pas *se repentir* d'une mauvaise action[8], annoncent[9], par là-même[10], qu'ils ne
sont pas éloignés d'[11] en commettre une autre[12]. Je
crains de[13] *m'ennuyer*[14] à la ville[15], car je ne puis
vivre séparé de mes amis.

---

§ 108. 1 *3ᵉ personne singul.* (*Leur se rend dans ces phrases
par* suus, a, um). 2 Quùm. 5 *Il commence bientôt*, incipio, is
brevi. 4 Emptio, nis, *f*. 5 *3ᵉ pers. sing. neut.* 6 Suus. 7 *3ᵉ
pers. pluriel.* 8 Malefactum, i. 9 Declaro, as. 10 Hoc ipso. 11
S'en falloir peu qu'ils, parùm abesse quin, *subj.* 12 Alter, a,
um. 13 Timeo ne. 14 *L'ennui tienne*, tædet, *au subj.*, moi. 15
Dans la ville.

EXERCICES GÉNÉRAUX.

§ 109. *Le sage n'est* jamais *mécontent*[1] de son sort[2]. Les Romains *furent* bientôt *fatigués*[3] des Décemvirs[4]. *Tibère*[5] lui-même, ennemi[6] de la liberté publique, *était fatigué*[7] de la patience servile[8] des sénateurs. Il y a des hommes[9] *qui*[10] n'ont ni *honte*, ni *dégoût*[11] de leurs débauches[12] et de leur infamie. Les historiens Romains *paraissent avoir peine*[13] à parler de[14] la conduite du Sénat, envers les Carthaginois, dans la troisième guerre punique[15]. Je rougis de le dire[16], mais, après avoir déclamé de belles sentences sur[17] le mépris de l'argent, *nous ne craignons pas*[18] de sacrifier notre liberté pour acquérir des richesses[19]. *Diogène*[20] *le cynique*, voyant[21] les Athéniens célébrer[22] un jour de fête, *parut* un instant *se repentir* d'avoir renoncé de lui-même à tous les plaisirs; mais ayant aperçu[23] une souris qui mangeait[24] les miettes qui tombaient de son pain[25]; quoi[26] donc, s'écria-t-il, voilà un animal qui se trouve heureux de mon superflu[27], et moi[28], né pour de si grandes choses, parce que je ne me plonge pas avec les autres dans la débauche[29], je

---

§ 109. 1 Pœnitet. 2 Fortuna, æ. 3 Pertæsum est. 4 Decemvir, iri. 5 Tiberius. 6 Qui nollet, *acc.* 7 Tædet, *ere.* 8 Projectus. a, um. 9 *Des hommes sont.* 10 *Se tourne par que.* 11 Tædet. 12 Flagitium, ii. 13 Piget, *ere.* 14 *De rapporter quelle fut*, quâ fuerit. 15 *Ablat. sans prép.* 16 Pudet dictu. 17 Post ampullæ, arum sententiæ, arum de, *abl.* 18 Piget, *ere.* 19 Mercor, aris, ari, *par la perte de.* 20 Diogenes, is. 21 *Lorsqu'il voyait, subj.* 22 *Célébrant.* 23 Sed cùm conspexissem, es. 24 *Mangeant,* edo, is, *ere, act.* 25 Frustulum, i panis deciduus, a, um. 26 Quid. 27 *Celui-ci se réjouit,* gaudeo, es, *de cela qui est superflu,* Supersum, es, esse, *à moi.* 28 *Moi au contraire,* verò. 29 Jngurgito me in fla-

me repentirais [30] d'avoir embrassé [31] un genre de vie si digne d'un homme! Sous Néron [32], les Romains *n'osaient* point *avoir pitié* des hommes vertueux que [33] le tyran faisait périr indignement [39].

N. B. On se rappelera que les parfaits de ces verbes sont *pœnituit; puduit* ou *puditum est; tœduit* ou *pertœsum est, misertum est* (et non *miseruit*), *piguit* et *pigitum est.*

EXERCICES.

§ 110. *J'ai eu pitié* de vos malheurs. Quand *les méchants ont-ils rougi* d'avoir fait une mauvaise action [1]? Quand *un paresseux a-t-il eu honte* de lui-même [2]? Quand *un avare a-t-il eu pitié* d'un malheureux? *Le peuple s'est lassé* [3] de la guerre. Jamais *Atticus ne se dégoûta* [3] d'une entreprise [4].

Refert, interest regis.

Les verbes *refert, interest,* il importe à, il est de l'intérêt de, veulent au génitif le nom qui suit le verbe français *il importe,* (c.-à.-d. le nom de la personne à laquelle il importe). *De* suivi d'un infinitif se rend par l'infinitif latin, ou par *ut* avec le subjonctif. Ex. : Il importe à un roi de punir les méchants, *refert* ou *interest regis punire improbos;* ou *ut puniat improbos.*

---

gitia. 3o Piget, ere. 31 Suscipio, is, ere, *act.* 32 *Néron,* Nero, nis, *étant empereur,* imperans, tis, *à l'abl.* 33 *à l'acc.* 54 Indignâ morte perimo, is, ere, *act.*

§ 110. 1 Malefactum, i. 2 Suî, sibi. 3 Pertœsum est. 4 Susceptum negotium, ii.

EXERCICES ÉLÉMENTAIRES.

§ 111. Il *importe à tous les hommes* d'être vertueux [1]. Il *était de l'intérêt de l'empereur Auguste* de pardonner à Cinna [2]. Il *eût importé aux Perses* d'avoir un bon général. Il *sera* toujours *de l'intérêt* des jeunes gens de suivre les conseils des vieillards. Il *aurait été important pour votre père* de terminer [3] cette affaire. Il *serait de l'intérêt* des citoyens de travailler au [4] bonheur de l'état [5]. Il *eût importé à César* de se défier de [6] ses ennemis.

Refert, interest meâ, tuâ, nostrâ, vestrâ, suâ.

Avec *refert, interest,* ces pronoms *me, te, se, nous, vous, lui, leur,* s'expriment par *meâ, tuâ, nostrâ, vestrâ, suâ;* on s.-entend *causâ.* Ex. : Il m'importe, *refert, interest meâ :* il vous importe, *tuâ.* — Le maître croit qu'il lui importe, *magister credit suâ referre. Lui* se tourne ici par *à soi,* et s'exprime par *suâ,* parce qu'il se rapporte à *maître,* nominatif de la phrase, autrement ce serait *ejus.* Je crois qu'il *lui* importe, *credo ejus referre. Ejus* et non *suâ,* parce que *lui* ne se rapporte pas au nominatif *je.*

EXERCICES ÉLÉMENTAIRES.

§ 112. Il vous importerait. Il m'importait. Il nous eût importé. Il est de ton intérêt. Il sera de votre in-

---

§ 111. 1 Colo, is, ere, *act.,* virtus, tis. 2 Cinna, æ. 3 Conficio, is, ere, *act.* 4 Operam conferre in , *acc.* 5 Felicitas, tis publica. 6 Diffido, is, ere, *dat.*

térêt. Pompée [1] croit qu'il lui importe [2]. Nous croyons qu'il est de son intérêt. [3]. Il nous aurait importé. Il a été de ton intérêt. Je souhaiterais qu' [4] il t'importât. Nous aurions souhaité qu'il eût été de votre intérêt de venir ici [5]. Les méchants croient qu'il leur importe [5] de nuire à autrui. Il m'importe de vivre honnêtement.

Si après *il importe* ces pronoms *à moi, à toi*, etc., sont suivis d'un *adjectif ou d'un nom*, l'on met *au génitif cet adjectif ou ce nom*. Ex. : Il importe à vous seul, *interest tuâ unius*. Il importe à moi César, *refert meâ Cæsaris*. Avec les *noms de qualité*, il vaut mieux tourner par *qui suis, qui es*. Ex. : Il importe à toi orateur, *tuâ qui es orator interest*. Si le nom qui suit est au vocatif, en français, il faut aussi le mettre au vocatif en latin. Il vous importe, soldats, *vestrâ, commilitones, interest*. Voir les notes de la gramm., § 304.

EXERCICES ÉLÉMENTAIRES.

§ 113. Il vous importe à vous soldats romains de référer la mort à la captivité. Il t'importe à toi Alexandre [1] de vaincre tes passions. Il eût été important pour nous, mes amis, de prévenir les desseins de cet homme. Il t'importe à toi Cicéron [2], consul intrépide, de punir les méchants. Il vous importe à vous magistrats de distinguer la vérité. Il vous importe, jeunes gens, de penser au bonheur de vos parents. Il eût été

----

§ 112. 1 Pompeius. 2 *Croit importer à soi.* 3 *Être de l'intérêt de lui.* 4 ut, *subj.* 5 Hûc. 6 *Importer à soi.*

§ 113. 1 Alexander, dri. 2 Cicero, nis.

dans votre intérêt, hommes riches et puissants, de secourir les pauvres, et d'échanger des richesses périssables contre des richesses éternelles.

Ces phrases *il nous importe à tous deux, il vous importe à tous deux, il leur importe à tous deux*, se tournent ainsi. Il importe à l'un et à l'autre de nous, de vous, d'eux, *utriusque nostrûm, vestrûm, illorum interest.* On dit aussi *nostra, vestra utriusque refert*, etc. Voir les notes de la gramm., § 305.

EXERCICES ÉLÉMENTAIRES

§ 114. Il nous eût importé à tous deux d'entreprendre ce voyage. Il leur importe à tous deux de se [1] concilier votre bienveillance. Il était de votre intérêt à tous deux de partir au plus tôt [2]. Ils pensent qu'il leur importe à tous deux d'attendre votre père. Il nous importe à l'un et à l'autre que [3] j'aille vous trouver [4]. Il est de votre intérêt et du sien (il est de votre intérêt à tous deux) de ne pas [5] vous absenter [6] de la ville. Je crois qu'il leur importe à tous deux de ne pas [5] venir. Il sera de votre intérêt et du mien (il nous importera à l'un et à l'autre) d'éloigner [7] cet obstacle.

Ad honorem nostrum interest.

Lorsque les verbes *refert*, *interest* ont pour régime un nom de chose, on met ce nom à l'accusatif avec *ad* : Il importe à notre

---

§ 114. 1 Suî, sibi. 2 Quamprimùm. 3 Ut, *subj*. 4 Convenio, is, ire, *act*. 5 Ne, *subjonc*. 6 *Que vous ne vous absentiez pas.* 7 Removeo, es, *act*.

honneur, *ad honorem nostrum interest*. On trouve aussi le génitif dans Cicéron et dans Quintilien, mais l'accusatif paraît être plus usité.

EXERCICES ÉLÉMENTAIRES.

§ 115. Il *importe au bonheur* de tous les citoyens que [1] la vertu soit cultivée. Il importe à notre gloire que cette entreprise soit achevée [2]. Il *importe au salut* des passagers [3] que le pilote soit en bonne santé [4]. Il *importe à la gloire et à l'honneur* de l'état [5] que les citoyens soient gouvernés par des lois justes et sévères. Il *importe à la sûreté* [6] des rois que les gens de bien soient élevés [7] aux honneurs.

EXERCICES GÉNÉRAUX.

(Voir les notes de la grammaire).

§ 116. César avait coutume [1] de dire que la République était plus intéressée que lui-même à sa conservation [2]. *Notre intérêt exige* [3] que nous ne [4] nous confiions qu' [4] à des hommes d'une vertu éprouvée [5]. Les vérités qu'on aime le moins à entendre, sont celles qu'on a *le plus d'intérêt* à savoir [6]. Ne vous mêlez point des affaires

---

§ 115. 1 Ut, *subj.* 2 Perficio, is, ficere, *act.* 3 Vector, is, m. 4 Rectè valeo, es, ere, *v. neut.* 5 Civitas, tatis. 6 Incolumitas, tatis. 7 Evehor, eris ad.

§ 116. 1 Soleo, es, ere, *v. n.* 2 *N. B. la chose qui importe* ne doit pas s'exprimer *par un substantif,* mais *par l'infinitif ou par ut, ou ne,* avec le subjonctif : *ainsi, dites : qu'il n'importait pas tant à soi, qu'à la République, qu'il fût sain et sauf,* non tàm suus, a, um referre quàm respublica, reipublicæ ut essem, es salvus, a, um. 3 Noster, tra, um interest. 4 *Ne que,* solummodò. 5 Spectatus, a, um. 6 Tournez : *alors il importe le plus*

qui 7 ne vous *regardent* 8 pas. Catilina, sur le point de livrer bataille à 9 Antoine, dit à ses soldats : il importe à votre gloire et à votre sûreté 10 de remporter la victoire. Si la fortune trahit 11 votre valeur, montrez à vos ennemis quelle différence 12 il y a entre des gens de cœur 13 et des esclaves. Il *nous importe à tous* de sacrifier 14 quelquefois 15 nos intérêts 16 à ceux 17 de l'État 17. Vous êtes frères, il est de votre *intérêt à tous deux* d'entretenir 18 et d'accroître cette amitié dont la nature a mis le germe 19 dans vos cœurs 20. Il vous *importe à vous orateur* de défendre 21 l'innocence opprimée. Il *t'importait à toi Sylla, dictateur* des Romains, de défendre la République contre les factieux 22, mais non de massacrer les citoyens innocents.

Est regis.

Le verbe impersonnel *est* veut au génitif le nom qui suit le verbe français. Ex. : Il est d'un roi, il appartient à un roi de défendre ses sujets, *est regis tueri subditos.* On s.-entend *negotium, proprium, officium*, etc., devant ce génitif; c'est comme s'il y avait *est negotium regis.* Voir les notes de la gramm., § 307.

---

aux hommes d'entendre le vrai, lorsqu'à eux il est le moins agréable, tùm homines, um maxime refert, etc. 7 Illud ne cures quod. 8 Refert. 9 T.. *devant livrer bataille*, congredior, deris, gressus sum cum, *abl.* 10 Salus, tis. 11 Quod si invidero, is, *dat.* 12 Quantùm intersit discrimen, inis. 13 Vir fortis. 14 Posthabeo, es, ere, *act.* 15 Nonnunquàm. 16 Privata utilitas, tatis. 17 Publica utilitas. 18 Foveo, es, ere, *act.* 19 Quam insero, sevi. 20 Animus, i. 21 Tueor, eris, eri, *acc.* 22 Factiosi homines.

EXERCICES ÉLÉMENTAIRES.

§ 117. Il est d'un homme de bien d'être utile [1] à ses amis, et de pardonner à ses ennemis. *Il appartenait* à Domitien [2] de marcher sur les traces [3] de Titus. *Il appartiendra* aux soldats de mourir courageusement pour la patrie. *C'est le devoir* des maîtres d'être utiles [1] aux élèves ; *c'est le devoir* des élèves de faire des progrès [4]. *Il convient* [5] aux citoyens d'obéir aux lois. Cet emploi ne *convient* pas [6] à mes forces. Il *y a* de la folie, *c'est le propre* de la folie de s'exposer [7] témérairement au danger. *Il y a* de la légèreté à parler sans réfléchir [8]. L'Espagne *tomba au pouvoir* [9] dés Carthaginois.

Est meum, tuum, nostrum, vestrum, suum.

Quand on se sert du verbe *est* pour exprimer *il appartient à*, *c'est à*, ces pronoms *à moi, à toi, à nous, à vous, à lui, à eux* se rendent en latin par *meum, tuum, nostrum, vestrum, suum.* Ex.: C'est à moi de parler, ou il m'appartient de parler, *meum est loqui*, c'est à toi, *tuum est*, etc.— Le maître croit que c'est à lui de... *ou* qu'il lui appartient de, *magister credit suum esse.* (On met *suum* quand lui se rapporte au nominatif de la phrase, autrement ce serait *ejus.*) Je crois que c'est à lui, à eux, *credo ejus, eorum esse.*

EXERCICES ÉLÉMENTAIRES.

§ 118. Il *nous appartient* d'agir ainsi. *C'est à toi* de répondre. Il *est de mon devoir de* vous avertir.

---

§ 117. 1 Prosum, des, esse. 2 Domitianus, i. 3 Vestigiis insisto, is, ere. *v. n.* 4 Proficio, is, cere. 5 Sum, es. 6 Hoc munus non sum, es. 7 Adeo, is, ire. 8 Inconsultè. 9 Fio, fis, factus, a sum.

Les philosophes croient qu'il *est de leur devoir*[1] d'instruire les hommes. *C'est à vous*, jeunes gens, de satisfaire vos parents. Il *m'appartient* de détourner[2] mes amis d'un projet dangereux. *C'est ton devoir* d'être utile à tes parents. *C'est à nous* d'éviter ce qui peut nous nuire. *Il vous convient*, mortels, de penser à la mort. Les grands hommes croient que *c'est à eux*[3] de défendre la patrie. Je pense que *c'est à eux*[3] de gouverner l'état. Il croit que *c'est à lui*[4] de parler, et moi, je crois que *c'est à lui*[5] de se taire.

Hic liber est meus.

Mais si ces pronoms *à moi, à toi,* etc., peuvent se tourner par *mien, tien, notre, votre,* on les exprime par *meus, tuus, noster, vester,* que l'on fait accorder avec le nom. Ex.: Ce livre est à moi, tournez ce livre est le mien, *hic liber est meus.*

EXERCICES ÉLÉMENTAIRES.

§ 119. Les fruits de la terre sont *à nous*. Cette maison est *à moi*. Cet argent n'est pas *à toi*. Les richesses ne *nous appartiennent pas*, la vertu seule est *à nous*. Ces bois sont *à vous*. Notre vie n'est pas *à nous*; elle est due à la patrie. Ces prairies ces champs sont *à toi*. Ce cheval est *à moi*. Cette maison, cette terre et ce parc[1] sont *à vous*. Il croit que ces livres sont[2] *à lui*[3]. Le sage croit que la vertu seule *lui ap-*

---

§ 118. 1 Suus, a, um. 2 Deterreo, ere à, *abl., ou* dissuadeo, es, ere, *accus. de la chose* (consilium, ii), *datif de la personne* amicus, ci). 3 Is, ejus. 4 Suus, a, um. 5 Is, ejus.

§ 119. 1 Nemus, oris, *neut.* 2 T. *ces livres, acc., être.* 3 Suus, a,

partient [4], il ne regarde pas comme [5] *à lui* [6] les présents de la fortune.

EXERCICES GÉNÉRAUX.

§ 120. Tout homme [1] peut [2] (*il est de tout homme de*) se tromper [3], mais *il n'y a que* [4] l'insensé [5] qui [6] persiste [7] dans son erreur. Il *appartient à un* maître intelligent [8] de voir [9] quelle est l'étude qui [10] convient [11] le mieux à ses élèves. Dans la guerre des Gaulois [12], tout [13], excepté le Capitole, *était au pouvoir* [14] des ennemis. C'est le devoir des Grands [15] de résister aux emportements [16] de la multitude. Il *ne convient pas* à un homme bien né [17] de demander [18] qu'on lui sache gré d'une chose qu [19]'il n' [20]a pas faite. C'est *la marque* d'un grand caractère de conserver toujours de l'espérance. C'est *le propre* du sage de ne rien faire dont il puisse se repentir. C'*était un usage* [21] dans la Gaule [22] de former des projets pendant les repas [23], et de les discuter [24] le lendemain [25]. C'est *le propre* de la lé-

---

um. 4 Suus, a, um sum, es, esse. 5 Existimo, as, are. 6 Suus, a, um sum, esse.

§ 120. 1 Humanitas, tatis. 2 Sum, es. 3 Erro, as, are. 4 Tantùm sum, es. 5 Stultitia, æ. 6 *Ne se rend pas.* 7 Persevero, are, *à l'inf.* 8 Prudens, tis. 9 Discerno, is, nere. 10 T. *Quelle étude*, quæ studii ratio. 11 *Au subj.*, 12 Gallicus, a, um, *abl., sans prép.* 13 Omnia. 14 Sum, es, eram. 15 Viri principes. 16 Temeritas, tatis, *au sing.* 17 Ingenuus, a, um. 18 Postulo, as, are. 19 T. *cela être placé à grâce à soi*, id appono, is, ere gratia, æ suî, sibi. 20 Quod. 21 Mos, oris. 22 Apud Galli, orum. 23 Inter poculum, i. 24 Consulto, as, are de, *abl.* 25 Crastinus dies, ei, *abl.*

gèreté [26] de désirer une chose avec ardeur, et de s'en dégouter aussitôt [27].

§ 121. *C'est à vous*, compagnons d'armes [1], qui tenez [2] entre vos mains [3] les destinées de la patrie, *c'est à vous* de prouver par votre courage, que l'espoir de vos concitoyens ne sera pas trompé [4]. *C'est à toi*, Marcus Caton, qui n'es pas né pour [5] toi seul [5], mais pour ta patrie [5], de te conserver à la République. Peu de [6] riches pensent *qu'il est de leur devoir* [7] de secourir les malheureux. Insensé! pourquoi garder [8] ces trésors comme [9] *s'ils t'appartenaient* [10]? Ces coffres remplis d'or *ne sont pas à toi*. Ils ne *t'appartiennent pas ces* palais magnifiques, ces jardins délicieux, ces terres [11], ces forêts que tu regardes *comme ta propriété* [12]; ils *t'appartiennent* [13] déjà moins qu'à *ton héritier* [14].

Opus est mihi amico.

Quand on exprime *avoir besoin* par l'impersonnel *opus est*, on met, en latin, *au datif*, le nom ou pronom qui *précède* le verbe français, et *à l'ablatif* le nom qui le *suit*. Ex.: J'ai besoin d'un ami, *tournez*, besoin est à moi, *mihi opus est amico*. (*Voir les notes de la Gramm.*, § 310.)

---

26 Levior, is animus, i. 27 Appetitaque statim fastidio, is, ire.

§ 121. 1 Commilito, nis. 2 Porto, as, are, *act.* 3 In dextra, æ. 4 T. *l'espoir ne devoir pas être trompé*, irritus, a, um fore ou futurum, futuram esse. 5 *Au datif*. 6 Pauci, æ, a. 7 T. *être à eux*, suus, a, um. 8 *Pourquoi gardes-tu.* 9 Tanquàm, *subj.* 10 Sum, es tuus, a, um. 11 Ager, gri, m. 12 *Que tu penses être les tiens.* 13 Sum, es tuus, a, um, *gén.* 14 *Au gén.*

EXERCICES ÉLÉMENTAIRES.

§ 122. Vous n'avez pas besoin de ces livres. Ils ont eu besoin de secours. Nous aurions besoin d'un chef habile. Ils auraient eu besoin de vos services. Tu auras besoin de ton frère. Vous n'aurez jamais besoin de richesses, si vous êtes instruits. Les Gaulois eurent besoin du secours des Romains, contre les Germains. La patrie a besoin de citoyens vertueux. J'ai besoin d'aller voir[1] votre père. Un orateur a besoin d'étudier les discours de Démosthène et de Cicéron. Vous avez besoin de lire les bons auteurs. Pompée aurait eu besoin d'avoir[2] des soldats aguerris.

Interdico tibi domo meâ.

Le verbe *interdico* veut le nom de la personne au datif, et le nom de la chose à l'ablatif. Ex. : Je vous interdis ma maison, *interdico tibi domo meâ.* Voir les notes sur *intercludo,* etc., § 311.

EXERCICES ÉLÉMENTAIRES.

§ 123. César interdit la Gaule aux Germains. Nous interdisons aux jeunes gens la société des méchants. J'ai interdit ma maison à cet homme; vous devriez aussi lui interdire la vôtre. Mahomet[1] a interdit l'usage du vin aux Musulmans[2]. Je me suis interdit tous les plaisirs dangereux. Nous n'interdirons pas aux enfants les délassements honnêtes. Le général a coupé[3]

---

§ 122. 1 Conventus, a, um. (*De votre père trouvé.*) 2 *Ne se rend pas.*

§ 123. 1 Mahumetus. 2 Musulmanus, i. 3 Intercludo, is, si,

les vivres [4] aux ennemis. Je vous ôterai [5] tous les moyens [6] de fuir [7]. Il nous a fermé [8] l'accès [9] de ce lieu.

EXERCICES GÉNÉRAUX.

Sur *opus est, usus est*, et sur *interdico, intercludo*.

§ 124. Celui qui n'a *pas besoin* de richesses est toujours riche. Chez les Romains on avait coutume *d'ôter la gestion* de ses biens à un père de famille [1], lorsqu'il gérait [2] mal ses affaires [3]. Je ne reçois pas cet argent *dont je n'ai pas besoin*, disait un illustre Romain à des ambassadeurs qui lui offraient une somme considérable, et je ne veux pas priver de cet or ceux [4] auxquels il peut être utile [4]. Après la mort du jeune Cyrus, les Barbares firent de vains efforts [5] pour *couper* [6] le chemin aux Grecs que Cyrus avait pris [7] à sa solde [7]. Un médecin habile prépare *ce qui est nécessaire* [8] pour guérir les blessures du corps, le sage prépare *ce qui est nécessaire* [8] pour guérir les blessures de l'ame. Le Peuple [9], excité par ses tribuns, *interdisait* quelquefois *l'eau et le feu* aux Patriciens qui s'opposaient [10] à des lois contraires à la majesté du Sénat.

---

dere, *dat. de la personne et acc. de la chose; ou acc. de la personne et abl. de la chose.* 4 Commeatus, ûs, *m., au sing.* 5 Intercludo, is. 6 Via, iæ, *au sing.* 7 Fuga, æ. 8 Intercludo. 9 Aditus, ûs.

§ 124. 1 T. *Il avait coutume,* soleo, ebam, *d'être interdit à un père... de la gestion,* administratio, nis. 2 T. *Géran t,* gerens, tis. 3 Res, ei, *au sing.* 4 T. *Ceux auxquels il peut être à usage.* 5. Frustrà conor, aris, atus sum. 6 Intercludo, is, ere. 7 Conduco, cis, xi, *act.* 8 T. *Les choses qui sont besoin, sous-entendez* negotia. 9 Plebs, bis, *féminin.* 10 Obsisto, is, ere, *v. neutre.*

Il n'est pas nécessaire (*il n'est pas besoin* [11]) que je m'étende plus au long [12] sur le soin et la diligence que j'ai apportés [13] à cette affaire. Thémistocle trouvait [14] promptement *les expédients dont on avait besoin* [15]. Les rois eux-mêmes *ont besoin d'un guide* et *d'une autorité* [16] dans leurs actions [17]. Esclave, j'ai besoin *de voir ton maître* [18] : je veux l'avertir [19] qu'il ne peut [20] interdire à un homme libre le droit d'exprimer librement sa pensée [21].

Verbes de différens régimes.

Les verbes *aspergo* et *inspergo*, arroser, couvrir de, répandre; *circumdo*, entourer; *circumfundo*, entourer, répandre autour ; *dono* et *impertio*, gratifier, accorder ; *exuo*, dépouiller ; *induo*, revêtir, se contruisent avec l'accusatif de la chose et le datif de la personne ou de la chose (au figuré), ou avec l'accusatif de la personne, et l'ablatif de la chose, comme, *circumdare urbem mœnibus* ou *circumdare mœnia urbi*, entourer une ville de murailles. Avec *induo*, et *exuo*, on supprime ordinairement le datif de la personne, et l'on dit *exuo* et *induo vestem* , s.-ent. *mihi*.

----

11 T. Nihil opus, sum, es. 12 T. *rapporter*, commemoro, as, are, *en plus de paroles*, pluribus verbis. 13 T. *quel soin et quelle diligence*, quantus, a, um cura, æ, diligentia, æ, *j'ai apportés, au subj.* adhibeo, e, ui, ere. 14 Reperio, is, peri, ire, *act.* 15 T. *Les choses* (negotia s-ent.) *que besoin était.* 16 T. *Un guide et une autorité est besoin* , dux, cis et auctor, is. 17 T. *En agissant*, in ago, is, ere. 18 T. *de ton maître vu*, dominus, i conventus, a, um. 19 T. *lui averti.* 20 T. *lui ne pouvoir*, ipsum , *etc.* 21 T. *d'exprimer librement ce qu'il pense*, liberè quid sentio , is, ire, subjonct.

EXERCICES ÉLÉMENTAIRES.

§ 125. Les prêtres *arrosaient* les autels du sang de victimes. Il *a noirci* votre réputation [1]. Cicéron *mêlait* [2] des plaisanteries [3] à ses discours. Sémiramis *entoura* [4] Babylone [5] de hautes murailles [6]: Le général *donné* [7] des gardes [8] aux prisonniers. Alexandre *faisait* [9] de grands présents [10] à ses amis. Je vous *accorde* [11] les louanges que [12] vous méritez [12]. Cyrus *donna* [13] sept villes à un de ses amis. Les voleurs *ont dépouillé* [14] cet homme de ses habits. Manlius *mit* [15] à son cou le collier [16] du Gaulois qu'il avait tué. Les jeunes [17] Romains *prenaient* [18] la robe [19] virile à quinze ans [20]. — Les triumvirs dépouillaient les proscrits de leurs biens.

Despero, signifiant désespérer de quelque chose, prend le datif, ou l'ablatif ave *de*. Ex: désespérer de son salut, *desperare saluti suæ*, de la république, *de republicâ*. On le trouve aussi avec l'accusatif, surtout quand il signifie renoncer à : je renonce (je désespère de parvenir) aux honneurs. *honores despero*.

---

§ 125. 1 T. *Il a arrosé une tache à votre vie, ou arrosé votre vie d'une tache*, aspergo, is, persi, *act.* vita, æ labes, labis, *fém.* Aspergo. 3 Sales, ium, *m. pl.* 4 Circumdo, as, dedi, are, *act.* 5 Babylon, is. 6 Mœnia, ium. 7 Circumdo, as, dedi. 8 Custodiarum. 9 Dono, as, are. 10 Munus, eris. *n.* 11 Impertio, is, i 12 Debitus, a, um. 13 Dono, as. 14 Exuo, is, ui, ere. 15 Induis, ui, ere. 16 Torques, quis, *m.* 17 Junior, is. 18 Induo, is. 19 Toga, æ. 20 Quindecimus, a, um ætas, atis annus. i, *à l'abl.*

EXERCICES.

§ 126. Un homme de cœur[1] ne *désespère* jamais de sa fortune, et un brave soldat ne désespère jamais de la victoire. Les médecins désespéraient de la vie d'Alexandre; mais Philippe le sauva[2]. Marius, malgré les refus qu'il essuya[3], ne *renonça*[4] pas aux honneurs.

Amat ludere. Desiit loqui.

Quand deux verbes sont de suite, et que le premier ne marque point de mouvement, on met le second à l'infinitif. Ex.: Il aime à jouer, *amat ludere.* Il cessa de parler, *desiit loqui.*

EXERCICES.

§ 127. L'habitude apprend[1] à supporter[2] la fatigue[3]. Phaéton tenta de conduire le char du Soleil; mais sa témérité causa sa perte[4]. Auguste cessa de craindre les Romains, lorsque les Romains cessèrent de le craindre. La plupart des hommes commencent à vivre, lorsqu'ils doivent se préparer à mourir[5]. Ceux qui veulent[6] faire[6] de grandes choses[7], ont coutume[8] d'y réfléchir[9] long temps. Tu sais vaincre, Annibal, mais tu ne sais pas profiter[10] de la victoire. Les hommes

---

§ 126. 1 Vir fortis. 2 Servo, as, avi. 3 *Quoiqu'il eût souffert souvent,* pati, or, passus sum sæpius, *le refus,* repulsa, æ. 4 Despero, as, avi.

§ 127. 1 Doceo, es, ere. 2 Fero, fers. 3 Labor, is. 4 Exitium, ii sum, es, fui. 5 Cogito, as, are de mors, tis. 6 Molior, iris, iri, *acc.* 7 Magna, orum. *pl. n.* 8 Soleo, es, itus sum, ere. 9 Ea secum reputo, as, are. 10 Utor, eris, uti, *abl.*

qui s'efforcent de l'emporter sur [11] leurs rivaux par des moyens [12] déshonnêtes, réussissent rarement dans leurs projets [13]. Il n'est pas permis [14] à un soldat d'abandonner [15] le poste [16] qui [17] lui est assigné [17], sans [18] l'ordre [18] de son général, ni au sage d'abandonner la vie, sans l'ordre de Dieu. Il n'a été donné [19] à personne [20] de vivre heureux [21] sur cette terre [22]. Mithridate, roi de Pont, avait résolu de [23] porter [24] la guerre en [25] Italie. Annibal fut contraint [26] de se donner [27] la mort pour ne pas [28] tomber [29] vivant [30] entre [31] les mains des Romains.

Eo lusum.

Si le premier verbe signifie *mouvement* pour *aller* ou *venir* en quelque lieu, on met le second au supin en *um*. Ex. : Je vais jouer, *eo lusum* ; je viens jouer, *venio lusum*. On se sert aussi du participe en *rus, a, um*. Voir les notes de la gr., § 313.

EXERCICES ÉLÉMENTAIRES.

§ 128. Je pars pour combattre [1]. Je vais chasser. Je viens saluer mes amis. Il est allé se coucher [2]. Le gé-

------

11 Vinco, is, cere, *act.* 12 Ars, tis, *f.* 13 Bonus, a, um exitus, ûs, *m.*, habeo, es, ere, *act.* 14 Licet. 15 Desero, is, ere. 16 Statio, nis, *f.* 17 Assignatus, a, um. 18 Injussus, ûs, *à l'abl.* 19 Datum est. *Lorsque* il *ne représente pas un nom de personne, on ne l'exprime pas en latin, et le verbe se met à la 3ᵉ p. du sing. et au neut., si le verbe est à un temps composé.* 20 Nemo, minis. 21 Felix, cis, *à l'acc.* 22 Hæ, harum in terræ, arum. 23 Decerno, is, crevi. 24 Infero, ferre. 25 In, *acc.* 26 Cogo, is, coegi, coactum. 27 Suî, sibi conscisco, conscivi, sciscere. 28 Ne, *subj.* 29 Venirém, es. 30 Vivus, a, um. 31 In, *acc.*

§ 128. 1 Pugnatum *ou* pugnaturus. 2 Cubo, as, cubui, cubi-

néral a envoyé ce soldat observer[3] l'ennemi. Ils venaient vous prier. Je viens vous féliciter. Les jeunes gens venaient en foule[4] entendre ce maître
célèbre. L'ennemi vient à grandes journées[5] attaquer[6] la ville.

Venio ad studendum, studendi causâ ou *ut studeam.*

Quand le second verbe n'a point de supin , ou que le supin
est peu usité , il faut le tourner par *pour* et l'exprimer par *ad*
avec le gérondif en *dum* , ou par *afin que*, et l'exprimer par *ut* ,
avec le subjonctif; ou par le gérondif en *di* avec *causâ* ou *gra-
tiâ*; ou par le participe futur en *rus* , si le verbe en a un.

N. B. Après *ut* , le second verbe se met au présent du subjonctif si le premier verbe est au présent ou au futur ; mais si le
premier verbe est à l'un des trois parfaits , le second se met à
l'imparfait du subjonctif. Ex. : *venio, veniam ut studeam. Ve-
niebam , veni, veneram ut studerem.* — La construction avec le
supin en *um* paraît moins usitée que les autres.

EXERCICES ÉLÉMENTAIRES.

§ 129. Je viens guérir[1] les maladies de l'ame. Il
accourt ici[2] pour nous nuire[3]. Nous allons dans[4] notre
chambre[5], étudier nos leçons. Courons[6] secourir[7] nos

---

tum. 3 Speculor , aris, atus sum. 4 Confluo, is, xi , ere. 5 Contendo , is , dere *ou* festino, as, are citatus , a , um iter, itineris,
n., *à l'abl. sing.* 6 Oppugno, as, are.

§ 129. 1 Medeor, eris, eri, *dat.* 2 Hùc. 3 Officio, is, officere.
4 In , *acc.* 5 Conclave, is, *n.* 6 Provolo , as , are. 7 Sucurro , is ,

amis en danger [8]. Le général viendra commander [9] l'armée. Quand viendrez-vous à la campagne [10], jouir [11] dés vrais plaisirs? Ce magistrat est venu présider [12] l'assemblée [13] des juges.

EXERCICES

SUR LES DEUX RÈGLES PRÉCÉDENTES.

§ 130. Je ne viens point *accuser* [1] nos concitoyens d'avoir commis une faute, je viens *veiller* [2] à ce qu'ils n'en [3] commettent pas. Perdiccas passa en Egypte *pour attaquer* Ptolémée. Annibal fut rappelé par ses concitoyens *pour défendre* sa patrie que Scipion venait *attaquer*. Les habitants de Sagonte [4] envoyèrent des députés au Sénat, *pour remercier* [5] le peuple romain. Philippe, père d'Alexandre, fut tué à Ægée [6] par Pausanias [7], auprès du [8] théâtre, lorsqu'il venait *assister* [9] aux jeux. Les Gaulois irrités de ce que [10] les ambassadeurs romains avaient combattu contre eux, abandonnèrent le siège [11] de Clusium, et se mirent en marche [12] *pour livrer* bataille aux Romains et *assiéger* Rome.

---

ere, *dat.* 8 Periclitans, tantis. 9 Præsum, præesse, *dat.* 10 Rus, ruris, *acc.* 11 Fruor, eris, frui, *abl.* 12 Præsum, præesse. 13 Consessus, ûs, *m.*

§ 130 1 Arguo, is, utum, ere. 2 Provideo, es, idi, sum, ere. 3 Ne, *subj.* quis, qua *pour* aliquis, aliqua admitto, is, ere, *act.* 4 Saguntinus, a, um. 5 *On peut tourner par qui remerciassent*, gratias ago, egi, actum, agere, *dat.* 6 Ægis. 7 Pausanias, æ. 8 Juxta, *acc.* 9 Specto, as, avi, atum, are, *act.* 10 Quòd, *indicat. ou subj.* 11 Omissus, a obsidio, nis, f. *Tournez par l'abl. absolu.* 12 Proficiscor, eris, fectus sum, cisci.

§ 131. Le Roi a résolu [1] *de punir* par les armes [2]
l'audace de ces rebelles. Un prince doit faire [3] exécuter [4] les lois, de peur qu' [5] en épargnant [6] quelques [7]
scélérats, il *ne cause la perte* de [8] tous les gens de bien.
En persistant [9] dans ce funeste projet, vous vous perdez [10].

§ 132. Les jeunes gens les plus distingués [1] de Rome
allaient à Athènes [2], *étudier* les lettres grecques. Je
viendrais *mourir* [3] avec mes concitoyens, si [4] je n' [4] a-
vais l'espérance [5] de les sauver [6]. Agésilas [7] abandonna
les conquêtes qu'il avait faites [8], et revint *défendre*
sa patrie menacée de sa ruine par [9] les Thébains, sous
la conduite d'Epaminondas [10]. Je suis venu ici [11] *servir* [12] sous vos ordres [13], disait un grand prince à un
de ses généraux [14], car c'est [15] en vous obéissant que [15]
j'apprendrai à commander aux autres. Le sage n'ira point
dans les cours, *s'exposer à* l'insolence des flatteurs,
et *rougir* en même temps de leurs bassesses [16]. Celui

---

§ 131. (*Voir les notes de la gram.*, § 513.) 1 Decerno, is, decrevi.
2 T. *d'aller venger par les armes*, armis ulciscor, ceris, ultum
eo, is, ire. 3 Do, as, are operam ut. 4 *Qu'il soit obéi*, pareatur
dat. 5 Ne, *subj.* 6 T. *tandis qu'il épargne*, dum parco, cis, ere,
dat. 7 Pauci, corum. 8 T. *Il n'aille perdre*, eo, is perdo, is,
dere, itum. 9 T. *si vous persisterez*, persevero, as, are. 10 T.
vous irez vous perdre.

§ 132. 1 Spectatissima juventus. 2 *Acc. sans prép.* 3 T.
Devant mourir. 4 Nisi, *subj.* 5 Spes adsum. 6 Servo, as, are.
7 Agésilaus. 8 Quas armis obtineo, es, ui provinciæ, arum.
9 T. *à laquelle menaçaient la ruine.* 10 T. *Epaminondas chef,*
Epaminondas, æ dux, cis, *à l'abl absolu.* 11 Hùc. 12 Stipendia
facio, feci, factum. 13 T. *sous toi général,* imperator, is. 14 Præfectus, i. 15 *Ne se rend pas.* 16 Abjecta pravitas, tatis, *au sing.*

7*

contre lequel je t'ai donné des conseils[17], viendra te *punir*[18] de ne les avoir pas suivis[19], dit Charidème à Darius.

Redeo ab ambulando. Redibam ab agris invisendis.

Lorsque deux verbes sont de suite, et que le premier signifie mouvement pour *venir de quelque lieu*, on met le second au gérondif en *do*, avec *à* ou *ab*. Ex.: Je reviens de me promener, *redeo ab ambulando*. — Si le second verbe a un régime, et qu'il gouverne *l'acc.*, il est mieux de se servir du participe en *dus*, *da*, *dum*, et alors on met le participe et le régime à l'ablatif, avec *à* ou *ab*, en les faisant accorder. Ex.: Je revenais de visiter mes terres, *redibam ab agris invisendis. Voir les notes de la Gramm.*, § 315.

EXERCICES ÉLÉMENTAIRES.

§ 133. Je revenais de chasser. Il m'a détourné[1] de partir[2]. Vous revenez de vous promener. Les soldats reviennent de combattre[3]. Quand vous serez revenu de pêcher, nous irons chasser. Ce cheval revient de courir. Les bœufs sont revenus de labourer. Cet enfant revient d'étudier sa leçon. Je reviens de parcourir[4] les montagnes de ce pays. Le berger revient de faire paître[5] son troupeau. Ce fermier revient de vendre son blé. Je reviens de voir mon ami.

---

17 T. *J'ai conseillé à toi*, suadeo, es, si. 18 Pœnas, expeto, is. titum, ere. 19 T. *de mon conseil méprisé*, spretus, a, um.

§ 133. 1 Dissuadeo, es, si mihi. 2 T. *de peur que je ne partisse*, ne. 3 *Ou du combat*, è pugna, æ. 4 Perlustro, as, are, act. 5 Pasco, scis, pascere, act.

§ 134. César revenait *de dompter* la Gaule, lorsqu'il passa le Rubicon [1], pour aller attaquer Rome.
Scipion l'Africain revenait *de vaincre* Antiochus, et de
soumettre l'Asie, lorsqu'il fut accusé de concussion [2]
par ses ennemis [3]. Ce fut en revenant [4] de *faire* [5] la
conquête [5] des Indes [6], et *de reculer* [7] les limites [8] de
son empire jusqu'à l'Océan, qu' [4] Alexandre mourut
à Babylone [9], à [10] la fleur de son âge. Lorsque Platon
fut revenu *de parcourir* l'Egypte [11], il établit dans
les jardins d'Académus, citoyen d'Athènes, cette
école célèbre qui prit le nom [12] d'Académie.

Sens figuré.

§ 135. L'ingratitude [1] des hommes ne détourne [2]
point un bon citoyen *de rendre* service [3] à son pays [4].
L'empereur Titus avait horreur [5] *de répandre* le sang,
et aurait mieux aimé mourir que de faire périr [6] un
citoyen. Les Romains ne purent *empêcher* les Gaulois
de pénétrer [7] dans l'Italie, et même *d'assiéger* et *de
prendre* Rome. Une sage prévoyance diffère beaucoup

---

§ 134. 1 Rubico, nis, *m.* 2 Pecuniæ, arum repetundæ, arum.
3 Inimicus, ci. 4 T. *Alors qu'il revenait*, tùm cùm redirem, es.
5 Subigo, is, ere, *act.* 6 Iudi, orum, *m. pl.* 7 Profero, ers, erre,
act. 8 Fines, ium, *m.* 9 Babylon, is, *à l'abl.* 10 In. 11 Ægyptus,
i, *fém.* 12 Cui nomen inditum est.

§ 135. 1 Ingratus animus. 2 Deterreo, es, ere, *act.* 3 Operam navo, as, are. 4 Patria, æ. 5 Abhorreo, es, ere. 6 Morte
afficere. 7 T. *éloigner les Gaulois pénétrant*, arceo, es, ere, *act.*,
Galli, orum invadens tis in, *acc.*, Italia, æ, *etc.*, *ou* prohibeo,
es Gallos ab Italia, æ invadendus, a, um, Romaque, *etc.*

de la crainte 8. La laideur 9 du vice détourne 10 *de commettre* des fautes 11. Heureux celui 12 que la passion des richesses ou des honneurs n'éloigne 13 pas *de la pratique* 14 de la vertu.

Te hortor ad legendum.

Après les verbes qui signifient mouvement vers quelque lieu, ou inclination vers quelque chose, comme *pousser à*, *exhorter à*. etc.; on exprime *à* par *ad*, et l'on met le verbe au gérondif en *dum*. Ex. : Je vous exhorte à lire, *te hortor ad legendum*; à lire l'histoire, *ad legendum historiam*, ou mieux *ad legendam historiam*.

EXERCICES ÉLÉMENTAIRES.

§ 156. Le son de la trompette excite les guerriers *à combattre*. J'exhorte les jeunes gens *à travailler*. Les bons exemples nous engagent 1 *à cultiver la vertu*. L'amour de la gloire excite les hommes *à se distinguer par de belles actions*. L'envie porte 2 le méchant *à nuire* aux autres. La débauche poussa 3 Catilina *à conspirer* contre sa patrie. La nature invite l'homme *à jouir* des vrais plaisirs. Le désir de se venger entraîne 3 quelquefois les âmes ardentes 4 *à commettre* des crimes.

---

8 T. *prévoir sagement diffère beaucoup de craindre*, discrepo. as, atc à timendi, do, dum. 9 Fœditas, tatis. 10 Deterreo, es, etc. 11 Pecco, as, are. 12 *A l'acc. s.-ent.* dico je dis. 13 Avoco as, are. 14 Colendus, a, um.

§ 156. 1 Invito, as. 2 Induco, cis, act. 3 Impello, is, puli. 4 Acrior, is.

§ 137. J'engage le paresseux *à suivre* l'exemple de la fourmi, et à *faire* des provisions [1] pour [2] sa vieillesse [2]. Le gladiateur Spartacus excita les esclaves *à tourner* contre les Romains le fer dont ils s'armaient [3] contre [4] eux-mêmes [5]. La nature elle-même semble nous avoir donné la musique, comme un présent [6], pour [7] nous [8] faire [9] supporter [9] plus facilement les travaux. Rien n'est plus capable [10] *d'* [11] enflammer les passions que le séjour [12] d'une ville corrompue. Pélopidas appela tous les Thébains à ressaisir [13] leur [14] liberté.

Si le verbe n'a pas de gérondif en *dum*, servez-vous de *ut*, avec le subjonctif, ou prenez un autre tour de phrase.

Je vous engage [1] à [2] assister [3] à la séance [4]. Je vous exhorte à vous absenter [5] de la ville. Les méchants sont enclins à haïr [6] les gens de bien.

Consumit tempus legendo.

Quand *à* devant un infinitif français peut se tourner par *en* et le participe présent, on met cet infinitif au gérondif en *do*, avec ou sans la préposition *in*. Ex.: Il passe son temps à lire; tournez, en lisant, *consumit tempus legendo*; à lire l'histoire, *legendo historiam*, et mieux, *in legendâ historiâ*.

----

§ 137. 1 Subsidium, ii paro, as, *act.* 2 *Au dat.* 3 Distringo, is, xi, gere, *act.* (*tirer*). 4 In, *acc.* 5 Sui, sibi ipse, a, um. 6 T. *Nous avoir donné à présent*, do, dedi munus, neris, *n.* 7 Ad. 8 *Ne se rend pas.* 9 Tolero, as, are, andus, a, um. (*Cet exemple est de Quintilien*). 10 Valeo, es, ere. 11 Ad. 12 Si quis versatur in, *abl.* 13 Recipio, is, ere. 14 *Ne se rend pas.*

1 Hortor. 2 Ut. 3 Adsum, adesse. 4 Consessus, ûs. 5 Absum, abesse à. 6 Ad prosequendum odio.

EXERCICES.

§ 138. Vous perdez[1] votre[2] temps *à jouer*. Il trouve du plaisir[3] *à étudier*. Le bavard se fatigue[4] inutilement[5] *à parler*. Le pauvre épuise ses forces *à travailler*, le riche use[6] sa santé *à boire, à manger, à être oisif*[7]. Si vous vous occupez[8] *à l'étude des lettres*[9], vous échapperez à[10] tous les ennuis. La plupart des hommes passent la vie entière *à désirer*[11] et *à regretter*[12], *à craindre et à espérer*. L'esprit[13] de l'homme se nourrit[14] *par l'étude*[15]. Il est honteux pour[16] un homme de cœur[16] de *se laisser vaincre*[17] en bienfaits[18]. Bien des gens[19] ont dissipé[20] leur[21] fortune *par des largesses inconsidérées*[22].

Consumit tempus in legendâ historiâ.

§ 139. Les sauvages[1] passent leur vie à chasser, à pêcher, à combattre, *à se venger*[2] *de leurs ennemis*[3].

---

§ 138. 1 Tero, is, trivi, tritum, terere, *act.* 2 *Ne se rend pas.* 3 Delector, aris, ari. 4 Lassor, ari. 5 Frustrà. 6 Imminuo, is, ere, *act.* 7 Otior, aris. *Quelquefois on peut changer les verbes en subst., surtout lorsqu'on peut les faire précéder d'un adjectif de quantité, comme* multo labore ; *à force de travailler. Quelquefois aussi on change les subt. en verbes.* 8 Si consumo, is tempus. 9 Studeo, es, ere, *dat.*, litteræ, arum. 10 Effugio, is, gere, *acc.* 11 Cupio, is, ere. 12 Desidero, as, are. 13 Mens, tis, *f.* 14 *Est nourri, alor*, eris, ali. 15 Disco, is, scere. 16 Vir fortis, *au dat.* 17 T. *d'être vaincu.* 18 Benè mereor, eris, eri. 19 Multi. 20 Effundo, is, udi, undere, *act.* 21 Suus. 22 Inconsultè largior, iris, iri, fortunas effundo.

§ 139. 1 Ferus homo. 2 Ulciscor, cisci, cendus. 3 Hostis, is.

Les Lacédémoniens, dès leur plus tendre [4] jeunesse [4] étaient exercés [5] *à supporter*[6] *les fatigues* [7], *à manier* [8] *les armes*, et *à mépriser les dangers* et *la mort* même [9]. Le courage [10] consiste [11] *à s'exposer* [12] *aux fatigues* et aux dangers, la tempérance *à s'abstenir* [13] *des plaisirs*, la prudence *à distinguer*[14] *les biens* d'avec les maux, la justice [15] *à rendre* [16] à chacun ce qui lui appartient [17]. Scipion fut presque aussi grand en *refusant* [18] *les honneurs*, qu'il l'avait été [19] *en les méritant* [20]. Bien des gens s'occupent [21] *à acheter* [22] des chevaux, des tableaux, et ne pensent pas à [23] *se choisir* [24] *des amis*. La prudence, ainsi appelée *de* [25] *prévoir* [26], consiste [11] aussi *à réfléchir sur* [27] le passé [28].

On se sert aussi du gérondif en *do* pour exprimer *en* suivi du participe présent, lorsque ce participe exprime la manière; on s'en sert aussi pour traduire des substantifs répondant au nom de manière; et réciproquement on traduit le participe par des substantifs.

suus, a, um. 4 A teneris. 5 Exerceor, eris, eri. 6 Tolero, as, are. 7 Labor, is. 8 Tracto, as, are, *act*. 9 Ipse, a, um. 10 Fortitudo. 11 Cernor, eris, cerni. 12 Subeo, is, ire, *act*. 13 Prætermitto, is, ere, *act*. 14 T. *dans le choix des*, in delectus, ûs. 15 Justitia. 16 Tribuo, is, ere. 17 Suus, a, um. (*Se place avant* cuique). *Ex. de Cicéron*. 18 Tantus, a, um se gero, is, gessi, *act*., recuso, as, are, *act*. 19 Quantus, a, um se gero, gessi. 20 Emercor, eris, eri, *act*. 21 Curam adhibeo, es. 22 Paro, as, are, *act*. 23 Cogito, as, are de. 24 Eligendus, a, um. 25 Ex. 26 Provideo, dendi, dendo. 27 Retracto, as, andus. 28 Præterita, orum. — On voit que le participe en *dus*, se construit, suivant le sens de la phrase, avec les prépos. *a, de, ex, in*. On sousentend, quelquefois *in*. Ex.: *Loquendi elegantia augetur legendis oratoribus* et *poetis*. Cic. C'est l'ablatif du nom de manière.

On se sert, alors, du gérondif en *do* avec *in* ou sans *in*, et si le participe a un régime, et qu'il gouverne l'accusatif, on se sert du participe en *dus*, *da*, *dum*, que l'on fait accorder avec le nom.

EXERCICES.

§ 140. L'esprit[1] de l'homme se nourrit[2] en apprenant et en pensant[3] (c'est-à-dire par l'*étude* et par la *réflexion*). Vous acquerrez de la gloire *en épargnant* vos ennemis. Vous deviendrez[4] savant *en travaillant*. César arma contre lui[5] Brutus et Cassius, *en opprimant* la liberté. *En donnant* de bons conseils à vos amis[6], vous leur[6] serez quelquefois plus utile qu'*en* leur *donnant* de l'argent. Les princes affermissent leur[7] autorité *en affermissant* l'autorité de la religion. *En détruisant*[8] la superstition, on ne détruit[9] pas la religion (ou détruire la superstition, ce n'est pas détruire la religion). C'est[13] par la *vigilance*[10], l'*activité*[11], et par de *sages mesures*[12] que[13] tout[14] réussit[15].

Le participe précédé de *en* se rend encore de différentes manières, ainsi qu'on le verra ci-après. Souvent on l'exprime par le participe passé passif que l'on met à l'ablatif avec le nom auquel il se rapporte, ou l'on tourne la phrase par *tandis que*.

---

§ 140. 1 Mens, tis, *f.* 2 T. *est nourri*, alo, is, ere. 3 Disco, scere, meditor, ari. 4 Evado, is, dere. 5 Sui, sibi, se. 6 *Commencez la phr.* par amicis benè suadeo, *et n'exprimez pas leur.* 7 Suus, a, um. 8 Tollo, is, tollendus, a, um. 9 T. *n'est pas détruite.* 10 T. *en veillant*, etc. vigilo, as, are. 11 Ago, is, gere. 12 Sapienter consulo, is, ere. 13 *Ne se rend pas.* 14 Omnia. 15 Feliciter cedo, is, ere.

dum, ou par celui qui, *qui*, quelquefois par *inter* avec le gérondif en *dum* ; quelquefois on le rend par un *substantif*, qui se met *ordinairement* à l'ablatif.

EXERCICES.

1°. Participe passé à l'ablatif absolu.

§ 141. *En retranchant* [1] les dépenses [2] inutiles, on augmente [3] ses richesses. *En détruisant* [4] Sagonte [5], ville alliée [6] des [7] Romains, Annibal détruisit Carthage. *En refusant* [8] les présents d'Alexandre, Phocion se montra plus grand [9] que le vainqueur des Perses.

2° Par tandis que, *dum*.

En parlant (tandis que je parle), le temps fuit. Les sots, en cherchant à plaisanter [1], s'exposent [2] souvent à un grand [3] danger. Quiconque fait le mal [4], *en croyant* [5] faire le bien [6], ne mérite pas le blâme [7].

3° Par celui qui, *qui*, ou si quelqu'un, *siquis*,... *ille*.

En remplissant [1] ses devoirs, on assure [2] son bonheur. *En désirant* [3] le bien d'autrui [4], on perd juste-

---

§ 141. 1 Amputatus, a, um. 2 Sumptus, ûs, m. au sing. 3 Sont augmentées. 4 Everto, is, ti, rsum. 5 Saguntus, i, f. 6 Fœdere junctus, a, um. 7 T. aux. 8 Repudio, as, atum. 9 T. fut d'une âme plus grande.

1 Risum capto, as, are. 2 In se concito, as, are, act. 3 T. un grand, nocivus, a, um. 4 Malè ago, is. 5 Puto, as. 6 Se rectè facio, is. 7 Non culpandus, a, um.

1 Qui fungor, eris, gi. 2 T. se prépare un bonheur sûr, certus, a, um sibi paro, as, act. 3 Appeto, is, ere, act. 4 Alienus.

ment [5] le sien [6]. *En méprisant*[7] les pauvres, le riche [7]
fait voir [8] qu'il n'est pas digne [9] de sa fortune.

4° Par *inter* avec le gérondif en *dum.*

En se promenant [1]. *En buvant. En soupant. En
allant.* C'est [2] *en jouant que* [2] les enfants montrent [3]
leurs pênchants [4] plus à découvert [5]. Platon instruisait
ses disciples *en se promenant.*

5° Par un substantif à l'ablatif, et quelquefois à un autre cas.

En travaillant beaucoup [1] (à force de travailler),
vous surmonterez les obstacles. Souvent on cache [2]
sa [3] frayeur *en affectant* [4] de l'audace. C'est [5] *en méprisant*[6] les richesses, *que*[5] vous assurerez votre liberté [7]. Darius, *en fuyant* [8], jeta [9] son diadème. Chacun
déclame [10] contre [11] son siècle [12], *en louant* [13] le temps
passé [14].

Il ne faut pas confondre le participe présent marquant *l'état*
du sujet, avec le gérondif en *do*, qui répond au nom de manière, d'instrument.

---

a , um. 5 Merito amitto, is, erc. 6 Proprius, a, um. 7 T. *Si quelqu'un riche.* 8 Ille ostendo, is. 9 T. *soi n'être,* se non esse.

1 Inter ambulo, as. 2 *Ne se rend pas.* 3 Detego, is, erc, *act.*
4 Mores, um. m. *pl.* 5 Simpliciter, iciùs.

1 T. *par beaucoup de travail,* multus, a, um labor, is, m. *à l'abl.*
2 T. *est cachée,* tegor, eris, gi. 3 *Ne se rend pas.* 4 Simulatio,
nis, *f.* 5 *Ne se rend pas.* 6 Contemptus, ûs. 7 T. certus, a, um
libertas, tatis tibi paro, as, arc, *act.* 8 In fuga , æ. 9 Abjicio,
is, jeci, *act.* 10 Invehor, eris, vehi. 11 In , *acc.* 12 Ætas, tatis.
13 Laudator , is. 14 *Au gén.*

EXERCICES.

§ 142. *Gérondif* en *do*. — Codrus, en mourant pour sa patrie, la délivra de la guerre.

Participe présent. — Alexandre en mourant, donna son anneau à Perdiccas.

Thémistocle, en poursuivant [1] les pirates, rétablit la liberté des mers [2].

Alexandre en poursuivant [3] les Perses, n'avait avec lui que quelques cavaliers [4].

Le soldat, *en fuyant* dans [5] un combat, le magistrat *en s'écartant* [6] de la justice, trahit sa patrie.

Séleucus *en fuyant* après une défaite [7], arriva dans [8] une chaumière où il fut bien reçu [9], mais dont il fit tuer [10] le maître, parce que celui-ci l'avait reconnu et lui avait dit *en se retirant* [11], portez-vous bien [12], roi Séleucus.

Dedit mihi libros legendo s.

Quand à devant un infinitif français peut se tourner par *pour*, avec l'infinitif passif, on se sert du participe en *dus, da, dum*, que l'on fait accorder avec le nom qui précède. Ex. : Il m'a donné des livres à lire, c'est-à-dire pour être lus, *dedit mihi libros legendos.*

---

§ 142. 1 Consector, aris, *acc.* 2 T. *rendit la mer sûre*, tutus, a, um. 3 Insequor, queris, qui, *acc.* 4 T. *Peu de cavaliers accompagnaient Alexandre*, pauci, etc. 5 In, *abl.* 6 Discedo, is, dere. *On peut tourner aussi par : le soldat qui fuit*, etc. 7 T. *Après une défaite reçue.* 8 In, *acc....* 9 Benignè excipio, cepi, ceptum, ipere, *act.* 10 *Il ordonna le maître* dominus, i, *acc.*, *être tué.* 11 Discedo, is, cre, *v. n.* 12 Vale.

EXERCICES ÉLÉMENTAIRES.

§ 143. Je vous ai donné [1] mon fils *à instruire* [2]. J'ai donné au messager ces lettres *à porter.* Le général a livré la ville *au pillage* [3] (à piller). Cet auteur a donné ce livre *à transcrire.* Je vous ai chargé [4] *de plaider* [5] ma cause. Nous avons résolu [6] *d'achever* [7] cette entreprise. Tous les hommes ont des obstacles *à vaincre* [8]. Vous avez eu [9] bien des [10] dangers *à courir* [11]. En obéissant [12] à leurs [13] passions, les hommes se donnent [14] des maîtres [15] difficiles *à contenter* [16]. Les anciens [17] nous ont laissé [18] de sages préceptes *à étudier.* Astyage, roi des Mèdes, livra à Harpagus son petit fils [19] Cyrus *pour le mettre à mort* [20].

EXERCICES GÉNÉRAUX.

§ 144. Le tribun Clodius abandonna [1] les provinces les plus riches *aux vexations* [2] et *aux rapines* [3] des [4]

---

§ 143. 1 Trado, is, didi. 2 Erudiendus, a, um. 3 Diripio, is, ere. 4 Tibi demando, as, avi. 5 Perorandus, a, um. 6 Decerno, is, crevi, *act.* 7 Perficio, is, ere. 8 T. *A tous les hommes des obstacles sont devant être vaincus.* 9 Fuerunt tibi. 10 Multi, æ, a. 11 Subeündus, a, um. 12 T. *Lorsqu'ils obéissent.* 13 Suus, a, um. 14 Impono, is, ere, *à soi.* 15 Dominus, i. *m.* 6 T. *Auxquels satisfaire est difficile. Si le verbe n'a pas de participe en dus, ou qu'il ne gouverne pas l'accusatif, il faut tourner la phrase comme ci-dessus, ou se servir de ut, avec le subjonctif, ou de qui, quæ, quod, qui se met alors au cas que demande le verbe qui est au subjonctif. Ex.: Il m'a donné des livres à étudier, dedit mihi libros quibus (pour ut eis) studerem.* 17 Vetus, teris, *m.* 18 Trado, dis, didi, dere, *act.* 19 Nepos, potis, *m.* 20 Neco, are, *act.*

§ 144. 1 Permitto, misi, tere, *act.* 2 Vexo, are, andus. 3 Diripio,

consuls. Livrons-nous *aux leçons* 5 de la philosophie.
Lentulus avait chargé 6 Cethégus 7 de *massacrer* 8 les
consuls, Gabinius de *tuer* les autres citoyens, Cassius
de *mettre le feu* 9 à la ville, Catilina de *ravager* et de
piller toute l'Italie. Le roi de Perse entreprit, mais
en vain, de *corrompre* Epaminondas. Conon, vainqueur des Lacédémoniens, fit 10 *rétablir* 11 les murs
d'Athènes détruits 12 par Lysandre. Lorsqu'Epaminondas envoyait son habit à nettoyer 13, il restait chez
lui 14, parce qu'il n'en 15 avait pas d'autre 16 *à mettre* 17.
Antigone remit le corps d'Eumène à ses proches *pour
l'ensevelir*, et ceux-ci prirent soin *d'envoyer* ses 18 cen-
dres en Cappadoce, à sa mère, à sa femme 19 et à ses
enfants 20. J'ai pensé *qu'il fallait vous envoyer* 21 ces lettres. J'ai donné 22 (s.-ent. *pour un certain prix*) ma maison *à bâtir*. A Rome 23, on assemblait 24 les comices
pour l'élection des consuls 25. On établit les 26 décemvirs pour rédiger 27 les lois.

Vidi eum ingredientem.

Après les verbes *voir, sentir, comprendre, écouter, entendre,*
admirer, l'infinitif français se met en latin au participe présent,

---

pui, pere, *act.* 4 T. *aux.* 5 Erudio, is, iendus. 6 Attribuo, ere,
act. 7 T. *à Cethégus.* 8 Trucido, are, *act.* 9 Inflammo, are,
act. 10 Curo, avi, *act.* 11 Reficio, cere, *act.* 12 Dirutus, a, um.
13 Detergo, ere, *act.* 14 Domi se contineo, es. 15 *Ne se rend*
pas. 16 Alter, a, um. 17 Induo, is, ere *ou* quam indueret). 18
Ejus. 19 Uxor, is, *et non* mulier, *qui signifie une femme mariée,*
en général. 20 Liberi, orum. 21 T. *devant être envoyées.* 22 Loco,
as, avi, *act.* 23 Romæ, *au gén.* 24 Habeor, eris, eri. 25 Crean-
dus, a, um consul, is, *au dat.* N. B. *Le datif du participe accom-*
pagne souvent les noms de dignité et de charge. 26 Creati sunt.
27 Scribo, ere, endus, a, um, *ou qui avec l'imparf. du subj.*

que l'on fait accorder avec le régime des verbes *voir, sentir,* etc.
Ex.: Je l'ai vu entrer; *tournez,* j'ai vu lui entrant, *vidi cum
ingredientem ;* vous l'entendrez parler, *illum loquentem audies.*

EXERCICES ÉLÉMENTAIRES.

§ 145. Je vous ai entendu *chanter.* Nous avons vu
arriver votre père. Lorsque vous entendrez la trompette *sonner,* les chevaux *hennir,* le général *exhorter*
les soldats, prenez vos armes et marchez à l'ennemi.
Qand le chien sent *approcher* un voleur, il fait entendre des aboiements menaçants et répétés [1]. Il est agréable d'entendre les vents *siffler* [2], la pluie *tomber,*
lorsqu'on est [3] sous un abri sûr [4]. Les Romains admi-
raient Cicéron *lorsqu'il parlait* [5]. Lorsque Clitus entendit Alexandre *déprécier* [6] les actions de son père,
et faire le plus pompeux éloge [7] des siennes, il le re-
prit [8] avec tant de liberté [9], qu'[10]Alexandre irrité le [11]
perça [12] d'une javeline [13]. Timoléon, avancé [14] en
âge [15], perdit les yeux; il supporta ce malheur avec
tant de modération [16], que [17] jamais personne ne [18]

---

§ 145. 1 Latratus, ûs minax, cis, creber, bra, um, *à l'abl. sing.*
intono, as. 2 Strideo, es, ere, *n.* 3 T. *à (celui) étant,* versor, aris,
versans, tis. 4 In tuto, *s.-ent.* loco. 5 T. *parlant,* peroro, as, are,
ou verba facio. 6 Deprimo, is, ere, *act. ou* elevo, as, *act.* 7 Verbis
magnificè extollo, is, ere, *act.* 8 Redarguo, is, ui, ere, *act. N'exprimez pas le, et commencez la phrase par* Alexandrum cum audivit
Clitus, *etc.* 9 Tàm liberè. 10 Ut, *subj.* 11 Increpans, tis. 12
Transfigo, is, xi. 13 Hasta, æ, *à l'abl.* 14 Provectus, a, um. 15 *A
l'abl. sans prép.* 16 Ità moderatè. 17 Ut, *subj.* 18 Nemo unquam,
et non nunquam, *parce qu'il y aurait dans la phrase deux négations,*

l'entendit *se plaindre* 19. Lorsque César vit Brutus *se précipiter* sur 20 lui 21, il se couvrit 22 la tête de sa robe 23, et n'essaya plus de se défendre. Octavie ayant entendu 24 Virgile *lire* 25 des vers sur 26 son fils Marcellus, récompensa magnifiquement le poète.

Lorsqu'il y a amphibologie, il faut l'éviter en changeant l'actif en passif, ou prendre un autre tour.

§ 146. Lorsque Varus vit les Germains *massacrer* les légions romaines 1, il se perça de son épée. Les Athéniens entendirent Mélitus *accuser* Socrate 2, les Romains entendirent Pétilius *accuser* Scipion l'Africain. Énée en voyant Pyrrhus *tuer* Priam 3, se rappela 4 son vieux 5 père, et vola à son secours 6.

Après les verbes *voir*, *entendre*, etc. on ne se sert pas toujours du *participe présent*. Cette construction s'emploie quand l'action est *présente* au moment où l'on *voit* où l'on *entend*; autrement on peut se servir de l'infinitif présent. On se sert aussi de l'infinitif présent quand le verbe n'a pas de participe.

EXERCICES.

Nous voyons les bêtes féroces elles-mêmes *lécher* la main du maître qui les nourrit 1. De même

----

et qu'en latin deux négations valent une affirmation. 19 Queror, reris, queri. 20 In. 21 Suî, sibi. 22 Obvolvo, is, vi, ere. 23 Toga, *à l'abl.* 24 Cùm audivissem. 25 Recito, as, are, *act.* 26 De.

§ 146. 1 T. *massacrées par les Germains.* 2 T. *Mélitus parlant contre*, verba facio, is adversùs. 3 T. Priamus, i, *tué par.* 4 Recordor, aris, atus sum *acc. ou gén.* 5 Senior, is. 6 Ad opem ei fero, ferre provolo, as.

1 Lambere manum herus, i nutriens, tis (*c.-à.-d. que*

que[2] nous voyons les oiseaux[3] *fabriquer et construire*[4] leurs[5] nids, puis lorsqu'ils[6] ont fait quelque chose, *voltiger*[7] çà et là et prendre un libre essor[7] pour se délasser[8]; ainsi notre esprit[9] fatigué par le travail et les affaires[10], demande[11], pour ainsi dire[12], à prendre librement son essor[13]. J'ai vu ces hirondelles construire leurs nids (c.-à-d. qui construisaient, construisant).

Deus qui regnat.

Le pronom relatif, *qui, quæ, quod*, s'accorde en genre et en nombre avec le nom ou le pronom qui précède et que l'on nomme *Antécédent*. Ex. : Dieu qui règne, *Deus qui regnat*; ma mère qui est malade, *mater mea quæ ægrotat*; l'animal qui court, *animal quod currit*. Il importe à moi qui enseigne, *refert meâ qui doceo* (*meâ* tient lieu du génitif *mei*).

EXERCICES.

§ 147. La crainte *qui* trahit le lâche. Le courage *qui* protége le brave. Le vice *qui* déshonore le méchant. Les philosophes *qui* sont les précepteurs du genre humain. Les vertus *qui* sont plus précieuses que l'or. Les guerres *qui* ont ravagé l'univers. Vous

---

les bêtes féroces lèchent quelquefois la main; mais je dirais : *J'ai vu ce lion lécher la main de son maître*, leonem vidi manum heri lambentem). 2 Quemadmodùm. 3 Volucris, is, *f.* 4 Fingo et construo, is, cre, *act.* 5 Suus. 6 Easdem autem cùm. 7 Passim et berè volito, as, are. 8 Levo, as, are, *act.*, labor, is, *m.*, suus. 9 Animus. 10 Opus, peris et negotium, 11 defessus, a, um. 11 Cupio, is, cre. 12 Quodam modo 13 Liberè volito, as, are.

verrez des hommes *qui* haïssent le vice, mais *qui* ne
cultivent point la vertu. Nous craignons plus les malheurs *qui* nous menacent, que les maux présents.
Chez les Carthaginois, les généraux *qui* avaient été
vaincus, étaient punis de mort. Miltiade *qui* préserva
la Grèce de la servitude, mourut dans les fers. Les
Romains décernaient les honneurs du triomphe aux
généraux *qui* avaient tué six mille[1] ennemis. Rome
fut embellie par Auguste *qui* la trouva[2] de brique[3],
ainsi qu'il le dit, et la laissa de marbre[4]. Les Athéniens élevèrent[5] à Démetrius de Phalère[6], *qui* gou-
vernait Athènes, trois cents statues *qui* furent ensuite
renversées en un seul[7] jour. Il importe à vous *qui*
aspirez à la gloire, de prendre[8] le chemin *qui* y[9] conduit. Vous vous repentez de cette action, vous, *qui*
nous avez causé[10] tous ces maux. Il appartient à un
homme *qui* met[11] l'honneur avant l'argent, de sacrifier[12] ses intérêts à sa gloire.

Pater et mater qui sunt boni.

Si le *qui* relatif a deux antécédens, il se met au pluriel
(comme les autres adjectifs), et si les antécédents sont de différens genres, il s'accorde avec le plus noble. Ex. : Le père et la
mère qui sont bons, *pater et mater qui sunt boni.*

------

§ 147. 1 Millia, *avec le gén.* 2 Accipio, is, cepi. 3 Lateritius,
a, um. 4 Marmoreus, a, um. 5 Pono, is, posui. 6 Phalereus,
i. 7 Intra unus, a, um. 8 Ingredior, eris, di, *acc.* 9 T. *à elle.*
10 Importo, as, avi, *act.* 11 Pono, is, ere, *act.* 12 Postpono,
is, ere, *act.*

Virtus et vitium quæ sunt contraria.

Si les deux antécédens sont des choses inanimées, le relatif se met au pluriel neutre. Ex. : La vertu et le vice qui sont opposés, *virtus et vitium quæ sunt contraria.*

EXERCICES ÉLÉMENTAIRES.

§ 148. Votre frère et votre sœur qui sont venus me voir, m'ont annoncé votre arrivée. La vertu et le génie qui distinguent[1] les grands hommes de l'antiquité. La crainte et la haine qui se rencontrent[2] dans les ames faibles[3]. Antoine et Cléopâtre qui vivaient dans[4] les délices, furent obligés de se donner la mort. Tarquin le Superbe et Tullie, qui avaient fait[5] tuer[6] Servius Tullius, furent chassés de Rome[7]. La médiocrité et la jalousie[8], qui sont propres[9] aux ames basses[10], rendent un homme méprisable[11]. L'émulation et l'amour de la gloire, qui portent aux grandes choses, sont bien différents[12] de la rivalité et de l'ambition. Auguste et Livie qui régnèrent sur[13] les Romains, après la chute de la république[14], se concilièrent l'amour du peuple. La fureur et la colère, qui sont une courte folie, rendent[15] l'homme semblable à la bête.

---

§ 148. 1 Commendo, as, are, *act.* 2 Insum, esse. 3 Infirmior, is animus, i, *m.* 4 Diffluo, is, ere, *abl.* 5 Jubeo, es, jussi. 6 *Être tué.* 7 *Abl. sans prép.* 8 Livor, is, *m.* 9 Cado, is, ere in, *acc.* 10 Abjectus, a, um. 11 In, *acc.*, contemptus, ùs adduco, is, cere, *act.* 12 Multum discrepo, as, are à. 13 Apud. 14 T. *Après la république renversée,* eversus, a, um. 15 Efficio, is, ere, *act.*

Puer quem pœnitet. Magister cui opus est.

Qui se met au nominatif, comme on voit par l'exemple *Deus qui regnat.* Cependant, lorsque le verbe latin veut à un autre cas le nom qui est au nominatif en français, alors le *qui* relatif se met au cas que le verbe latin demande. Ex. : L'enfant qui se repent, *puer quem pœnitet*; je mets *quem*, parce que les verbes *pœnitet*, *pudet*, *tœdet*, etc., veulent à l'accusatif latin le nom ou pronom qui précède le verbe français *se repentir*, etc. Le maître qui a besoin, *magister cui opus est* : je mets *cui*, parce qu'avec *opus est*, le nominatif français se met au datif en latin : le Roi qui a intérêt, c'est-à-dire, à qui il importe, *Rex cujus interest.*

EXERCICES ÉLÉMENTAIRES.

§ 149. L'homme *qui* a pitié. Le général *qui* a intérêt. L'enfant *qui* a besoin de livres. Le riche *qui* s'ennuie de la vie. Les rois *qui* ont besoin d'amis fidèles. Les citoyens *qui* ont intérêt à obéir aux lois. L'homme bienfaisant *qui* a pitié des malheureux. Il n'est personne *qui* n'ait besoin des secours d'autrui. Tarquin l'ancien *qui* avait intérêt à consolider sa puissance, entoura Rome de murailles, et jeta les fondemens du Capitole. Les Athéniens *qui* semblaient ennuyés de la paix, quoiqu'elle leur fût avantageuse, entreprirent la guerre de Sicile, *qui* devint fatale[1] à leur puissance. Les nations *qui* ont intérêt à ce que le commerce soit florissant, doivent s'efforcer de[2] maintenir[3] la paix.

---

149. 1 Exitiosus, a, um. 2 Ut. 3 Vigeo, es, ere, *v. n.*

Mitte quem voles. Eum ama qui te monet.

Si le *qui* français peut se tourner par *celui que*, mettez-le au cas que gouverne le verbe précédent. Ex. : Envoyez qui vous voudrez, *mitte quem voles* (s.-ent. *mittere*). Mais si *qui*, ne peut pas se tourner par *celui que*, il se met au nominatif, et on se sert ordinairement du pronom *is, ea, id,* pour exprimer le régime du premier verbe. Ex. : Aimez qui vous conseille, *eum ama qui te monet.*

EXERCICES.

§ 150. Choisissez *qui* vous voudrez. Dites-moi *qui*[1] vous favorisez. Aimez qui vous aime ; mais ne haïssez pas qui vous hait. Je voudrais savoir qui vous fréquentez[2]. Lysandre ne laissa pas[3] choisir aux Athéniens *qui* ils auraient voulu pour gouverner la République ; mais il leur imposa trente tyrans. Je prendrai[4] pour juge *qui* vous voudrez. Je n'estime pas l'homme qui n'[5] estime que[5] lui. Appelez *qui* vous voudrez. Blâmez qui veut mal faire. J'emmène qui voudra. Nous servirons *qui* vous voudrez. Serve qui voudra[6] pour de l'argent[7]; pour moi[8], j'aime mieux être pauvre et libre.

Deus quem amo. Grammatica cui studeo.

Que relatif se met toujours au cas du verbe suivant. Ex. : Dieu que j'aime, *Deus quem amo;* la grammaire que j'étudie,

---

§ 150. 1 Ne oderim, is. 2 T. *Entre lesquels vous êtes,* versor. ari, *au subj.* 3 Copiam facio, is, feci. 4 Accipio, is, ere. 5 *S'estime seul.* 6 T. *qu'il serve, si quelqu'un veut,* si quis velit. 7 Acceptus, a, um *pecunia,* æ, *a l'abl.* 8 T. *Mais moi.* ego vero.

grammatica cui studeo. — La grammaire que je veux étudier, *grammatica cui volo studere* (cui parce qu'il est régime du second verbe).

Pater et mater quos amo. Otium et pigritia quæ odi.

Quand le relatif *qui, quæ, quod* a deux antécédens, on le met au pluriel; et si les antécédens sont de différens genres, le relatif s'accorde avec le plus noble. Il se met au neutre avec des noms de choses inanimées et de différens genres. Ex.: Le père et la mère que j'aime, *pater et mater quos amo.* L'oisiveté et la paresse que je hais, *otium et pigritia quæ odi.*

EXERCICES.

§ 151. Les plaisirs *que* les hommes recherche nt [1]. Le méchant *que* nous haïssons. Les gens de bien *que* nous favorisons. La vertu *que* nous respectons. La mort qui nous attend et *que* nous devons attendre. Les moyens *que* nous voulons employer [2]. Votre père et votre mère *que* vous devez respecter. Les honneurs et les richesses *que* les hommes désirent. Le loup et le renard *qu'*Esope fait parler [3] dans ses fables. Néron et Agrippine *que* [4] leurs [5] crimes ont rendus odieux [6]. Les flatteurs *que* les riches et les grands [7] favorisent. Les hautes montagnes et les vallées profondes *que* vous admirez, attestent [8] peut-être moins la puissance de Dieu, que le chétif insecte [9] *que* vous écrasez. La volupté, le luxe, les richesses *qu'une* ame grande et

----

§ 151. 1 Expeto, is, ere, *act.* 2 Utor, eris, uti, *abl.* 3 Induco, cis, *act.,* loquens, tis. 4 T. *auxquels.* 5 Suus, a, um. 6 Confio, as, avi odium. 7 Optimates. 8 Declaro, as, are, *act.* 9 Humi-

élevée doit **mépriser**, séduisent [10] le vulgaire. Le Sénat permettait [11] quelquefois aux consuls de porter, sur [12] certaines affaires, les lois *qu'ils* voulaient. L'homme vertueux est celui *que* ni l'appât [13] des richesses, ni la crainte de la mort ne peuvent déterminer [14] à commettre un crime.

Pauperes quos amare et quibus opitulari debemus.

Si le *que* relatif est gouverné par deux verbes qui veulent différens cas, on l'exprime deux fois, et on le met au cas de chaque verbe. Ex. : Les pauvres que nous devons aimer et secourir, *pauperes quos amare et quibus opitulari debemus.*

EXERCICES.

§ 152. Les gens de lettres, *qu'*Auguste *aimait* et *favorisait*, ont répandu sur [1] son règne un éclat [2] immortel. Les ouvrages des grands [3] écrivains *que* vous devez toujours *lire* et *étudier*, sont très-propres à vous former le goût [4]. Les Chrétiens, *que* les empereurs Romains auraient dû *épargner* et *protéger*, étaient livrés aux bourreaux. Les rois *que* nous devrions *plaindre* [5] et non *envier* [6], sont environnés de dangers. La Patrie *que* vous devez *aimer* et *servir*, renferme [7] toutes vos

---

lis bestiola. 10 Decipio, is, ere, *act.* 11 Potestatem facio, is. 12 De, *abl.* 13 Illecebra, æ, *f.* 14 Induco, is, ere, *act.*

§ 152. 1 Accerso, is, ivi, *act.* 2 Regno decus, coris, *neut.* 3 Eximius, a, um. 4 Vos ad solertia, æ judicii exacuo, is, ere. 5 Misereor, eris, eri, *gén.* 6 Invideo, es, ere, *dat.* T. *que plaindre mais auxquels,* qui, quæ autem *non envier nous devrions :* 7 Complector,

affections [8]. Miltiade , *que* les Athéniens *avaient loué*
et *félicité* après sa victoire sur les Perses [9], fut jeté
dans les fers [10].

Animal quem vocamus leonem.

Qui, quæ, quod, entre deux noms auxquels il se rapporte
également, s'accorde mieux avec celui qui suit. Ex. : L'animal que nous appelons lion, *animal quem vocamus leonem.*

EXERCICES.

§ 153. Le tribunal *que* nous appelons *Parlement.*
Pompée *qui* fut l'honneur[1] et l'ornement de l'empire
romain. César aborda[2] dans le[3] lieu *qu'on appelle* [4]
Pharsale[5]. La bienveillance réciproque[6] *que* la nature
a établie comme *la source* de l'amitié [7], doit exister [8]
entre les gens de bien. La prison [9] *que* les Grecs appelaient *Latomies* [10], avait été construite par Denis[11], à
Syracuse [12]. Ce globe *que* les hommes appellent *terre,*
n'[13] est qu'[13] un point dans l'Univers[14]. Cicéron contint
dans le devoir les gladiateurs *que* Catilina regardait
comme une troupe dévouée [15]. Lorsqu'on eut établi

---

cris, ti in se. 8 Caritas, tatis, *f.* 9 Post partus, a, um de Persæ,
arum victoria, æ. 10 Conjicio, jectum in, *acc.,* vinculum, i.

§ 153. 1 Decus, coris, *neut.* 2 Apello, is, puli. 3 Ad is, ea,
id. 4 T. *qui est appelé.* 5 Pharsalia, æ, *fém.* 6 Mutuus, a, um. 7
T. *Qui a été établie source de l'amitié par la nature,* qui, quæ,
quod est amicitia, æ fons, tis, *masc.,* à natura, æ, constitutus,
a, um. 8 Intercedo, is, dere. 9 Carcer ille. 10 Latomiæ, arum,
f. 11 Dionisius, ii. 12 Syracusæ, arum, *abl.* 13 T. *seulement,*
tantùm. 14 Rerum universitas, tatis. *f.* 15 T. *Laquelle troupe*

le droit divin et humain [16], ou forma ces réunions [17] d'hommes *qui furent appelées cités* [18], on entoura [19] de murailles [20] ces habitations réunies [21] *que* nous appelons *villes* [22].

REMARQUES. *Que*, dans les phrases où il est suivi de deux verbes, est le régime du second verbe. Ex. : Dieu que je vous exhorte à servir, *Deus cui te hortor ut servias.*

EXERCICES ÉLÉMENTAIRES.

§ 154. **La vertu** *que* **je vous exhorte à** *pratiquer* [1]. **Les intérêts de la patrie** *qu'il* **importe à un bon citoyen de** *défendre*. **La faute** *que* **vous vous repentez** *d'avoir commise*. **Je n'approuve pas les moyens** *que* **vous désirez** *employer* [2]. **Les livres** *que* **vous m'avez recommandé** *d'étudier* [3] **sont instructifs** [4]. **Il faut connaître** [5] **les gens** [6] *qu'on* **veut** *obliger* [7]. **Les lettres** *que* **les hommes ont besoin de** *cultiver*, **sont un ornement dans la prospérité** [8] **et une consolation dans le malheur** [9].

Catilina pensait dévouée à soi, qui, quæ manus, ûs, *fém.* 16 T. *Le droit... étant établi*, Jus, juris, *n...* constitutus, a, um, *à l'abl. absolu.* 17 Conventiculum, i, *n.* exorior, exortus, a, um sum, es. 18 Civitas, tatis, *fém.* 19 Sepio, sepsi, sepserunt, *act.* 20 *A l'abl.* 21 Domicilium, ii conjunctus, a, um. 22 Urbs, bis, *fém.*

§ 154. 1 Colo, is, colui, ere, *act.* 2 Utor, eris, uti, *abl.* 3 Præcipio, is, cepi, pere, *act.*, ut, *subj.* (*afin que j'étudiasse*). 4 Multa legentem docent. 5 *Qu'ils vous soient connus, les gens que vous*, etc., notus, a, um. 6 Homo, inis. 7 Benè mereri de *abl.* 8 Res prosperæ, rerum. 9 Adversa, orum

Quand il y a deux *que* dans la phrase, il faut remarquer que
le premier est relatif, et que le second est une conjonction.
Ex.: Dieu *que* je désire *que* vous serviez, *Deus cui te servire cupio
ou cui ut servias cupio*. On voit que le relatif, comme dans la
règle précédente, est le régime du second verbe (que vous serviez). Voir ci-après le *que* entre deux verbes, c.-à-d. le *que*
retranché.

EXERCICES.

§ 155. Cet homme *que* je veux que vous *favori-
siez* [1] est digne de votre bienveillance. La mort *à laquelle* [2] les philosophes veulent que *nous pensions* [3],
pour apprendre à bien vivre. Les moyens *que* les pères
veulent qu'un maître emploie [4] pour élever leurs enfants, sont la fermeté et la douceur. Les belles-lettres
que je désire que vous étudiiez, vous procureront [5] des
jouissances [6] pures et durables [7].

Construction élégante de l'adjectif conjonctif *qui, quæ, quod*.

Il est élégant de n'exprimer l'antécédent qu'après le *qui* ou
le *que* relatif; alors on met l'antécédent au même cas que le
relatif, et l'on ajoute un pronom (un adjectif) démonstratif
dans le second membre de phrase. Ex.: La lettre que vous
m'avez écrite m'a été très-agréable, *quas scripsisti litteras, cæ
mihi fuerunt jucundissimæ*.

EXERCICES.

§ 156. Que chacun s'exerce dans l'art qu'il connaît

---

§ 155. 1 T. *Auquel vous, te, favoriser je veux*, ou *ut favear*.
2 T. *touchant laquelle*, de qui, quæ. 3 *Veulent nous penser*, cogito, as. 4 Utor, eris, uti, *abl*. 5 Affero, fers, ferre, *act*. 6 Gaudium, ii, *neut*. 7 Solidus, a, um.

§ 156. 1 T. *Lequel art chacun connaît, qu'il s'exerce dans*

J'ai oublié de vous envoyer une copie de la lettre que j'ai écrite à votre frère [2]. Les pièces que Térence avait faites [3] furent attribuées à Lélius. Nous nous appliquerons de préférence aux choses pour lesquelles nous avons le plus d'aptitude [4]. Nous devons à la patrie la vie que nous avons reçue de la nature [5]. César, par sa clémence, augmenta la gloire qu'il s'était acquise par les armes [6]. Vous devez défendre la religion que vous tenez de vos pères [7]. La place que les soldats de Catilina avaient occupée dans le combat [8], ils la couvraient de leur corps, après avoir perdu la vie [9]. Chacun doit se contenter du temps qui lui a été donné pour vivre [10].

Dont, *ou de qui.* — *Deus cujus miramur providentiam.*

Dont, de qui, est toujours gouverné par le mot de la phrase après lequel on peut mettre par interrogation *de qui ? de quoi ?* Ce mot est un nom, ou un adjectif, ou un verbe. 1°. Quand *dont* est gouverné par un nom, il se met au génitif. **Ex.** : Dieu, dont nous admirons la providence (on peut demander : *la providence de qui ?*), *Deus, cujus providentiam miramur.* 2°. Quand

---

celui-ci, qui, quæ quisque noverim ars, tis, *fém.*, in hic, hæc se exerceam, as. 2 T. Ad frater, ris qui, quæ mitto , is, si epistola , æ, ejus exemplum fugit me tibi mittere. 3 Qui, quæ scribo, psi, *act.*, Terentius fabula, æ, etc. 4 T. Ad qui, quæ res aptissimus, a, um ero, is, in hic, hæc potissimùm *versor*, aris. 5 Qui, quæ accipio à natura, æ vita, æ, etc. 6 Qui, quæ gloria, æ sibi armis pario, peperi, etc. 7 Qui, quæ à patres, um accipio, cepi.... is, ea tueor, *acc.*, debeo. 8 Qui... in pugnando capio, cepi, *act.*, locus. 9 Is, amissâ animâ, corpus, poris tego , gere, *act.* 10 Qui, quod cuique tempus ad vivo dor , daris, is , ejus debeo sum contentus.

dont est gouverné par un adjectif, il se met au cas que régit cet adjectif. Ex. : La récompense dont vous êtes digne (on peut demander : *digne de quoi?*) *merces quâ dignus es.* 3°. Quand *dont* est gouverné par un verbe, il se met au cas du verbe. Ex. : Les livres dont je me sers, *libri quibus utor.*

EXERCICES ÉLÉMENTAIRES.

§ 157. Les richesses *dont* la *possession* est incertaine. Les vertus, *dont* Socrate était *doué.* Les plaisirs *dont* les riches *abusent.* L'ambitieux *dont* l'*espoir* est déçu [1]. La médiocrité *dont* le sage est *content.* La compassion *dont* je suis *touché.* Les malheureux *dont* vous *soulagez la misère.* Les soins *dont* l'esprit de l'homme de bien est *libre.* Les richesses périssables [2] *dont* le sort vous a *dépouillé.* Le luxe et les richesses *dont* Crésus, roi de Lydie, se *glorifiait.* L'amitié *dont* tous les hommes connaissent le *prix.* L'indulgence *dont* nous *avons* tous *besoin.* Ma maison *dont* je vous interdis l'*entrée.* L'ingrat hait celui *de qui* il *a reçu* les plus grands bienfaits. Dieu, *de qui* vous *obtiendrez* le pardon des fautes *dont* vous vous repentirez, vous donne [3] l'exemple de la clémence. Souvent l'homme *de qui vous attendez* les plus grands services [4], nuit le plus à vos intérêts. *De qui* pourrez-vous *espérer* quelque secours, si ce n'est de vous-même.

Quelquefois le *que* français se tourne en latin par *dont, de qui,* et s'exprime de même.

---

§ 157. 1 Decipio, is, ere, *act.* 2 Caducus, a, um. 3 Præbeo, es, ere, *act.* 4 Strenuissima opera, *au sing.*

EXERCICES.

§ 158. Ma maison *que* je vous *interdis*, est ouverte [1] à votre frère. Les moyens *que* nous *employons* [2] pour réussir [3] doivent être honnêtes. L'ambition *qui* vous *tourmente* [4] vous deviendra funeste. La douleur *que* je *ressens* [5] n'admet point de consolation [6], etc.

A qui.

A qui se met au cas que demande le verbe ou l'adjectif auquel il se rapporte. Ex. : L'homme à qui vous avez rendu service, *homo cui officium præstitisti*, ou par un autre cas, *homo in quem officium contulisti*. L'enfant à qui cela est utile, *puer cui id utile est.*

EXERCICES ÉLÉMENTAIRES.

§ 159. L'homme *à qui* il est *utile* de pratiquer la vertu, se livre souvent à ses passions déréglées [1]. Les Phéniciens *à qui* nous sommes *redevables* [2] du mode d'écriture dont nous nous servons [3]. Le combat *auquel* le général *exhorte* ses soldats, décidera du sort [4] de la patrie. A qui ce jardin appartient-il? Votre père *à qui* cela *eût été avantageux*, n'a pas suivi mes conseils.

---

§ 158. [1] Pateo', es, ere *v. n.* [2] Utor, eris, *ablat.* [3] Ut *subj.* benè et feliciter nobis evenio, is, ire. [4] Laboro, as, are, *abl.* (*dont tu travailles*). [5] Afficior, ceris, ici, *je suis affecté.* [6] Nullus, a, um... *ou* nihil solatii.

§ 159. [1] Effrænatus, a libido, dinis, *f.*, indulgeo, es, ere, *v. n.* [2] Acceptum referre debemus. [3] Hic noster scribendi modus, i. [4] T. *Du combat... dépend le sort.*

Quelquefois *à qui* se tourne par *que*, *dont*, *de qui*, et réciproquement *que* se tourne par *à qui*.

EXERCICES.

§ 160. Marius *à qui il importait* de ménager[1] Sylla, s'attira[2] sa haine[3]. Le méchant *à qui* vous *rendrez service*[4], tourne[5] souvent vos bienfaits contre[6] vous. Les gens de bien *qu'un* prince éclairé[7] *favorise*, sont le plus ferme soutien[8] de sa puissance.

Par qui.

Par qui, suivi d'un verbe passif, se met à l'ablatif, avec *à*. Ex. : Romulus par qui Rome fut fondée, *Romulus à quo Roma condita fuit*. *Par qui* signifiant *par le moyen duquel*, s'exprime par *per*, avec l'accusatif. Ex. : Celui par qui j'ai obtenu ma grâce, *c'est-à-dire*, par le moyen duquel ; *is per quem veniam impetravi*.

EXERCICES ÉLÉMENTAIRES.

§ 161. Camille *par qui* Rome *fut sauvée*[1], avait été envoyé en exil. Manlius Torquatus *par qui*[2] les Romains *conservèrent* le Capitole, fut précipité[3] de

---

§ 160. 1 Cautiùs ago, gere cum. 2 Incurro, is, rri in., *acc.* 3 Ejus odium, ii, *n.* 4 Bene mereri, cor de *abl.*, qui, quæ; *ou* in, *acc.*, qui, quæ officium confero, fers. 5 Malè verto, is, ere. 6 In, *acc.* 7 Prudens. 8 Præsidium, ii, *n.*

§ 161. 1 Servo, as, are, *act.* 2 Par le moyen duquel. 3 Dejicio,

la roche tarpéienne [4]. Cyrus *par qui* l'Orient *fut subjugué*, ne fut pas enterré avec plus de magnificence qu'un simple particulier [5]. Alexandre tua Clitus *par qui il* avait été sauvé au [6] passage [7] du Granique [8], et fit assassiner [9] Parménion *par qui* l avait remporté tant [10] de victoires. Clovis [11], *par qui* la monarchie française [12] *fut fondée* [13], vainquit les Romains, les Bourguignons [14], les Allemands et les Visigoths [15]. Charlemagne [16], *par qui* l'empire d'Occident *recouvra* toute son ancienne [17] splendeur, a donné [18] son [19] nom à la seconde race [20] de nos rois.

Par, signifiant *par le moyen de*, se rend aussi par *Per* devant les substantifs.

§ 162. On ne connaît bien que celui qu'on a connu *par* soi-même [1]. Les plus grands fleuves diminuent [2] *par* les ruisseaux (s.-ent. *qu'on en tire*). Antonin le Pieux était père, *par* adoption (adoptif), de Marc-Aurèle. C'est [3] *par* vous que [3] je me vengerai de mes ennemis [4]. Ces fruits se fendent [5] *parce qu'ils sont trop mûrs* [6]. La route *des* préceptes est longue ; celle *des*

---

jectum. 4 Tarpeius, a, um. 5 Si fuisset è plebe. 6 In , *abl.* 7 Transitus, ûs. 8 Granicus, ci, *m.* 9 Et sicarii, orum immitto, si in, *acc.* 10 Tot *ou* tam multi, æ, a. 11 Clodoveus. 12 Francicum regnum. 13 Condo, is, didi, d.. um, *act.* 14 Burgundio, nis, *m.* 15 Visigothi, orum. 16 Carolus Magnus. 17 Pristinus, a, um. 18 Facio, is, feci *ou* indo, didi, *act.* 19 *Ne se rend pas.* 20 Stirps, pis, *fém.*

§ 162. 1 T. *il sera connu enfin* (demùm) *à toi, celui que tu connaîtras*, novero, is, *par toi.* 2 Timuor, aris, ari, *pass.* 3 *Ne se rend pas.* 4 *A l'acc.* 5 Dehisco, is. 6 Per maturitas, tatis.

exemples est courte et sûre 7. Je vous communiquerai
mes projets par écrit 8.

Me, te, se.

Les pronoms *me*, *te*, *se*, *nous*, *vous* se mettent au cas que
gouverne le verbe ou l'adjectif auquel ils se rapportent. Ex. :
Il m'a obéi, c'est-à-dire, il a obéi à moi, *mihi paruit.* Je vous ai
donné un livre, c'est-à-dire, j'ai donné à vous, *tibi dedi librum.*
Cela nous sera utile, *id nobis erit utile.* Vous me louez, *me lau-
das.* Vous me favorisez , *mihi faves.*

EXERCICES ÉLÉMENTAIRES.

§ 163. Je *te* félicite. Il *nous* favorise. Le magistrat
vous a condamnés. Nous *vous* croyons. Nous *vous*
confions 1 à cet homme de bien. Le roi *nous* protége 2.
L'honneur doit *vous* diriger 3. Dieu *nous* regarde.
L'envieux se tourmente. Les méchants *se* 4 punissent
eux-mêmes 4. L'avare *se* 5 nuit à lui-même 5. Brutus
et Caton *se* sont donné 6 la mort. L'habitude resserre 7
les liens qui *nous* attachent 8 à la vie. Vous *vous* dis-
putez 10 en vain la 11 possession de l'or. Les méchants
vous haïssent , les gens de bien *vous* protégent et

---

7 Longus, a, um, iter, *n.,* per præceptum , i, brevis, e et efficax
per exemplum, i. 8 Tecum ago, is quæ cogito, as per litteræ ,
arum.

§ 163. 1 Credo, is, didi, ere, *act.* 2 Tueor, eri, *acc.* 3 Rego, is,
ere, *act.* 4 Ipsi se. 5 Sui, sibi ipse, *au nom.* 6 Conscisco, scivi ,
act. 7 Constringo, is, gere, *act.* 8 T. *Par lesquels nous tenons* ,
adhæreo, es, ere, *v. n.* 9 T. *entre vous.* 10 Decerto, as, are. 11

vous favorisent. Nous *lui* avons recommandé de [12] venir. Nous l'avons rencontré [13] non loin d'ici [14]. Vous *nous* avez donné [15] un mauvais conseil [15].

Le , la , les. — Lui , leur.

Le, la , les se mettent toujours au cas du verbe suivant, et ils s'accordent en genre et en nombre avec le nom auquel ils se rapportent. Ex. : Je vous ai promis un livre, je vous le donnerai, *tibi promisi librum , hunc tibi dabo*. — Si *le* n'est pas précédé d'un nom auquel il se rapporte, on le tourne par *cela* , et on l'exprime par *hoc, id, illud.* Ex. : Je ne le ferai pas, tournez, je ne ferai pas cela, *hoc non agam* (sous-ent. *negotium*).

Lui , leur, se tournent toujours par *à lui, à elle, à eux,* et ils sont gouvernés par un verbe ou par un adjectif. Ex. : Vous lui direz, tournez, vous direz à lui, *dicés ei.* — Cela leur est facile , tournez, est facile à eux, *id illis facile est.*

EXERCICES ÉLÉMENTAIRES.

§ 164. Je vous ai promis une récompense, je vous *la* donne. Je *leur* rendrai cet argent. Nous *lui* avons envoyé les livres qu'il demandait. Vous *le* voulez, je vous *le* promets. Il nous *en* [1] menace; mais il ne *le* fera pas. Ils *le lui* défendront [2]. Vous *le leur* refuserez [3]. Les hommes timides haïssent les méchants, mais ils *les* craignent [4] et n' [5] osent *les* attaquer. J'admire les discours de Cicéron et je *les* étudie. Les hommes cherchent le bonheur ; mais ils ne peuvent *le* trouver, parce qu'ils *le* cherchent le plus souvent là [6] où [7] il

---

De. 12 Præcipio, cepi ut, *subj.* 13 Incido., is, di, ere in, *acc.* 14 Non procul abhinc. 15 Malè suadeo, es, si, *dat.*

§ 164. 1 Hic, hæc, hoc quidem. 2 Veto, as, are, *act.* 3 Denego, as. are , *act.* 4 Metuo, is, ere, *act.* 5 Nec. 6 Ibi. 7 Undè.

n'est pas [8] : la vertu seule peut *le leur* procurer [9]. Les
lettres *vous* charmeront si vous *les* étudiez. Fuyez la
société des méchants : si vous *les* favorisez [10], vous les
rendrez [11] pires ; si vous *leur* êtes opposés [12], ils *vous*
tendront des embûches [13]. Chargez-vous [14] de cette
affaire ; quant [15] à moi, je [15] ne *le* [16] peux pas. Je viendrai
vous voir quand vous *le* [16] voudrez. Cet homme était
votre ami ; pourquoi *ne* l'avez-vous pas secouru [17],
comme [18] vous le pouviez et comme vous le deviez.

En se tourne par *de lui, d'elle, d'eux, d'elles*, et il est gouverné,
ou par un nom, ou par un adjectif, ou par un verbe. **Ex. :** J'ai vu
votre maison, et j'en ai admiré la beauté, *c'est-à-dire*, la beauté
d'elle, *vidi tuam domum, et illius pulchritudinem miratus sum.* —
Vous en êtes bien content, *Illâ sanè contentus es*. (Vous êtes
content d'elle.) — J'aime cet enfant, et j'en suis aimé, *c'est-à-
dire*, je suis aimé de lui, *hunc puerum diligo, et ab eo diligor.*

EXERCICES ÉLÉMENTAIRES.

§ 165. J'ai vu la ville de Lyon, et j'en ai admiré
l'opulence. Ceux qui jouissent d'une grande réputation
n'*en* sont pas toujours *dignes*. Si vous imitez les méchants vous *en* serez méprisé ; si vous imitez les gens
de bien vous *en* serez estimé. J'ai vu votre père, et

----

8 Absum, abes. 9 Procreo, as, are, *act.* 10 *Au futur.* 11 Facio,
is, ere, *act.* 12 Adversor, aris, ari, *dat. (au futur).* 13 Insidior,
iaris, ari, *dat.* 14 Suscipio, is, ere, *act.* 15 Ego verò. 16 Le, *ne
se rend pas quand il ne se rapporte à (quand il ne représente) aucun
nom.* 17 Opitulor, atus sum, *dat.* 18 Ut, *indical.*

j'*en*[1] suis *charmé*. Les racines de la science sont amères, mais les *fruits en*[2] sont doux. Cet enfant a commis une faute ; mais il s'*en repent*. Un véritable ami, lorsque son ami lui est préféré, n'*en est* pas *jaloux*[3]. Je vous ai accordé ma confiance, et vous *en avez abusé*. Certains hommes paraissent manquer d'esprit, quoiqu'ils n'*en*[4] soient pas *dépourvus*[5]. Le riche est accablé de soucis, le pauvre *en* est *libre*[6]. Je vous renvoie votre fils, je n'*en* suis pas *content*. La gloire est brillante[7] ; mais peu d'hommes[8] peuvent *en* supporter[9] *l'éclat*. La vertu et la science sont des trésors précieux, *et*[10] *la possession en*[10] est *assurée*. Des pays contigus[11] à la mer *en* sont aujourd'hui très-*éloignés*[12].

Y se tourne par *à lui, à elle, à eux, à elles,* et se met au cas du verbe suivant, c.-à-d. au cas où se mettrait le nom qu'il représente. Ex. : L'affaire est très-importante, j'*y* donnerai mes soins, *c'est-à-dire,* à elle *(à l'affaire)*; *res est gravissima, huic operam dabo.*

EXERCICES ÉLÉMENTAIRES.

§ 166. Je vous ai fait une proposition qui vous sera avantageuse[1], vous *y réfléchirez*[2]. Vous formez[3] une

---

§ 165. 1 T. *de cela.* 2 T. *d'elle* 3 Invideo, es, ere, *dat.* 4 *Ne se rend pas.* 5 Inops, inopis. T. *ainsi.* Quidam ingenium, ii, quamvis non inops, pis sim, careo, ere videor. 6 *Dans ces phrases et autres semblables, il faut tourner ainsi : desquels soucis le riche est accablé, le pauvre est libre,* qui, quæ, conficior, ceris dives cura, æ, liber *ou* iis liber est, *etc.* 7 *Commencez par* splendidus, a quidem. 8 Pauci verò. 9 Ferre. 10 T. *desquels.* 11 Continens, tis, *dat.* 12 Longè, disto, as à ; *exprimez* en *par* mare, is, *n.*

§ 166. 1 T. *Je vous ai proposé quelque chose très-utile,* aliquid, etc. 2 Cógito, as, are de, *ablat.* 3 Molior, iris, iri, *acc.*

entreprise 4 difficile, mais 5 vous y réussirez 6. Mon
ami peut terminer cette affaire, je l'y *autorise* 7. Jeunes gens, préférez la vertu aux richesses, nous vous y
engageons. Nous l'avions dissuadé 8 d' 9 entreprendre
ce procès, il *s'y est engagé* 10 malgré nous 11. Vous
cultivez avec soin la peinture 12, vous *y ferez des progrès* 13. J'irai à Paris 14 dans 15 deux mois ; si vous *y* 16 *êtes*
encore, j'irai vous voir. Je suis à la campagne 17 ; *ve-
nez-y* 18. A-t-il passé par là 19 ? non ; mais il *y* 20 passera.
Voyez les questions de lieu.

Se.

On exprime *se* par *sui, sibi, se*, en le mettant au cas du
verbe, quand le nominatif est une chose animée, qui fait sur
elle-même l'action que marque le verbe.

EXERCICES ÉLÉMENTAIRES.

§ 167. L'envieux *se tourmente*. Personne n'est mécontent 1 *de soi*. Les sots *se félicitent* de leur 2 sottise ;
ils *se louent*, ils *s'applaudissent* 3. Plusieurs Romains

------

4 Res, ei, *f.* 5 Verò. 6 Feliciter gero, is, ere, *act.* 7 T. *cela est
permis par moi*, per., *acc.*, ego licet. 8 Dissuadeo, es, suasi, *dat.*
9 Ne, *subj.*, *de peur qu'il n'entreprît*. 10 Implicor, aris, atus
sum *avec l'ablat.* 11 Nos inviti, orum, *abl. absol.* 12 Ars, tis,
f., pingendi studiosè. 13 Proficio, is, cere in, *abl.* 14 Lutetia,
æ, *acc.* 15 Post. 16 T. *là.* 17 Rus, ruris, *abl. sans prép.* 18 T.
ici, hùc. 19 Nùm transeo, sii illàc. 20 Illàc.

§ 167. 1 Displiceo, es, ere, *n. dat.* 2 Suus, a, um. 3 Plaudo,

célèbres *se sont donné* [4] *la mort*, et ont terni [5] ainsi la gloire de leur [6] vie. Lorsque Carthage fut prise et détruite par Scipion, la femme [7] du général des Carthaginois *se* précipita [8] dans [9] le feu avec ses enfants [10]. César *se* conduisit [11] avec beaucoup d'humanité [12] envers [13] les vaincus.

Vox illa invenitur apud Phædrum.

Si le pronom *se* a rapport à un nominatif de chose inanimée, ou même animée, qui ne fasse pas sur elle-même l'action marquée par le verbe, on tourne ce verbe par le passif. Ex. : Ce mot se trouve dans Phèdre, *tournez*, ce mot est trouvé dans Phèdre, *vox illa invenitur apud Phædrum*. Il s'effraie de vos menaces, *tournez*, il est effrayé, *minis terretur tuis*.

EXERCICES.

§ 168. Les mœurs *se corrompent* par le luxe. Les fables de Phèdre *se liront* toujours avec plaisir [1]. Des hommes *se sont trouvés* prêts à sacrifier [2] leur [3] vie pour la patrie. Les richesses *se répandent* par le commerce et par les arts. Les sots *s'effraient* des moindres obstacles. La santé *s'altère* [4] par l'intempérance. Les grands hommes ne *se découragent* [5] pas par les revers [6]. La

---

is , *dat.* 4 Conscico , scivi, *act.* 5 Maculo , as , avi, *act.* 6 Suus , a , um. 7 Uxor, is. 8 Immitto , is, si. 9 In, *acc.* 10 Liberi, orum, *pl. m.* 11 Gero, is, gessi, *act.* 12 Perhumaniter. 13 In, *acc.*

§ 168. 1 Libentissimè. 2 Profundo, is, ere, *act.* 3 Suus, a, um 4 Malè afficio , is , cere, *act.* 5 Frango, is , gere, *act.* 6 Ad-

rertu ne s'achète? pas avec de l'or. L'homme de bien, ou le méchant, *se juge*[8] non seulement par ses œuvres [9], mais encore [10] par ses intentions [11]. Des guerres d'extermination *s'allumèrent* après la mort d'Alexandre [12].

————

Venenum sese insinuat in venas.

Dans les phrases suivantes les nominatifs sont regardés comme des choses animées.

EXERCICES.

§ 169. La lâcheté *se* trahit elle-même [1]. L'impiété se prépare des peines éternelles. La colère s'abandonne[2] à toute sa violence [3]. La pitié *s'insinue* jusque [4] dans le cœur[5] des tyrans. L'orgueil *se crée* [6] bien des déplaisirs [7]. La médiocrité *se pare*[8] des avantages [9] qu'elle n'a pas[10]. L'envie, comme un poison lent, s'introduit peu à peu [11] dans le cœur d'un ami, lorsqu'il se trouve en concurrence avec son ami [12]. Si l'occasion *se présente*, saisissez-la, car elle ne *se pré-*

————

versa, orum, 7 Emo, is, ere, *act.*, *ou* non est auro venalis. 8 Specto, as, *act.* 9 Ex opus, peris, *n.* 10 Sed etiam. 11 Ex voluntas, tatis, *au sing.* 12 T. *Après la mort... s'allumèrent*, conflo, as, atum, *act.*, *ces guerres qui se firent,* gero, gestum, *act.*, ad internecionem.

§ 169. 1 Ipsa. 2 Indulgeo, es, ere, *neut. dat.* sui, sibi. 3 Furenter. 4 T. *même,* etiam. 5 Animus, mi. 6 Pario, is, ere, *act.* 7 Multi, æ molestia, æ. 8 Exorno, as, are, 9 Laus, dis *f.* 10 Alienus, a, um. 11 Sensim. 12 *Si entre lui et son ami tombe,*

sentera pas une seconde fois [13]. Les choses ne se sont pas passées comme [14] vous l'aviez cru. Nous attendrons que [15] la chose *se découvre* [16] d'elle-même [17].

Petrus et Joannes se invicem laudant ; inter se pugnant.

Quand *se* a rapport à deux nominatifs qui font l'un sur l'autre l'action que marque le verbe, on ajoute l'adverbe *invicem* au pronom *sui*, *sibi*, *se*, à moins qu'il ne soit gouverné par une préposition. Ex. : Pierre et Jean se louent, *Petrus et Joannes se invicem laudant* ; ils se battent, *inter se pugnant* (ils combattent entre eux).

N. B. Quand *se* est suivi d'un verbe neutre, il faut se servir de la prépos. *inter*, parce que *se* ne peut être gouverné par un verbe neutre.

EXERCICES.

§ 170. De tout temps [1], les hommes se sont fait la guerre [2]. Les Carthaginois et les Romains *se* haïssaient. Deux rivaux *se* portent envie [3]; deux émules s'estiment. Les Athéniens et les Lacédémoniens *se* disputaient [4] la prééminence [5]. Marius et Sylla *se* livrèrent [6] de sanglants combats [7]. Les ennemis généreux *se* rendent justice [8]. Ces opinions *se* combattent [9]. Les

---

incido, is, *la concurrence sur les mêmes choses*, de idem, eadem res, rei contentio. 13 Iterùm. 14 Ut. 15 Dùm, *subj.* 16 Aperio, is, *act.* 17 Ipsa, *doit être joint à se.*

§ 170. 1 Ab omni ævo. 2 T. *ont fait*, gero, gessi, *act. ou* agito as, *des guerres mutuelles entre soi.* 3 Invideo, es, ere, *dat.* 4 Contendo, is, dere, *v. n.* 5 De principatus, ûs. 6 Decerto, as, avi, are, *v. n.* 7 T. *par de... à l'abl.* 8 Æstimo, as, are. 9 Pugno, as, are,

hommes devraient vivre en paix [10], lorsqu'ils ont assez pour ne *se* rien envier [11].

N. B. Il faut remarquer que *se* est souvent traduit par un verbe neutre. Ex. : Scipion *se distingua* par sa modestie et par ses belles actions, *modestiâ et præclarè factis inclaruit Scipio.*

Il se traduit aussi par un substantif tel que *corpus, mens,* etc. Ex. : Il faut s'endurcir contre la chaleur, le froid, la fatigue, *Indurandum est corpus adversus æstum, frigus, labores.*

Même joint à *soi,* se met au nominatif lorsqu'il représente *le nominatif.* L'avare se nuit à lui-même ; *avarus sibi ipse nocet.* S'il ne représente pas le nominatif on le fait accorder avec *le régime.* Le temps ronge le fer même, *vetustas ferrum ipsum exedit.*

EXERCICES GÉNÉRAUX.

§ 171. Tous les honnêtes gens *s'intéressent* [1] à un jeune homme instruit et modeste. La sagesse et la puissance de Dieu *se manifestent* [2] dans toute la nature [3]. Par l'adulation, les vices des grands [4] *se fortifient* [5], leurs vertus même se corrompent. Il *s'est trouvé* [6], chez la plupart des nations, des hommes supérieurs [7], qui ont eu la gloire [8] de servir de [9] modèles

---

v. n. 10 Pax, cis inter suî agitare debeo. 11 Cum satis est cuique cur, *subj.,* alter alterius, ri nihil invideo. (*se est rendu par* alter *répété.*)

§ 171. 1 Faveo, es, ere, *dat.* 2 Passim eluceo, es, ere, *v. n.* 3 Universus, a, um in rerum natura, æ. 4 Principes, um, 5 Invalesco, scis, ere, *v. n.* 6 Exsto, as, exstiti, *ont existé.* 7 Excellens, tis. 8 Laus contingo, gis, igi, *v. n.* 9 T. *qu'ils fussent,*

aux autres. La jeunesse est le seul moment de la vie
où [10] l'homme puisse *se* [11] corriger facilement. Saturne
eut trois fils qui *se* partagèrent l'empire. Les mauvaises nouvelles *se sont* toujours *répandues* [12] plus
promptement que les bonnes [13]. Tout *change* [14], tout
s'use [15], tout *s'éteint*. Rien ne *se répand* [16] plus vite
que la contagion du mal. Les années *se succèdent* [17]
comme les flots, et ne cessent de [18] *s'écouler* [19]. La
terre ne *se lasse* [20] jamais de répandre [21] ses biens sur
ceux qui la cultivent [22] : son sein [23] fécond ne peut *s'é-
puiser*.

§ 172. On ne [1] peut *se défaire* [2] de la honte [3] que
la nature a gravée en nous [4]; si l'on veut la chasser [5]
du cœur elle *se sauve* [6] au [7] visage. La sagesse divine
semble *s'être jouée* [8] dans la variété des couleurs dont
elle a orné les fleurs [9]. Auguste, empereur, dompta
vers les Pyrénées [10], les Cantabres [11] qui *s'étaient révoltés* [12]. On *se pousse*, on se remplace [13], parce que

ut, *subj.* sum, *avec deux datifs.* 10 Juvenilis ætas ea sola est quâ.
11 Vitium, ii. 12 Vulgo as, avi, atum, *act.* 13 Faustus, a, um.
14 Muto, as, are, v. *act.* 15 Usu tero, is, v. *act.* 16 Serpo, is,
ere, v. n. 17 T. *sont pressées par les années,* premo, is, ere,
act. 18 Et sine ullâ intermissione. 19 Labor, eris, labi. 20 Cesso,
as, are, v. *neut.* 21 T. *en répandant,* largior, iris, *dép.*, *act.* 22
T. Colens, tis, *au dat. pl.* 23 Gremium, ii, *n.*, ejus.

§ 172. 1 Nemo. 2 Exuo, is, ere, *act.* 3 Pudor, is. *m.* 4 Homini insitus, a, um. 5 T. *quo si elle est chassée,* quòd si, etc. 6
Refugio, is, ere, v. n. 7 In, *acc.* 8 Quasi per lusum. 9 *A orné
les fleurs de couleurs variées.* 10 Pyrenæos versùs. 11 Cantaber,
bri. 12 Rebello, avi, v. *neut.* 13 T. *l'un pousse l'autre, l'un*

nul ne sait *se contenter* de ce qu'il a [14]. Sept villes *se
sont disputé* [15] la gloire [16] d'avoir donné naissance [17] à
Homère, mais les savants *se sont accordés* [18] à penser [19]
que c'est à Smyrne qu'il naquit [20]. Aujourd'hui les
guerres *se font* [21] avec moins de rigueur et de cruauté [22]
qu'autrefois, parce que les combattants [23] ne *s'appro-
chent* [24] plus. La mère de Darius, ayant appris [25] la mort
d'Alexandre, s'arracha les cheveux [26] et se jeta [27] par
terre [28]. Les généraux d'Alexandre n'auraient jamais
trouvé [29] de rivaux [30], s'ils ne *s'étaient* point *attaqués* [31];
ils ne redoutaient pas moins les soldats, qu'ils ne se
craignaient *eux-mêmes* [32]. Démosthène déclamait souvent [33] sur [34] le rivage de la mer, contre [35] lequel les
flots *se* brisaient [36], pour [37] *s'habituer* [38] à ne pas craindre [39] les murmures menaçants [40] de la multitude. Les
amis sincères [41] se font connaître [42] dans l'adversité [43].

----

remplace l'autre, alter alter trude, is, *act.*, alter alter excipio,
is, *act.* 14 T. quia sua cuique numquàm satis placeo, es, *v. n.*
15 Contendo, is, di, dere, *v. n.* 16 *Laquelle peut se glorifier*
quænam jure gloriari possit. 17 Gigno, genui. 18 Convenit
inter. 19 *Ne se rend pas.* 20 T. *Lui être né à Smyrne*, eum
oriundus, a, um Smyrna, æ, *abl.* 21 Gero, is, erere, *v. act.* 22
Acerbè et crudeliter. 23 Præliantes. 24 Pedem confero, ers. 25
T. *Lorsqu'elle eut entendu*, cùm audivissem, es, *act.* 26 Crines, ium,
m., laceratus, a, um, *abl. absolu.* 27 Se *ou* corpus abjicio, jeci,
act. 28 Humi. 29 Reperio, is, peri, *act.* 30 Sibi par, is. 31 Nisi
concurro, issem, es. *v. n.* 32 Suî, se invicem. 33 Declamito, as,
are, *v. n.* 34 In, *abl.* 35 In, *acc.* 36 Suî illido, is, ere, *act.* 37
Ut, *subj.* 38 Consuescerem, es. 39 Non expavesco, is, ere, *acc.*
40 Fremitus, ûs. 41 Sinceræ fidei. 42 T. *sont connus.* 43 Res adversæ.

Quis vestrûm, ou ex vobis, ou inter vos.

Le *Qui* interrogatif n'a point d'antécédent : on le connaît quand il peut se tourner par *quelle personne?* (L'antécédent est sous-entendu.) — Le *Qui* interrogatif s'exprime par *quis*, *quæ*, *quod*, ou *quisnam*, *quænam*, *quodnam*, et le nom pluriel qui suit, se met au génitif, ou à l'ablatif, avec *é*, *ex*, ou à l'accusatif, avec *inter*. Ex.: Qui de vous? *Quis vestrum*, ou *ex vobis*, ou *inter vos?* — Qui est content de son sort? *Quis suâ sorte contentus est?* — (Dans *quisnam*, *nam* est explétif.)

EXERCICES ÉLÉMENTAIRES.

§ 173. Qui de nous ? Lequel d'entre eux ? Qui de vous ? Lequel des soldats ? Qui vous a dit ? Qui peut dire : Je vivrai demain ? Qui n'aime pas sa patrie ? Qui désire la gloire plus que les richesses ? Qui pense à [1] la mort ? Qui a trouvé le vrai bonheur ? Qui d'entre nous est exempt de [2] fautes ? Quelles sont celles [3] d'entre ces femmes qui [3] méritent des éloges. Auquel de ces hommes avez vous nui ? Lequel de ces exemples est à imiter [4] ? Lesquels d'entre ces enfants favorisez-vous ?

Uter est doctior.

Qui des deux, ou *lequel des deux*, s'exprime par *uter*, *utra*, *utram*, et les deux noms qui suivent, se mettent au même cas que *uter* ; on met *ne* après le premier, et *an* devant le second : le

----

§ 173. [1] Cogito, as, avec de, *ablat.* [2] Vaco, as à. [3] *Ne se rend pas.* [4] Imitandus, a, um.

superlatif français se met au comparatif en latin. Ex. : Lequel des deux est le plus savant, vous, ou votre frère ? *uter est doctior, tu-ne, an frater ?*

EXERCICES ÉLÉMENTAIRES.

§ 174. *Qui des deux* viendra ? *Lequel des deux* est parti ? *Lequel des deux* vous a promis cela ? *Qui des deux* vous paraît malheureux ? *Lequel des deux* a suivi cet exemple ? Lequel des deux est *le plus* prudent ? Lequel des deux s'est *le mieux* acquitté de son devoir ? Lequel des deux vous paraît *le plus* sage ? Lequel des deux est *le plus* heureux, votre frère ou votre sœur ? Qui des deux a été *le plus* habile général, Scipion l'Africain ou César ? Lequel des deux vices est *le plus* honteux, la paresse *ou* la gourmandise ? Lequel a été *le plus* grand, Alexandre *ou* Philippe ? Lequel est le plus éloquent, Demosthène ou Cicéron ? *Qui de vous ou de moi* remportera le prix [2] ? *Qui* des Carthaginois *ou* des Romains étaient les plus cruels [3] ? *Qui* d'eux *ou* de mes fils ont été [4] les plus sages ? Lequel des deux partis [5] remportera la victoire, les patriciens *ou* les plébéiens ?

Quis te vocavit ? Quem vocas ?

Qui interrogatif est tantôt le nominatif, et tantôt le régime du verbe suivant. — 1°. Il est le nominatif, quand on peut le

---

§ 174. 1 T. *Lequel vice*, uter, ra, um *vitium*. 2 T. *Lequel des deux remportera le prix, vous ou moi ?* 3 T. *Lesquels des deux étaient les plus cruels, les Carthaginois ou les Romains ?* 4 T. *Lesquels des deux ont été... eux ou mes fils ?* 5 Pars, *fém. au sing.*

tourner par *qui est celui qui*. . Ex. : Qui vous a appelé? *c'est-à-dire*, qui est celui qui vous a... *quis te vocavit?* — 2° Il est le régime, quand on peut le tourner par *qui est celui que*... Ex. : *Qui* appelez-vous? *c'est-à-dire,* qui est celui que vous... *quem vocas?*

EXERCICES ÉLÉMENTAIRES.

§ 175. *Qui* vous a vu ? *Qui* avez-vous vu ? *Qui* a entendu l'orateur ? *Qui* l'orateur entendra-t-il ? *Qui* craignez-vous ? *Lequel des deux* vous a fait cette injure ? *Qui* peut vous craindre ? *Qui* (ou *lequel*) des *deux* approuvez-vous ? *Qui des deux* favorisons-nous, Pierre ou Paul ? *Qui* hait les méchants ? *Qui* les méchants haïssent-ils ? *Qui*[1] est venu vous voir, votre frère *ou* votre père ? *Qui*[1] irez-vous voir, votre frère *ou* votre père ? *Lequel*[1] regardez-vous[2] comme le plus grand, un roi législateur, *ou* un roi belliqueux ? *Qui des deux* a acquis *le plus*[3] de gloire ? *Qui des deux* se repentira le premier[4], l'homme imprudent, *ou* l'homme timide ? *Auquel des deux* appartient-il d'obéir, à l'ame *ou* au corps ? *Auquel des deux* importe-t-il, à vous *ou* à votre ami ? *Lequel* a le plus[5] besoin d'appui, l'enfant *ou* le jeune homme ? *A qui* appartient-il de parler, à vous *ou* à moi ?

Que interrogatif.

Le *Que* interrogatif se tourne par *quelle chose*, et il s'exprime par *quid*, lorsque le verbe suivant gouverne l'accusatif (c'est-à-

---

§ 175. 1 *On parle de deux* 2 *Existimo as act.* 3 *Magnus major.* 4 *Primus, prior, etc* 5 *Firmins, oris.*

dire, quand on peut sous-entendre *negotiam*). Ex.: Que faites-
vous? *tournez*, quelle chose faites-vous? *Quid agis?* — Mais si
le verbe suivant gouverne un autre cas, il faut exprimer le mot
chose. Ex.: Qu'étudiez-vous? *c'est-à-dire*, quelle chose étudiez-vous? *Cui rei studes?*

EXERCICES ÉLÉMENTAIRES.

§ 176. *Qu'*espérez-vous? *Que* méditez-vous? *Qu'*at-
tendez-vous? *Que* promettez-vous? *Qu'est-ce que*
votre frère dira? *A quoi*[1] pensez-vous? *Qu'*étudieront
les enfants? *Qu'*envient[2] les méchants? *Que* devons-
nous désirer? *Qui* devons-nous favoriser? Les gens de
bien. *Que* redoute le sage? *Qu'est-ce que* vous pouvez
faire? *Que* ménage[3] l'homme prudent? Le temps qui
fuit si vite. De quoi[4] se sert[5] un général habile pour se
faire aimer et respecter[6] de ses soldats? *Qu'*[7] importe
que[8] les méchants vous blâment ou non[9]. *A quoi* devez-vous avoir égard[10]? à votre réputation.

Quid virtute pulchrius?

Quoi ou *que* au commencement d'une phrase se tourne par
quelle chose, et s'exprime par *quid*. Ex.: Quoi de plus beau que
la vertu? *Quid virtute pulchrius?* Que sera-ce si...? *Quid futurum est si...?*

EXERCICES ÉLÉMENTAIRES.

§ 177. *Quoi de* plus grand qu'un homme vertueux?
Quoi de plus honteux que la paresse? *Quoi de* plus

------

§ 176. [1] T. *Quelle chose.* [2] Invideo, es, ere, *dat.* [3] Parco, is,
dat. [4] T. *De quel moyen*, ratio, nis. *f.* [5] Utor, eris, uti, *abl.* [6]
T. *Afin qu'il se concilie l'amour et le respect.* [7] Quid. [8] Utrum.
subj. [9] Nec ne. [10] Consulo, is, ere, *dat.*

admirable que la modestie et la science ? *Quoi de* plus blâmable que l'orgueil et l'envie ? *Que* [1] sont les hommes sur la terre ? *Que* sera-ce, si la chose se passe ainsi ? *Qu'est-ce que* les richesses ? *Qu'est-ce que* le plaisir ? *Que* sommes-nous ? *Que* deviendrons-nous [2] ?

Que a encore d'autres significations.

Que parlez-vous, c.-à-d, *pourquoi* parlez-vous? *Que* vous a coûté cette maison ? c.-à-d. *combien* [1], etc. *Que* [2] je vous aime ! *Que ne* puis-je [3] vous voir, etc.

Quæ ou *quænam.*

Quel, quelle, s'expriment aussi par *quis, quæ, quod,* ou *quisnam, quænam, quodnam,* et s'accordent avec le nom suivant en genre, en nombre et en cas. Ex. : Quelle mère n'aime pas ses enfans? *Quæ* ou *quænam mater liberos suos non amat ?* — Quel avantage y a-t-il dans la vie? *Quod commodum habet vita?* ou mieux : *quid commodi habet vita?* (*Quel,* suivi d'un nom de chose, s'exprime mieux par *quid,* avec le génitif.)

EXERCICES ÉLÉMENTAIRES.

§ 278. *Quel* homme? *Quelle* louange ? *Quel* vice ? *Quel* soldat a fui sans se déshonorer [1] ? *Quelle* faute avez-vous commise? *Quelle* honte pour vous ! *Quel avantage* avez-vous obtenu [2] ? *Quel bien* avez-vous fait ? *Quel* mal avez-vous évité ? *A quel* défaut vous

---

§ 177. 1 T. *quelle chose.* 2 *Que deviendra-t-il de nous ,* fio, fiam, es de.

1 Quanti consto, stiti, *v. n.* 2 Quantùm. 3 Utinam possim.

§ 178. 1 T. *sans son déshonneur,* dedecus, oris, n. 2 Conse-

êtes-vous opposé [3] ? *En quoi* [4] êtes-vous devenu meilleur ? *A quels* hommes vous êtes-vous confié ? *Quel* appui [5] trouverez-vous auprès des méchants ? *Qui* avez-vous pu *croire* [6]? Quelle était votre intention [7] ?

Quota hora est?

Quel, quelle, signifiant *quantième*, s'expriment par *quotus, quota, quotum,* et l'on répond par le nombre ordinal. Ex. : Quelle heure est-il ? sept heures. *Quota hora est ? septima.*

EXERCICES ÉLÉMENTAIRES.

§ 179. En quelle année [1] naquit Alexandre ? Quel jour [1] du mois viendrez-vous ? Je viendrai le huit [1] ? Quelle heure est-il ? Neuf heures. En quel nombre [2] sont-ils ? Le quantième (jour) du mois sommes-nous ? Le douze. Combien voulez-vous être [3] ?

Quanta nobis instat pernicies !

Quel, quelle, quand on peut ajouter le mot *grand,* s'expriment par *quantus, quanta, quantum.* Ex.: Quel malheur nous menace ! c'est-à-dire, quel grand malheur ! *Quanta nobis instat pernicies !*

---

quor, queris, quutus sum, *acc.* 3 Obsto, as, stiti, *v. n.* 4 T. en *quelle partie,* pars , tis, *à l'abl., sans prép.* 5 Præsidium. ii, *n.* 6 Credo , dere, *n. dat.* 7 Quid animus, mi habeo, habui?

§ 179. 1 *Abl. sans prép.* 2 Quoteni. 3 Quotus esse vis?

EXERCICES ÉLÉMENTAIRES.

§ 180. *Quelles* richesses ! *Quel* homme ! *Quel* for-
fait ! *Quelles* défaites [1] *essuyèrent* les Romains, dans
la seconde guerre punique ! *Quelle* constance *montra*
Socrate, lorsqu'il fut condamné à mort ! *Quel* malheur
menace les impies ! *De quel* espoir je suis *déchu* [2] !
Quels dangers n' [3] a-t-il pas *essuyés* [4] ! *Quelles guerres*
les Grecs *soutinrent* contre les Perses ! *Que de* grands
hommes [3] a *produits* [5] le siècle [6] de Louis XIV [7] ! *Quel*
projet [8] avait *formé* [9] Catilina ! *Quel* [10] temps *que* [11]
celui où [11] les peuples sont gouvernés par un bon roi !
Dans *quelles* circonstances nous trouvons-nous [12] !
Que devenir [13] ?

Quis te redemit ? — Jesus-Christus.

La réponse se met ordinairement au même cas que la demande. Ex. : Qui vous a racheté ? Jésus-Christ. *Quis te redemit ?*
Jesus-Christus. — Qui a pitié des paresseux ? personne. *Quem*
miseret pigrorum? neminem. — Le verbe de la demande est
toujours sous-entendu dans la réponse ; ainsi , quand on dit ,
qui vous a racheté ? et que l'on répond , *Jésus-Christ* , c'est com-

---

§ 180. 1 *Régime du verbe.* 2 Excido, is, idi, *v. n.* 3 *On ne*
rend pas ne, *et l'on ajoute* quot à quanti, æ, a, *quand on peut*
tourner par quels nombreux et quels grands. 4 Haurio, is , hausi ,
act. 5 Gigno, genui, *act.* 6 Ætas, tatis, *fém.* 7 T. *Quatorzième.* 8
Quam nefarius , a, um consilium , ii. 9 Ineo, is, ivi, *accus.*
10 Quam faustus, a, um. 11 T. *Lorsque,* cùm. 12 Quam difficilis
in rerum articulus, U versor, aris, ari. 13 Quid de nos fiam. *ic*

me si l'on disait : *Jésus-Christ m'a racheté.* — Cependant avec les impersonnels *est, refert, interest*, la réponse, quand elle se fait par un pronom, se met à un autre cas. Ex. : A qui importe-t-il? A moi. *Cujusnam interest? Meâ.* A qui appartient-il de parler? A vous. *Cujus est loqui? Tuum.* (A lui, *illius*).

EXERCICES.

§ 181. *Qui* est heureux sur la terre? *personne. A qui* importe-t-il d'user sagement du temps? *à l'homme* qui veut faire [1] de grandes choses. *Qui* devez-vous épargner [2]? *votre ennemi vaincu. Qui* respectez-vous? *Dieu. Qui* peut s'ennuyer de l'étude? *l'homme* qui n'en connaît point les charmes. *De quoi* se nourrissaient [3] les Perses? *De pain et de cresson. Qui* s'ennuie de la vie? *l'homme oisif. Qui* se repent de ses fautes? *l'homme de bien. A qui* importait-il? *à toi. A qui* appartient-il de donner de bons exemples? *à moi. A qui* importe-t-il de défendre la patrie? *à tous les citoyens. A qui* convient-[4] il de rendre le bien pour le mal? *à un homme généreux. A qui* appartient cette maison de campagne? *A moi. A qui* importe-t-il de partir? *A vous. De qui* avez-vous reçu cette lettre? *De mon ami.* En [5] *quelle* année Clovis [6] fonda-t-il la monarchie française? En [5] *l'an 486* [7]. *Quel jour* [8] du mois nous réunirons [9] nous? *Le dix. A quelle* [8] heure? *A neuf heures. Qui* a pitié des malheureux? *l'homme* qui

---

§ 181. 1 Animo agito, as *act.* 2 Parco, cis, cere, *n. dat.* 3 Quis cibus, bi, *m.*, vescor, ceris, sci, *abl.* 4 Decet, *acc., de la* personne. 5 *Ne s'exprime pas.* 6 Clodoveus, i. 7 Quadringentesimus octogesimus sextus. 8 *A l'abl.* 9 Convenio, is, veni, ven-

connaît [10] le malheur. A *qui* appartient-il de (*qui* doit) secourir ce vieillard ? *à vous* (ou *c'est vous*). *A qui* importe-t-il de fuir le vice et d'aimer la vertu ? *à vous tous*, jeunes gens. *Qui* a besoin des conseils des vieillards ? *le jeune homme* qui paraît [11] sur [12] la scène du monde. Combien [13] ce livre vous a-t-il coûté ? *Trois francs* [14]. *Combien* avez-vous acheté cette maison ? *Vingt mille* [15] *francs* [16].

Num dormis? Non dormio. — Vidisti-ne regem? Vidi. Quùm cœnaverat abibai. - An non ou nonne vidisti regem?

Quand on interroge sans négation, on met en latin *an*, ou *num* devant le premier mot, ou *ne* après, et la réponse se fait par le verbe de l'interrogation. Ex. : Dormez-vous? *Num dormis?* Non. *Non dormio.* (*Num* s'emploie quand on prévoit que la réponse doit être négative.) Avez-vous vu le Roi? *Vidisti - ne Regem?* Oui. *Vidi.* Si l'interrogation tient lieu de *lorsque*, on l'exprime par *quùm* : Avait-il soupé, il s'en allait; *tournez*, lorsqu'il avait soupé, il.... *Quùm cœnaverat abibat.* Elle peut encore tenir lieu de aussitôt que, *statim ut*; à peine... que, *vix... cùm.* Si l'interrogation se fait par deux négations, *ne je pas, ne tu pas*, etc., on met *an non* ou *nonne* devant le premier mot. Ex. : N'avez-vous pas vu le Roi? *An non ou nonne vidisti Regem?* Non. *Non vidi.*

EXERCICES.

§ 182. Favorisez-vous les méchants? Non. Votre père partira-t-il demain? Oui. Rougissez-vous donc

---

ium. 10 Haud ignarus, a, um, *gén.* 11 Prodeo,, is, ire. 12 In. *acc.* 13 Quanti (*avec un verbe de prix*). 14 *A l'abl., s'ent. pro.* 15 Millia, ium. 16 *Au gén. pl.*

d'une pauvreté glorieuse? Non. Ne craignez-vous pas
les piéges[1] qui vous sont tendus[2]? Oui, mais je les
éviterai. Epaminondas se repentait-il de verser son
sang pour sa patrie? non. Cicéron ne fut-il pas exilé?
Oui. La crainte peut-elle nous préserver du danger?
non.

Ne regardez[3]-vous pas la modestie comme la qualité la plus convenable[4] à un jeune homme? Assurément. Rome produisit-elle plus de[5] grands hommes
que la Grèce? Je ne sais. *Ne* nous importe-t-il *pas* à
tous de fuire le vice et d'aimer la vertu? Oui sans
doute. La gloire peut-elle avoir des charmes pour un
lâche? non[6]. *N'est*-il *pas* du devoir d'un fils de respecter ses parents? Assurément. *N'est-ce* pas par le
travail qu'on parvient[7] à la gloire? Oui.

Un homme *a-t-il fait*[8] une mauvaise action, il[9] ne
tarde pas à s'en repentir. *Avez-vous rendu* quelque
service[10], n'en[11] exigez[12] pas le salaire[13]. *Voyez-vous*
votre ennemi exposé[14] à quelque danger, secourez-
le, si vous pouvez. Dirai-je ce que[15] je pense? Dites-
le. Philippe *avait-il remporté* une[16] victoire; Alexandre affligé[17], s'écriait: Mon père ne me[18] laissera[19]
donc rien à faire[20]. Un homme vicieux *a-t-il fait* une

---

§ 182. 1 Insidiæ, arum *f.* 2 Struo, xi, structum, *v. act.* 3
Existimo, as,.... esse. 4 *Qui convient le plus à*, decet. 5 Plures.
6 Minimè. 7 Est-ce que *ne se rend pas*. Paror, aris, *est acquise.* 8
T. *A peine un homme*, patro, as, avi, *act.* facinus, oris. 9 T. *lorsqu'il*, cùm. 10 T. *si* ou *lorsque vous aurez rendu*, confero, tuli,
act., opera, æ in, *acc.*, aliquis, cujus. 11 Ne, *imperat. ou subj.*
12 Resposco, is ou desidero, as, *act.* 13 Pretium, ii, *n.* 14 Obnoxius, a, um. 15 Quid, *subjonc.* 16 Aliquis, qua, quod. 17
Mœrens. 18 T. *Au fils.* 19 Relinquo, is. 20 Perficio, is, etc.

mauvaise action[21], il ne craint point la honte, il ne craint que[22] le châtiment. *Un malheur arrive-t-il au sage*[23], il le supporte avec patience.

Puer, abige muscas.

Quand on commande, le verbe se met à l'impératif. Ex. : Laquais, chassez les mouches, *puer, abige muscas.*

Abeat proditor.

Si le verbe est à la troisième personne, on emploie la troisième personne du présent du subjouctif, et l'on n'exprime pas le *que* français. Ex. : Qu'il s'en aille, le traître ; *abeat proditor.*

EXERCICES ÉLÉMENTAIRES.

§ 183. *Servez*-vous des biens que vous avez[1]. *Aimez* la vertu. *Respectez* Dieu et vos parents. *Que* le méchant *redoute* la colère de Dieu. *Que* l'homme de bien *espère* un bonheur éternel. *Recevez* avec grandeur d'ame[2] les petits présents ; *faites-en*[3] de grands sans[4] ostentation. *Êtes*-vous heureux, *mettez*-vous en garde contre[5] le malheur. *Souvenez*-vous de conserver une ame égale dans les circonstances difficiles[6]. *Joignez*[7] les qualités[8] de l'esprit aux avantages[9] du corps. *Songez*[10], dès à présent[11], à la vieillesse qui doit ve-

---

21 Si quid mali, etc. 22 *Ne que* tantùm. 23 T. *Le sage,* si quid adversum, i incidero, is, etc.

§ 183. 1 T. *présents,* præsens, tis. 2 Magnus animus, *abl. sans prép.* 3 En *ne se rend pas.* 4 Citrà, *acc.* 5 Præcaveo, es, etc à. 6 Res, rerum asper, a, um. 7 Addo, is, etc. 8 Dos, dotis, *f.* 9 Bona, orum, *f.* 10 Memor sum, es. 11 Jam tùm. 12

n'r 12. *Que* celui qui ne peut supporter son malheur, *regarde* 13 les autres et *apprenne* à souffrir 14. *Abstenez-vous de* 15 la médisance. *Haïssez* 16 la calomnie. *Soyez* affable. *Conservez* long-temps l'amitié. *Respectez* la vieillesse. *Écoutez* beaucoup 17 et *parlez* peu 18. *Que* les enfants *entendent* la vérité 19, *qu'on* leur *reproche* leurs mauvaises actions 20, *qu'ils craignent* quelquefois leurs parents et leurs maîtres, *qu'ils les respectent* toujours; *qu'on* n'*accorde* rien à leur colère et à leurs larmes 21.

Ne insultes ou *ne insulta miseris*, ou *noli*, *nolite insultare miseris*.

Quand on défend, on met *ne* avec le subjonctif ou l'impératif; ou bien l'on se sert de *noli* pour le singulier, *nolite* pour le pluriel, avec l'infinitif. Ex.: N'insultez pas les malheureux, *ne insultes* ou *ne insulta miseris*, ou bien *noli*, *nolite insultare miseris*.

Ne dicat.

Lorsque le verbe est à la troisième personne, on se sert toujours de *ne*, avec le subjonctif. Ex.: Qu'il ne dise pas, *ne dicat*; qu'il ne sorte pas de la maison, *domo ne exeat*.

EXERCICES.

§ 184. *Ne jugez* pas les hommes à la douceur de leurs discours. *Ne* vous *promettez* pas une longue vie,

------

T. *devant venir*, venio, is, ventum. 13 Inspicio, is, cere, *act*. 14 Tolerantia, æ. 15 Tempero, as, are à. 16 Odisse, odi, oderim. 17 Multi, æ, a. 18 Pauci, cæ, ca. 19 Verum, ri. 20 Suus perperàm factum, i, n. 21 T. *à eux irrités et pleurant*.

et mettez à profit [1] le temps présent. *Que* les méchants *ne croient* pas pouvoir apaiser Dieu [2] par des sacrifices. *Que* la langue *ne devance* [3] pas la pensée [4]. *Ne craignons* [5] pas, pour avoir [6] de grandes choses, d'en sacrifier de petites [7]. *Que* l'éclat d'une vaine gloire *n'éblouisse* pas vos yeux. *N'abandonnons* pas nos amis lorsqu'ils sont dans l'infortune [8]. *Ne faites rien* qui ne soit utile [9]. *Ne fréquentez* [10] pas les méchants. *N'imite* pas celui que tu blâmes. *Ne t'irrite* pas *contre* celui qui te donne de bons conseils [11]. *Qu'ils n'espèrent* [12] point de pardon, ceux qui ne pardonnent point aux autres.

Gallus escam quærens.

Le participe qui se rapporte au nominatif du verbe, s'accorde avec ce nominatif en genre, en nombre et en cas. Ex. : Un coq, cherchant de la nourriture, trouva une perle, *gallus escam quærens, margaritam reperit.* Cicéron devant prononcer un discours, *Cicero orationem habiturus.* L'enfant, ayant été interrogé, répondit, *puer interrogatus, respondit.* Devant être interrogé, il craignait, *interrogandus, timebat.*

EXERCICES.

§ 185. Le lion pris jeune [1] et élevé [2] au milieu [3] des animaux domestiques, s'habitue à jouer avec eux, sans leur faire de mal [4]. La servitude est la soumission [5] d'une ame abjecte et *qui n'a plus* de volonté propre [6].

---

§ 184. 1 Lucro appono, is, ere, *act.* 2 T. *pouvoir être apaisé.* 3 Præcurro, is, ere, *dat.* 4 Mens, tis, *f.* 5 Dubito, as, are. 6 Consequor, eris, qui, *acc.* 7 T. *de faire une petite perte,* levis jactura facio. 8 Adversa fortuna, æ utor, eris. uti, *abl.* 9 Prosum, des. 10 Versor, aris cum 11 T. *Au conseillant des choses utiles,* suadeo, etc. 12 *Ajoutez* sibi.

§ 185. 1 Junior. 2 Educatus, a, um. 3 Inter. 4 T. *à agiter des jeux innocents,* innocuus. 5 Obedientia, æ. 6 T. *manquant*

Il ne *doit* pas *être regardé* comme [7] libre, l'homme qui est esclave de[8] ses passions [9]. Il est certain [10] que la fortune *n'est*[11] jamais plus *à craindre*[12] que lorsqu'elle nous comble de ses faveurs [13]. Cicéron ayant vu [14] Caton *assis* [15] dans la bibliothèque de Lucullus, et *entouré*[16] d'une foule [17] de volumes, dit qu'il semblait [18] dévorer [19] les livres. Lorsque[20] l'orateur Hortensius *devait*[20] *paraître*[20] en public, il arrangeait [21] sa robe devant [22] un miroir. Quoique les forces manquent[23], *il faut louer*[24] l'intention [25]. Bias ne fit aucune réponse [26] à un [27] impie *qui lui demandait* [28] ce que c'était que[29] la piété. Et comme cet homme lui demandait [30] la cause de son silence; je me tais, dit Bias, parce que tu me [31] questionnes[32] sur [33] des choses *ui ne te regardent* pas [34].

PARTICIPES JOINTS AU RÉGIME DU VERBE.

Urbem captam hostis diripuit.

Le participe qui se rapporte au régime du verbe, s'accorde avec ce régime en genre, en nombre et en cas. (Le participe

---

de sa volonté, carens, tis arbitrium, ii. 7 T. *Il n'est pas devant être eu*, haberi, eor. 8 Inservio, is, ire, *n. dat.* 9 Libido, inis, *f.* 10 Consto, as, are. 11 T. *La fortune (accus.) n'être.* 12 Metuendus, a, um. 13 Munus, neris, *n.* 14 T. Cùm vidissem. 15 Sedeo, es, ere, ens, *v. n.* 16 Circumfusus, a, um, *abl.* 17 Plurimus, a, um. 18 T. *lui (accus.) paraître.* 19 Quasi helluo, onis (*un glouton de*). 20 T. *devant paraître*, prodeo, is, ire, itum, urus in, *acc.* 21 Compono, is, ere, *act.* 22 Ad. 23 Desum, dees. 24 Laudandus, a, um. 25 Voluntas, *f.* 26 Nihil respondeo, es, di. 27 Homo, inis. 28 T. *demandant*, percontor, aris, ari. 29 Quid esset. 30 Sciscitor, aris, ari. 31 *Ne se rend pas.* 32 Quæro, is. 33 De, *abl.* 34 Nihil pertinens, tis ad tu, tui.

se rapporte ordinairement au régime du verbe, quand ce régime est un des pronoms *le, la, les, lui, leur*.) Ex.: La ville ayant été prise, l'ennemi la pilla, *tournez*, l'ennemi pilla la ville prise, *urbem captam hostis diripuit*. — Les citoyens devant être passés au fil de l'épée, le vainqueur leur pardonna, *tournez*, le vainqueur pardonna aux citoyens devant être passés... *Civibus ferro necandis victor pepercit*.

EXERCICES.

§ 186. Les Romains ayant été *enveloppés*[1] aux [2] Fourches Caudines [3], les Samnites *les*[1] firent[4] passer [i] sous le joug. Annibal ayant *assiégé* et *pris* la ville de Sagonte[5], *la* détruisit de fond en comble[6]. *Lorsqu'*Alexandre *allait*[7] *entrer*[7] à Babylone [8], des mages vinrent *lui* annoncer que cette ville lui serait funeste [9]. Curius *était assis*[10] sur [11] un banc rustique[12], *et soupait* dans [10] un plat de bois, lorsque[13] les ambassadeurs des Samnites *lui*[13] apportèrent une somme considérable, qu'il ne voulut pas recevoir. Cyrus enfant *devait être* mis à mort[14] par ordre[15] de son grand-père, mais Harpagus *le*[16] sauva[17]. Verrès *ayant fait arrêter*[18] un citoyen

---

§ 186. 1 Circumventus, a, um. *Les ne se rend pas.* 2 Apud. 3 Furcæ Caudinæ. 4 Mitto, is, si, *act.* sub, *acc.* 5 Saguntus, i, *fém.* 6 Funditus (verto, is, ti, ere, *act.* 7 Ingressurus, a, um. T. *à Alexandre devant entrer.* 8 Babylon, nis, *acc. sans prép.* 9 T. *Devoir être funeste, acc. Que, entre deux verbes ne se rend pas; le verbe suivant se met à l'infinitif, et le nom ou pronom qui l'accompagne se met à l'accusatif.* 10 T. *A Curius assis... et soupant, (dans ne se rend pas)* sedeo, es, et cœno, as. 11 In, *abl.* 12 Agrestis, is, e. 13 *Ne se rend pas.* 14 Necandus, a, um. 15 Jussu. 16 *Ne se rend pas.* 17 Servo, as, avi, are, *act.* 18 T.

Romain, *le* [19] fit [20] mettre en croix [21]. Denis, tyran de Sicile, ayant pris [22] Rhège [23] en Italie, après *l'avoir* [24] long-temps *assiégée*, entra dans [25] la ville, ne respirant que menaces [26]. Les aigles *enlèvent* les tortues et les brisent [27] en *les laissant tomber* [28] du haut les airs [29]. *Un Lacédémonien accablant* son esclave de coups de fouet [30], Démonax *lui* [31] dit : Cesse de te montrer semblable à ton esclave. Cimon, général Athénien, *vainquit* [32] une flotte de deux cents vaisseaux, à la hauteur [33] de Mycale, et *s'en* [34] empara.

Dans cette construction on se sert aussi du participe (*du verbe précédent*, ou d'un verbe d'image,) pour traduire les pronoms. Ex. : Il prit la ville et *la* pilla, *urbem cepit, captamque diripuit.*

EXERCICES.

§ 187. Dieu *entend* les vœux de l'homme juste et *les* [1] exauce [2]. Lorsque les Romains *entreprenaient* la guerre, il *la* faisaient [3] avec persévérance. Manlius tua le Gaulois, *et lui* [4] enleva [5] son collier d'or [6].

Arrêté, comprehensus, a, um. 19 *Ne se rend pas.* 20 Jubeo, es, ssi. 21 *Être mis*, tollo, sustuli, tollere, *act.*, in, *acc.*, crux, cis. 22 T. *lorsque Denis... eut pris.* 23 Rhegium, ii, *n.* 24 *Ne se rend pas.* 25 In, *acc.* 26 Atrociter minitabundus. 27 T. *brisent les tortues enlevées*, raptus, a, um. 28 Demissus a, um que. 29 E sublimi. 30 Flagris sæviens, tis in, *acc.* 31 *Ne se rend pas.* 32 Devictus, a, um. 33 Apud Mycale, es. 34 *Ne se rend pas.*

§ 187. 1 Auditus, a, um. 2 Annuo, is, ere, *dat.* 3 Gero is, ere. 4 Jacens, tis, *au lieu de* occisus, a, um. 5 Detraho, is, xi, *act.* 6 Aureus, a, um.

Ablatif absolu.

Quand le participe ne se rapporte ni au nominatif ni au régime du verbe, on met à l'ablatif ce participe et le nom auquel il est joint, en les faisant accorder en genre et en nombre. Ex : Les parts étant faites, le lion parla ainsi : *partibus factis , sic locutus est leo.*

EXERCICES.

§ 188. *Les rois ayant été chassés*[1] par le courage de Brutus et de L. Valerius, la liberté fut établie[2] dans la République. *L'Univers*[3] *étant conquis,* les Romains tournèrent[4] leurs[5] armes contre eux-mêmes[6]. *Les Athéniens et les Thébains ayant été vaincus* à Chéronée[7], Philippe ne parut point s'enorgueillir d'une si grande[8] victoire. *Virgile lisant*[9] des vers qu'il avait composés, Cicéron s'écria : Seconde[10] espérance de la grande Rome ! Cyrus *ayant soumis tout*[11] *l'Orient,* résolut[12] de porter la guerre chez[13] les Scythes. Bias naviguait un jour[14] avec des impies ; *une tempête s'étant élevée, et ceux-ci invoquant*[15] les dieux, taisez-vous[16], dit Bias, de peur que[17] les dieux ne[17] s'aperçoivent[18] que vous naviguez[19] dans ce vaisseau. *Catilina*

---

§ 188. 1 Expello, puli, pulsum. 2 Constituo, is, tutum. 3 Orbis, *m.*, terrarum. 4 Converto, is, erti, *act.* 5 Suus *(ne se rend pas).* 6 In, *acc.*, sui, se ipse, a, um. 7 Apud, *acc.*, Chéronea, æ. 8 Tantus, a, um. 9 Recito, as, are, *act.* 10 Alter, a, um. 11 Universus, a, um in, *acc.*, potestas, tatis redactus, a, um. 12 Decerno, is, decrevi, *act.* 13 Bellum infero, fers, ferre, *dat.* 14 Aliquando. 15 T. *Lorsque ceux-ci invoquaient.* 16 Sileo, es, ere, *v. n.* 17 Ne, *subj.* 18 Audio, is, ire, *act.* 19 T.

étant parti pour le camp[20] de Mallius[20], Cicéron fit saisir
P. Lentulus et les autres chefs[21] de la conjuration, qui
étaient restés à Rome[22], et les fit mettre en prison[23].

Différents usages de l'ablatif absolu.

On peut voir, par les exercices précédents, qu'en général
l'ablatif absolu sert à désigner *le temps* dans lequel une chose se
fait, *la manière* dont elle se fait, *la cause* pour laquelle elle se
fait; ainsi il répond :

1° A la question quand, *quandò?* et remplace les conjonctions *cùm, dùm, postquàm*, etc., et des substantifs joints à des
prépositions. **Ex.** : Lorsque Cyrus régnait, sous le règne de Cyrus, *regnante Cyro*. Après la mort d'Alexandre, *Alexandro
mortuo*.

N. B. On ne peut pas placer deux ablatifs de suite, indépen-
dants l'un de l'autre. Comme : Strabon étant mort frappé de
la foudre, *Strabone de cœlo tacto mortuo*. Il faut dire : *Quum
Strabo, de cœlo tactus, mortuus esset*.

EXERCICES.

§ 189. Pythagore[1] vint en Italie *sous le règne de
Tarquin le Superbe*. La reine[2] des abeilles ne sort que
quand l'essaim doit s'envoler[3]. L'éléphant périt né-
cessairement, *lorsque sa trompe est coupée*[4]. Cicéron,

Vous naviguer. 20 T. *Vers Mallius*, Ad, etc. 21 T. Comprehensus, a, um Lentulus et alius princeps, cipis, etc. 22 *Au génit.* 23
In, *acc.*, custodia, æ trado, didi, *act.* Fit *ne se rend pas.*

§ 189. 1 Pythagoras, æ. 2 Rex. 3 T. *Si ce n'est*, nisi, *l'essaim
devant s'envoler*, evolaturus, a, um, *ne sort pas*, non foràs prodeo, is. 4 Proboscis, scidis, *fém.*, truncatus, a, um, elephantem

après la chute [5] *de la république*, composa [6], en peu de [7] temps, plus [8] d'ouvrages qu'il n'en avait composé en plusieurs années, *lorsqu'elle subsistait* [9]. *Après l'expulsion* [10] *des rois*, Rome toujours en guerre [11] avec les peuples qui l'entouraient [12], ne produisit [13] aucun monument remarquable. Annibal, *après avoir traversé* [14] *l'Èbre* [15], *les Pyrénées* et *les Alpes*, fondit [16] comme un torrent [17] sur [18] l'Italie.

———

2° Il répond au nom *de manière, de cause*, et remplace les conjonctions *comme, si, puisque, quoique, parce que*, etc., et certains substantifs. Ex. : *Si la nature s'y oppose*, le travail est inutile, *reluctante naturâ, irritus est labor*. A la faveur du même nom, *favente eodem nomine*. — L'ablatif absolu répond alors à la question *de quelle manière? Pour quelle cause? Comment? Pourquoi?*

EXERCICES.

§ 190. Que les méchants voient la vertu, et sèchent [1] *de l'avoir abandonnée* [2]. Les arbres transplantés [3] ne peuvent vivre, *si le climat ne leur est pas favorable* [4], *et si le sol leur est contraire* [5]. Les gens de bien sont religieux, même [6] *en offrant* [7] *du froment* [8] *et de la farine*; les méchants sont impies, quoiqu'ils [9] aient fait

———

perire necesse est. 5 Eversus, a, um. 6 Scribo, is, psi. 7 Brevis, is, *abl., suns prép.* 8 Plures, plura. 9 Ea stans, tis. 10 Expello, puli, pulsum. 11 Assiduus, a, um exercita bellum, i. 12 Finitimus, a, um. 13 Edo, is, didi, *act.* 14 Trajicio, is, jeci, jectum. 15 Iberus, i. 16 Irruo, is, ui. 17 Torrentis more. 18 In, *acc.*

§ 190. 1 Intabesco, scis, scere. 2 Relictus, a, um. 3 Translatus, a, um. 4 Cœlum, i, *n.* invidens, tis. 5 Repugnans, tis. 6 Etiam. 7 Oblatus, a, um. 8 Far, farris, *n.* 9 Quamvis,

couler des flots de sang sur les autels [10]. Les éclipses ne sont pas visibles [11] partout, quelquefois à cause [12] des nuages, souvent *parce que le globe de la terre est placé devant* [13]. César, quoique *retardé* [14] par le siége de Marseille, soumit tout en peu de temps [15]. Antiochus s'inquiétait aussi peu [16] de la guerre, que si [17] *les Romains n'eussent pas dû passer* [18] en [19] Asie. Les Romains n'osaient abandonner [20] la rive du Rhin, *dans la crainte (à cause) de* [21] *l'invasion* [22] *des Germains*. *En examinant* [23], chaque jour [24], *votre conscience*, vous vous leverez le lendemain [25] plus disposé [26] à pratiquer la vertu. Vous ne trouverez jamais le bonheur *en abandonnant (si vous abandonnez) la vertu*. L'Arabe, *à l'aide* [27] *du chameau*, a su [28] franchir et s'approprier [29] les déserts de l'Arabie. Souvent le riche, *en détruisant* [30] *les autres* par la disette [31], se détruit lui-même par les excès [32].

3° L'ablatif absolu remplace des prépositions telle que *sans*, *malgré*. Alors la préposition *sans* se traduit souvent par la négation suivie du participe. Ex. : Sans délai, *nullâ interpositâ morâ*. Sans la justice, la société humaine ne pourrait subsister, *sublatâ justitiâ, societas generis humani tollatur necesse est*.

---

sub; 10 T. *ensanglanté les autels de beaucoup de sang*, cruento, as, avi, *etc.* 11 Cernor, eris, ni. 12 Propter, *acc.* 13 Obstans, tis. 14 Retardans, tis. 15 Brevi. 16 Securus eram, as de. 17 *Aussi peu que si*, tournez, *comme si*, tanquàm. 18 Transiturus, a, um. 19 In, *acc.* 20 Desero, is, ere, *act.* 21 *Ne se rend pas.* 22 Irrupturus, a, um. 23 Discussus, a, um. 24 Quotidiè. 25 Cras surgo, is, ere; *v. n.* 26 Promptus, a, um. 27 Famulans, tis. 28 *Ne se rend pas.* 29 Suus, a, um sibi vindico, as, avi, *act.* 30 Enecatus, a, um. 31 Fames, is, *à l'abl.* 32 Intemperans, tis luxuria, æ.

EXERCICES.

§ 191. Les Athéniens, *sans attendre*[1] *de secours,*
s'avancent au combat contre la nombreuse armée des
Perses. La nature nous a prêté[2] la vie, *sans en
fixer*[3] *le terme*[4]. Ne lisez point l'Énéide[5] de Virgile,
sans avoir lu[6] (ou *avant d'avoir lu*[6]) *l'Iliade*[7] d'Homère. Thémistocle fit[8] bâtir[8] les murs d'Athènes,
malgré l'opposition[9] *des Lacédémoniens. Grâce*[10] *à
sa bonne constitution*[11] *et à sa tempérance,* Platon ne
fut pas exposé[12] à la peste[13] qui désolait[14] Athènes.
Sous un[15] *bon prince,* le père ne craint pas pour ses
enfants[16]. *Avec*[17] *le genre humain,* Noé conserva[18] les
arts. Conon s'échappa[19] de prison ou *du consentement*
ou *à l'insu de Tiribaze*[20], gouverneur de Sardes[21].

Exercices généraux sur les participes.

1° On peut aussi *substituer* au participe, certains *substantifs*
qui expriment l'action du verbe, et par lesquels on traduit les
participes eux-mêmes ou les substantifs de choses qui se tradui-
sent ordinairement par ces participes, comme *dux, comes, ad-*

---

§ 191. 1 Non exspectatus, a, um. 2 Do, dedi, *act.*, usura, æ
vitæ. 3 Nullus, a, um præstitutus, a, um. 4 Dies, ici. 5 Æneis,
idos, *f.* 6 Nisi prius lectus, a, um. 7 Ilias, adis, *f.* 8 Exstruo
is, uxi, *act.* 9 Obstans, tis ; *on peut ajouter* licet. 10 Obsecundans, tis.... 11 Firma corporis habitudo, dinis. 12 Minimè obnoxius. 13 Pestilentia, æ. 14 Depopulor, ari, *acc.* 15 Regnans,
tis. 16 Liberi, orum, *dat.* 17 Servatus, a, um. 18 Servo, as,
avi, *act.* 19 Effugio, fugi, *v. n.* 20 Vel sciens, tis vel imprudens,
tis Tiribazus, i. 21 Qui Sardes, dium præeram.

*jutor et adjutrix , auctor , testis , judex , interpres , magister ,
magistra , præceptor , præceptrix.* Ex..: Guidé par la nature ,
naturâ duce , pour *naturâ ducente.*

EXERCICES.

§ 192. Scipion, *en détruisant*[1] Carthage, ne put
s'empêcher de[2] verser des[3] larmes. *Guidé*[4] par la
Sagesse, l'homme arrive[5] dans[6] la paisible retraite où
le Bonheur a fixé son séjour[7]. Je vous ai choisi *pour*[8]
me[8] *seconder*[8]. Mécène[9], *accompagné*[10] d'Horace,
partit pour Brindes[11]. Xerxès, *par le conseil*[12] de
Thémistocle, se retira[13] dans[14] son royaume, après
la défaite *qu'il essuya*[15] près de Salamine[16]. *Au jugement de*[17] Quintilien (*selon Quint.*), Cicéron l'emporte
sur Démosthène. Le juge, *en interprétant*[18] la loi, ne
doit pas s'écarter de la justice. *Les leçons*[19] de la
pauvreté apprennent aux grands hommes[20] à faire
plus de cas[21] de la vertu que des richesses. *En suivant
les préceptes*[22] *de la sagesse,* on peut vivre[23] dans la
tranquillité. Qu'il me serait facile de faire la conquête
du monde[24], disait Pyrrhus, si j'avais les Romains

---

§ 192 1 Eversor, is, *m.* 2 *S'empêcher ne se rend pas.* 3
Tempero, as, are à. 4 Dux, cis. 5 Pervenio, is. 6 In , *acc.* 7
Sedem pono, is, sui. 8 Adjutor, is, *à moi.* Adjutor *au lieu
de* adjuturus, a, um. 9 Mecœnas. 10 Comes, itis. 11 Brundu-
sium, ii, *acc., sans prép.* 12 Auctor , is , *au lieu de* suadens , tis.
13 Recipio, is, cepi, *act.* 14 In , *acc.* 15 T. *la défaite reçue.* 16
Apud Salamina , æ. 17 Judex , dicis, *pour* judicans. 18 Interpres , tis. 19 Magistra , æ , *au lieu de* docens , tis. 20 T. *les
hommes apprennent,* disco, is. 21 Pluris facio, is , ere , *act.* 22
Præceptrix , icis. 23 T. *il peut être vécu ,* vivi , *inf. pass.* (Ex.

pour soldats [25], ou que cette conquête serait facile aux Romains [26], si les Romains [27] *m'avaient pour roi* [28]. *Suivant le témoignage* [29] de Tacite, aucune nation n'était plus hospitalière [30] que les Germains.

2° Les noms de dignité, comme *consul, prætor, imperator, rex,* tiennent aussi la place des participes, dans les déterminations de temps. Ex. : Cicéron étant consul, sous le consulat de Cicéron, *Cicerone consule.*

EXERCICES.

§ 193. Sous le règne d'Auguste. Sous le consulat de Livius et de Néron. Sous la censure de Caton. Sous l'empire de Nerva. Sous la préture de Marcellus, etc., etc.

3° Les adjectifs peuvent aussi se mettre à l'ablatif, en sous-entendant le participe qui manque au verbe *esse.* Ex. : Par un ciel serein, (le ciel *étant* serein) *sereno cœlo.*

EXERCICES.

§ 194. Il a fait cela *malgré* [1] *moi.* Il est parti à *votre insçu* [2]. *Pendant un hiver rigoureux* [3]. *Si Dieu* nous *est propice* [4], nous n'avons rien à craindre [5]. Les Romains, *du vivant* [6] *d'Annibal,* craignaient toujours des embûches, etc.

---

de Cicér.) 24 Quàm facile esset orbis imperium occupare , aut mihi. 25 T. *étant soldats* miles, itis. 26 T. *Ou aux Romains (que cette conquête,* etc... *ne se rend pas).* : 7 *Ne se rend pas.* 8 T. *moi étant roi,* rex, gis, *étant ne se rend pas.* 29 Testis. 30 Indulgeo, es hospitiis.

§ 194. 1 Ego invitus , a , um. 2 Tu inscius , a , um. 3 Asper , a , um. 4 Propitius , a , um. 5 Metucndum est 6 Vivus, a, um.

4.º En latin, on emploie aussi le verbe *avoir* avec le *participe passé passif*, surtout dans les expressions qui signifient *savoir* et *déterminer*. Ex. : Je connais, *cognitum habeo*. Cette expression est plus forte que le parfait actif *cognovi*.

EXERCICES.

§ 195. Les méchants *ne connaissent* l'amitié ni par l'usage ni par la raison. Un père sage *connaît* tous les sentiments de son fils. L'impie semble *avoir* [1] *déclaré* [2] la guerre aux dieux. *J'ai (entièrement) achevé* [3] (*j'ai mis la dernière main à*) l'ouvrage que j'avais commencé. Le Peuple [4] *tint* [5] le Sénat enfermé dans la salle d'assemblée [6]. *Je connais parfaitement* [7] les vertus de ce grand homme. *Nous avons résolu* [8] (*de faire* [9]) cela. Pyrrhus *connaissait bien* [10] la loyauté [11] de Fabricius.

5.º Le participe se construit avec un substantif pour remplacer les prépositions qui expriment le temps, comme *tandis que*, *lorsque*, *pendant que*, etc. Cet homme se présenta au roi, tandis qu'il se promenait, *regem forté inambulantem homo adiit*. — (La préposition *sans*, suivie d'un verbe a l'infinitif, se traduit souvent par la négation suivie d'un participe. Voir l'abl. absolu). Cette construction a lieu avec les participes en *us* des verbes déponents.

EXERCICES.

§ 196. Je trouvai vos lettres, *lorsque je fus de retour* [1] chez moi [2]. César ne conduisit jamais son armée par des chemins dangereux, *sans avoir examiné* [3]

----

§ 195. 1 Quasi habeo. 2 Indictus, a, um. 3 Absolutus, a, um. 4 Plebs, bis, *f.* 5 Habeo, es, ui. 6 Curia, æ. 7 Habeo exploratus. a, um. 8 Deliberatus, a, um, *ou* statutus, constitutus. 9 *Ne se rend pas.* 10 Perspectus, a, um. 11 Fides, ei, *f.*

§ 196. 1 Reversus, a, um. 2 Domum. 3 Nisi perspeculatus,

les lieux. La vieillesse qui poursuit les jeunes gens dans leur 4 course, ne les atteint-elle pas *sans qu'ils s'y attendent* 5. Lorsque Philippe assiégeait Méthone 6, une flèche lancée des 7 murs de la ville, contre 8 *lui* 9, *au moment où il passait* 9, lui creva 10 l'œil droit. *Lorsque César eut pris place*, les conjurés l'entourèrent 11 comme pour lui faire leur cour 12.

Les participes servent aussi à remplacer certains substantifs qui manquent en latin, ou du moins qui sont peu usités, ceux, par exemple, qui signifient, *prendre, bâtir, écrire, entendre, lire, résoudre,* etc., etc., etc. (*Prise, construction, composition, audition, lecture, résolution*), et certains temps des verbes.

Ex.: *La lecture* de ces lettres causa une grande affliction, *hæ litteræ recitatæ magnum luctum fecerunt.* Chacun ambitionnait l'honneur *de tuer* le général ennemi, *sibi quisque cæsi hostium ducis expetebat decus.*

EXERCICES.

§ 197. *La perte* 1 de la Sicile et de la Sardaigne 2 inquiétaient 3 Annibal. Il fut glorieux 4 pour Lentulus *d'avoir bien supporté* 5 *la pauvreté.* Régulus ayant été pris par les Carthaginois, fut envoyé à Rome 6, pour traiter 7 de 8 *l'échange* 9 *des captifs.* La conscience *du bon emploi* 10 *de la vie,* et le souvenir 11

---

a, um, *dép., acc.* 4 T. *de la vie,* vita, æ. 5 Inopinans, tis. 6 Methona, æ. 7 De. 8 In. 9 Præteriens, euntis. 10 Effodio, is, fodi, *act.* 11 Assidens, tis conjurati circumsto, steti. 12 Species, ei, *abl.,* officium, ii.

§ 197. 1 Amissus, a, um. 2 Sicilia et Sardinia. 3 Ango, is, gere, *act.* 4 Gloria, æ. 5 Bene toleratus, a, um. 6 *Acc., sans prép.* 7 *Ne se rend pas.* 8 De. 9 Commutandus, a, um. 10 Bene actus

d'un grand nombre de *bonnes actions* [12] sont pleins de charmes [13]. La *conquête* [14] *de l'Afrique* fit donner [15] à Scipion le surnom d'Africain. Avant *la naissance* [16] *d'Épaminondas*, et après sa mort, les Thébains furent toujours soumis [17] à un pouvoir étranger [18]. L'an 400 de *la fondation* de Rome [19]. Sous *le règne* de Cyrus [20]. Après *l'audition* [21] des témoins, le juge prononcera la sentence. *Ayant pris la résolution de se donner* la mort [22], Cléopâtre présenta son sein à des aspics. Qui n'a pas *entendu parler* [23] des veilles de Démosthènes? Tarquin l'Ancien [24] s'est immortalisé [25] par la *construction* [26] d'un conduit [27] souterrain [28] dont on voit [29] encore les restes. Une affreuse [30] tempête assaillit [31] Annibal *au passage* [32] de l'Apennin. Muesthée conduisit cinquante vaisseaux *au siége* [33] de Troie. Après la *destruction* [34] de Carthage et *la conquête* [35] de l'Asie, le luxe s'introduisit dans [36] Rome.

On se sert du participe futur actif, pour exprimer *le but d'une action*, et pour traduire l'*infinitif* précédé de *afin que, pour.* Ex.:

---

a, um. 11 Recordatio, nis, *f.* 12 Benè facta, orum. 13 Jucundissimus, a, um. 14 Subactus, a, um, *abl. abs.* 15 T. *Scipion s'acquit*, pario, peperi, *act.* 16 Natus, a, um. 17 Parco, es, ui, *n.* 18 Imperium alienum, i. 19 Annus quadringentesimus, *à l'abl.*, ab urbs, bis conditus, a, um. 20 Regnans, tis. 21 Auditus, a, um. 22 Deliberatus, a, um mors, tis, *fém.* T. *Approcha à son sein*, admoveo, es, vi gremium, ii. 23 T. *A qui n'ont pas été entendues les, etc.* 24 Priscus. 25 Nomen suum immortalitas, tatis commendo, as, avi. 26 Effosus, a, um. 27 Iter, itineris, *n.* 28 Sub terrâ. 29 Exsto, as, are. 30 Atrox. 31 Adorior, ortus sum. 32 Transiens, euntis, *acc.* 33 Obsidendus, a, um. 34 Eversus, a, um. 35 Subactus, a, um. 36 Invado, vasi, *acc.*

Il se leva pour répondre, *surrexit responsurus.* — Ce participe remplace aussi les conjonctions *comme, quand, parce que, quoique.* Ex. : Il nous ordonna de nous retirer, quoique nous voulussions en dire davantage. (Ou nous voulions en dire, mais, etc.) *Plura locuturos abire nos jussit.* (Le génitif pluriel de ce participe est peu usité). On a déjà vu l'application de cette règle dans les exercices précédents.

EXERCICES.

§ 198. Tous les animaux qui [1] sont *destinés à mener* [2] une vie solitaire [3] sont armés par la nature. Annibal abandonna l'Italie *pour aller défendre* sa patrie. Les Gaulois *allaient s'emparer* [4] du Capitole, lorsque Manlius *les* précipita [5] du haut [6] du rocher. Il s'élance *pour chercher la mort* au milieu des ennemis [7]. Platon voyant [8] les Agrigentins faire des repas somptueux [9] et bâtir à grands frais [10]; Les Agrigentins, dit-il, soupent comme *s'ils devaient souper* [11] pour la dernière fois [12], et bâtissent comme *s'ils devaient vivre toujours.* Alexandre se rendit [13] au temple de Jupiter Ammon [14], *pour s'enquérir* [15] de son origine.

EXERCICES GÉNÉRAUX

SUR TOUTES LES CONSTRUCTIONS DU PARTICIPE.

On se rappellera que le participe s'emploie souvent pour traduire *des infinitifs, des prépositions, des conjonctions, des substantifs,* etc., etc., etc.

---

§ 198. 1 Animalia quæcumque. 2 Acturus, a, um. 3 Segrex, gregis. 4 Potior, tiris, titus. 5 Dejicio, jeci, *act.* 6 Summus, a, um. 7 Moriturus, a, um densus, a, um inter hostis, is, *m.* 8 Cum viderem, es. 9 Magnis impensis cœno, as, are. 10 Nec minoribus ædifico as, are. 11 Quasi cœnaturus, a, um. 12 Ultimum. 13 Confero, contuli. 14 Ad Jupiter, Jovis Hammonis, *temple ne se rend pas.* 15 Consulo, is, ui, sultum.

§. 199. Les jeunes gens bien nés [1] ne s'irritent point *quand on les reprend* [2], et se réjouissent *quand on les loue* [3] (ou les *reprimandes* n'irritent point..., *les éloges* leur font plaisir). La nuit les surprit [4] *au milieu* de ces réflexions [5]. Qu'arrive-t-il à ceux *qui passent* [6] leur vie à voyager [7]? Ils ont beaucoup d'hôtes [8], mais point d'amis [9]. Les vues [10] du souverain arbitre du monde échappent [11] *à nos recherches* [12]. *En considérant* [13] (*à considérer*) l'équité de la divine providence *dans la distribution* [14] des biens et des maux, on reconnaîtra [13] que la vertu seule possède [15] les vrais biens. Le pauvre, *sous* ses haillons [16], est souvent plus heureux que le riche, *sous* ses habits de pourpre [17]. Ce qui frappait de terreur [18] l'imagination [19] de Louis XI [20], c'était la pensée [21] de [22] la mort. Quel [23] changement l'*invention* [24] *de* l'imprimerie [25] a produit [26] dans nos mœurs! Ceux qui *sont tentés* [27] par leur témérité de faire des entreprises [28] au-dessus [29] de leurs forces, doivent s'attendre au [30] triste sort [31] d'Icare. De quelle [32] terreur furent frap-

---

§ 199. 1 Ingenuus, a, um. 2 Emendatus, a, um. 3 Laudatus, a, um. 4 Supervenio, is, veni, *dat.* 5 Hæc cogitatio, nis volvens, tis, *act.* 6 Agens, tis. 7 In peregrinatio, nis. 8 Hospitium, ii, *n.* 9 Amicitia, æ. 10 Consilium, ii. 11 Fallo, is, ere, *acc.* 12 Investigans, tis. 13 T. *A quiconque considérant*, intuens, tis quilibet... pateo, es, ere. 14 In distribuendus, a, um. 15 T. *La vertu seule, à l'acc., jouir.* 16 Obsitus, a, um pannus, i. 17 Purpura, æ indutus, a, um. 18 Perterritus, a, um fui, isti. 19 Mens, tis, *f.* 20 Ludovicus undecimus. 21 T. *Pensant,* cogitans, tantis. 22 De. 23 Quantus, a, um. 24 Inventus, a, um. 25 Ars typographica. 26 T. *A été fait.* 27 T. *Ceux qui poussés par,* instinctus, a, um. 28 Molior, iri. 29 Majora *pl. n., plus grandes que.* 30 Hos manet. 31 Idem quod Icarus pertulit exitium. 32 Quantus, a, um. 33

pés [33] les Perses, *lorsqu'ils virent* [34] que [35] tant [36] de milliers des leurs [37] étaient tombés sous les coups [33] des Lacédémoniens.

§ 200. De nos jours [1] on met moins de temps [2] *pour aller* [3] en [4] Amérique, qu'on n'en mettait autrefois *pour traverser* [5] la France; trente jours suffisent [6] maintenant *pour franchir* [7] cette immense étendue de mer [8]. Le voyageur est frappé d'étonnement [9] *à la vue* [10] des pyramides d'Égypte. Aristide ne porta point envie à Thémistocle *dans son élévation* [11] et ne triompha [12] point *de sa disgrâce* [13]. Aimez [14] *qui vous aime* [15], souriez *à qui vous sourit* [16]. *Ceux que nous avons méprisés* [17] nous rendent ordinairement la pareille [18]. *Quand on est pressé* [19], le moindre [20] retard paraît [21] long [22]. La bouillante [23] jeunesse *a besoin qu'on la dirige* [24]. Le roi Agésilas [25] se contentait [26] d'un simple [27] manteau, pour faire rougir [28] les Lacédémoniens *de porter* des habits

---

Perculsus, a, um. 54 Cernens, tis. 55 *Ne se rend pas.* 56 Tot 57 Suus, a, um. 58 Cæsus, a, um à.

§ 200. 1 Hac nostrâ ætate. 2 Arctiora sunt itineris tempora 3 T. *A ceux allant,* iens, euntis. 4 In, *acc.* 5 Permeans, tis, *acc.* 6 Satis sum. 7 Trajiciens, tis. *acc.* 8 Maris tractus, *au pl.* 9 Stupeo, es, ere. 10 Intuens, tis, *acc.* 11 Opibus florens, tis. 12 Exsulto, as, avi. 13 Is dejectus, a, um. 14 Redamo, as, are, *act.* 15 Amans, tis. 16 Arridens, tis. 17 Despectus, a, um. 18 T. *la pareille,* par gratia, *a coutume d'être rendue par,* soleo, refero, ferre. 19 Properans, tis. 20 Vel minimus, a, um. 21 Sum, es. 22 Longior. 23 Fervidus, a, um. 24 Regendus, a, um sum, es. 25 Agesilaus. 26 Satishabeo, es, *act.* 27 Unus, a, um. 28 *Afin*

magnifiques [29]. Les maladies augmentent [30] *avec* [31] l'âge. *En faisant le parallèle* [32] de Philippe et d'[33]Alexandre, il semble que l'un [34] soit fait [35] pour fonder [36] une monarchie, l'autre [37] pour l'accroître [38].

N. B. On trouvera ci-après, dans le chapitre des idiotismes, de nouveaux exercices sur la construction du participe.

———

Quùm Cicero esset consul. — Mus quùm Elephanto fuisset obvius.

Lorsque le participe manque en latin, on tourne la phrase par *lorsque, puisque, après que, quùm, postquàm,* de cette manière : Cicéron étant consul, *quùm Cicero esset consul,* ou *Cicerone consule.* Un rat ayant rencontré un éléphant, *mus quùm elephanto fuisset obvius.*

Étant favorisé de Dieu, il vint à bout de son entreprise, *quùm Deus ei favisset,* ou *Deo favente, consilium perfecit suum. —* Ayant été poursuivi des voleurs, il s'échappa, *quùm latrones eum persecuti essent, evasit.*

EXERCICES.

§ 201. Alexandre *ayant vaincu* Darius, voulut faire la conquête des Indes. Marius *ayant marché à la rencontre* [1] des Cimbres et des Teutons [2], les tailla en pièces [3]. Le Scythe Anacharsis *étant venu* en Grèce,

———

que les Lacédémoniens rougissent. 29 Magnificè se vestiens, tis. 30 Ingravesco, is, cere, 31 Ingravescens, tis. 32 Quilibet cujuslibet conferens, tis, *acc.* 33 Cùm. 34 Ille quidem videtur. 35 Ità naturâ comparatus ut, *subj.* 36 Constituo, is, ere, *act.* 37 Hic verò. 38 Conditus, a, um amplifico, as, are, *act.*

§ 201. 1 Occurro, rri, *v. n. dat.* 2 Cimbri, Teutones, um. 3

se fit admirer 4 de tous les philosophes. Eurybiade *ayant levé* [5] son bâton sur [6] Thémistocle, qui était d'un avis contraire au sien [7], frappe [8], lui dit Thémistocle, mais écoute. Le bruit *s'étant répandu* [9] qu'Artaxerxès équipait [10] une flotte et rassemblait des troupes de terre [11] contre la Grèce [12], Agésilas partit pour [13] l'Asie avec une armée.

Le participe passé en *us*, des verbes déponents, s'emploie pour traduire le *participe passé* français, et souvent même le *participe présent*, comme ayant éprouvé, ou éprouvant, *expertus*, ayant acquis *adeptus;* et dans les verbes qui gouvernent l'accusatif, ce participe a la signification active, Ex.: Ayant imité son frère, *imitatus fratrem*.

Il est élégant de se servir de ce participe pour éviter les périphrases avec *cum, postquàm*, etc. Ex.: Ayant obtenu la victoire, *Adeptus victoriam*, au lieu de *cùm obtinuisset*.

EXERCICES.

§ 202, *Ayant dit* ces paroles [1] il s'éloigna. *Ayant porté* partout ses armes victorieuses [2], César revint à Rome, et usa de clémence envers ses ennemis vaincus. Auguste *devenu maître* [3] de l'empire, régna [4] avec justice. Lorsqu'*après avoir soutenu* un combat opiniâtre et violent, le lion se sent affaibli [5], il ne [6] fuit point;

Profligo, gavi, *act.* 4 Admirationem moveo, es, vi. 5 Tollo, is, sustuli, *act.* 6 In, *acc.* 7 Sua sententia, æ adversans, tis, *dat.* 8 Percutio, is, ere. 9 Fama exeo, exii, *v. n.* 10 T. *Artaxerxès*, à l'acc., *équiper*, comparo, are, *act.* 11 Pedestris exercitus, ûs, *m.* 12 *Qu'il envoyât en Grèce.* 13 In, *acc.*

§ 202. 1 Hæc (*s.-ent.* verba) præfatus. 2 T. *ayant mesuré tout par la victoire,* omnia emetior, iris, emensus... *Rome, acc., sans prép.* 3 Potior, iris. 4 Impero, as, avi. 5 T. *lorsque les*

mais il continue de se battre en retraite 7. Vaincu à la bataille de Pharsale 8, Pompée fut obligé de prendre la fuite, *déguisé* en paysan 9. *Après avoir essuyé* 10 des refus humilians 11, Marius entra, pour ainsi dire, de force 12 dans le sénat 13. Coriolan *ayant ravagé* 14 le territoire de Rome 15, vint camper 16 non loin de 17 la ville. César *ayant atteint* 18 les Helvétiens 19 *au passage* 20 du Rhône 21 *les* tailla en pièces, etc.

Quelques verbes ont, sous la forme passive, un participe passé avec le sens actif, ce sont *jurare, cœnare, prandere*, qui donnent *juratus,* ayant juré, *cœnatus,* ayant soupé, *pransus,* ayant dîné, ainsi que, *fisus, confisus, (confido)* s'étant fié, *perosus, (odisse)* ayant haï, *pertœsus, (tœdet)* fatigué, ennuyé de, *ausus, (audeo)* ayant osé; *gavisus, (gaudeo)* s'étant réjoui, *solitus, (soleo)* ayant coutume.

EXERCICES.

§ 203. Régulus *ayant juré* de retourner 1 à Carthage 2, fut fidèle 3 à son serment. *Ayant soupé, dîné,* il se retira. *S'étant fié* à un traître, Dion fut tué. So-

---

forces abandonnent le lion ayant soutenu, etc., acerrimus, a, um et vehementissimus, a, um prœlium, ii defunctus, a, um cùm vires leo, nis deficio, is, *acc.* 6 Nondùm. 7 Sed ità se recipio, is, ut à pugnandi, o non desistam, as. 8 Pharsalicus, a, um, *abl.* 9 Rustici hominis cultus, ûs mentitus, a, um, *acc.* 10 Patior, eris, passus. 11 Turpis, is repulsa, æ. 12 Quasi irrumpo, upi in, *acc.* 13 Curia, æ. 14 Populor, aris, atus, *acc.* 15 Ager Romanus. 16 Castra pono, is, posui. 17 Non procul ab. 18 Consequor, eris, quutus, *acc.* 19 Helvetii, orum. 20 Transiens, cuntis, *acc.* 21 Rhodanus, i.

§ 203. 1 *Soi, acc., devoir retourner.* 2 *À l'acc., sans prép.* 3 Conservo, as, *acc.*

crate, *haïssant* le vice, ne s'écartait jamais de la vertu. *Fatigué de* la guerre, le peuple désire la paix. Varron *ayant osé* livrer bataille à Annibal, fut vaincu. Epaminondas *ayant coutume de* paraître[1] en public avec[2] un visage joyeux, avait l'air triste[3] le lendemain de la bataille de Leuctre[4], parce qu'il craignait d'avoir eu[5] des sentiments d'orgueil[6].

Voir dans la 3e partie les Galliscismes, les idiotismes et les changements de tournure.

NOM DE MATIÈRE.
Vas ex auro.

Le nom qui exprime la matière dont une chose est faite se met à l'ablatif, avec *è* ou *ex*. — Un vase d'or, *vas ex auro*. — Une statue d'airain, *signum ex ære*. — On peut aussi du nom de matière, faire un adjectif, qui doit s'accorder avec le nom. Ex.: Un vase d'or, *vas aureum*; une statue d'airain, *signum æneum*.

EXERCICES ÉLÉMENTAIRES.

§ 204. Les anciens portaient[1] des boucliers et des casques d'*airain*. La chambre à coucher[2] des rois de Perse était ornée d'une vigne d'*or*. Les grappes de cette vigne étaient *de pierres précieuses*. Sémiramis entoura Babylone de murs *de briques*. Avant la conquête de l'Asie, et la destruction de Carthage, les Romains ne se servaient point de vases d'*or* et d'*argent*. Les historiens ne s'accordent[3] pas *sur la*[4] *ma-*

---

1 Prodire in, *acc.* 2 *Ne se rend pas.* 3 Tristior visus est. 4 Postridiè hujus diei quo feliciter pugnaverat apud Leuctra, orum. 5 Ne fuissem, es. 6 *D'un esprit trop élevé,* animus elatior, is.

§ 204. 1 Gero, is, ere, *act.* 2 Cubiculum, i, *n.* 3 Non convenit inter. 4 T. *De quelle matière,* quinam, ænam ex materia,

tière dont était faite [5] la statue [6] de Diane, dans le temple d'Éphèse [7]. Les uns [8] disent qu'elle était faite [9] *d'un cep de vigne*, d'autres [8] qu'elle était *d'ébène*, d'autres [8] qu'elle était *de cèdre.* Les vases et les statues *d'airain de Corinthe* étaient très-estimés [10]. Le parchemin se fait [11] *avec de la peau d'âne.* Les castors [12] établissent [13], pour fondement de leurs édifices, une chaussée [14] *de bois et d'argile*; large de douze pieds [15]. *Avec la peau* du renne [16], les Lapons [17] se font des habits, des tentes, des lits et d'autres choses de ce genre [18]. Les dieux semblaient être plus propices, lorsque leurs statues *étaient d'argile* et non [19] *d'or.* Les statues des dieux, *en bois et en argile*, furent consacrées [20] à Rome [21], dans les temples, jusqu'à la conquête [22] de l'Asie. Nous sommes composés [23] *d'un corps et d'une ame :* l'ame doit commander, le corps doit obéir.

NOMS DE MESURE, DE DISTANCE ET D'ESPACE.

Velum longum tres ulnas, ou *tribus ulnis.*

Le nom qui marque la mesure ou la distance, se met à l'accusatif, ou à l'ablatif, sans préposition ; mais mieux *à l'accusatif.* Ex. : Un voile long de trois aunes, *velum longum tres ulnas (ad)*, ou *tribus ulnis (ex)*. — Il est éloigné de vingt pas , *abest* ou *distat viginti passus*, ou *viginti passibus.*

æ, *f.* 5 Conficio, feci, fectum. 6 Simulacrum, *i, n.* 7 Apud Ephesios deæ dicatus, a, um. 8 Alius, a, ud. 9 T. *être faite*, fabricatus, a, um fuisse. 10 Magnus, a , um in pretium, ii sum. 11 Charta pergamena conficio , *act.* 12 Fiber, bri , *m.* 13 Pono, is, *act.* 14 Agger, is, *m.* 15 *Acc.* ou *abl.* 16 Tarandus, i, *m.* 17 Lappo, nis. 18 Id genus , *(apposition)*. 19 Non verò. 20 Dico, as, *are.* 21 *Au gén.* 22 Devictus, a, um. 23 Consto, as, are, *abl. sans prép.*

Duobus digitis major me non es.

Si le nom de mesure est précédé d'un comparatif, il se met toujours à l'ablatif. Ex. : Vous n'êtes pas plus grand que moi de deux doigts , *duobus digitis major me me non es.*

EXERCICES.

(*Voir les notes de la grammaire § 558 et 559*).

§ 205. Les murs de Babylone avaient *deux cents* [1] pieds de haut et cinquante [2] de large (*ou* étaient hauts *de deux cents pieds* et larges *de cinquante, ou* avaient *deux cents pieds* de hauteur et *cinquante* de largeur.) Les tours étaient de *dix (deni, orum) pieds plus élevées* que les murs. La plus haute des pyramides d'Égypte a *deux mille six cent quarante pieds* de circuit [3], et *cinq cents pieds* de haut [4]. La fameuse mine de Potosi [5], dans le Pérou [6], a [7] plus de *deux cent cinquante toises* (*treize cents* [8] *pieds*) de profondeur [7]. Il y a des [9] arbres au Sénégal [10] dont le tronc a [11] plus de *quatre-vingt* [12] *pieds* de circonférence [13], et dont les fleurs ont [11] *une demi-toise* [14] (*trois pieds*) de pourtour [13]. La fameuse muraille, bâtie par les

---

§ 205. 1 Ducenti , æ, a. 2 Quinquaginta , *ind.* 3 *Embrasse par le circuit,* amplector, ti ambitus, ûs duo millia sexcenti, æ. a et quadraginta, *ou le circuit de... embrasse,* ambitus colligo. is duo millia, *etc.* 4 T. *et est haute de,* quingenti, æ, a. 5 Celeberrimus , a ille, illa Potosi fodina. 6 Apud Peruviani, orum. 7 T. *est profonde de,* altus a um , *ou* effossa est in altitudinem. Ducenti, æ, a quinquaginta sexpeda, æ. (8 Mille trecenti, æ, a) et ampliùs. 9 Quædam sunt. 10 In Senegali. 11 Colligo, is, ere, *act.* 12 Plus *ou* ampliùs octoginta. 13 Orbis, is, *à l'abl.* 14 Di-

Chinois, a *quatre cents* [15] lieues de long, et *quatre-vingts pieds* de largeur. Un des plus célèbres édifices de la Chine [16], est la tour de porcelaine [17], haute de *deux cent quatre-vingts* [18] *pieds*, et au sommet [19] de laquelle on arrive par un escalier [20] qui a *quatre cents* [21] *marches* [22]. La longueur de l'Asie est de *douze cent cinquante mille pas*, et sa largeur de *six cent quarante mille* [23]. Ancus Martius bâtit la ville d'Ostie [24], à *seize milles* [25] de la ville de [26] Rome. Les Siciliens [27] alongeaient [28] quelquefois le mois *d'un jour ou de deux* [29]. Pompée était plus âgé [30] *de deux ans* [31] que Cicéron. Il ne faut pas s'éloigner [32] de *l'épaisseur d'un ongle* [33], de ce que dicte une bonne [35] conscience. Zama était [36] *à cinq journées de marche* [37] de Carthage [38]. Il y avait [39] dans la plus grande des pyramides un puits *de quatre vingt-six coudées* [40].

L'expression de la mesure, de la quantité dont une chose est plus grande ou plus petite qu'un autre se met aussi à l'ablatif. (Gramm. § 359).

----

midia sexpeda, æ. 15 Quadringenti, æ, a. 16 Apud Sinæ, arum. 17 Porcellanus, a, um. 18 Ducenti, æ, a octoginta. 19 Culmen. 20 T. *conduit un...* gradatio, nis, *f.* 21 *De quatre cents,* quadringenti, æ, a. 22 Gradus, ûs, *gén. ou abl.* 23 T. *l'Asie s'étend,* pateo, es, *en longueur douze cent cinquante milliers de pas ,* in longitudo, inis, *acc.,* mille ducenti, æ, a quinquaginta passus , ûs, *et en largeur, six cent quarante mille,* sexcenti, æ, a quadraginta millia. 24 Ostia, æ, *f.* 25 Sextus decimus a, um milliarium, ii, *n.* 26 Ab. 27 Siculus, a, um. 28 Facio longiorem. 29 Biduum, *à l'abl.* 30 Major. 31 Biennium, ii. 32 Discedo, is, dere. 33 Transversus, a, um unguis, nis, *m.* 34 Ab eo quod præcipio, is. 35 Rectus, a, um. 36 Absum, abesse. 37 Quinque dierum iter , itineris. 38 A Carthago, ginis, *f.* 39 Eram, as. 40 Octoginta sex cubita, orum, *au gén.*

EXERCICES.

§ 206. Londres[1] est *beaucoup*[2] plus grand que Paris.
Un homme est d'*autant*[3] plus heureux *qu'*[4]il a
moins[5] de désirs. Le fléau est devenu[6] *encore*[7] plus
terrible[8]. Ce chemin est *un peu*[9] plus court que
l'autre[10]. *Combien*[11] le sage est plus heureux que le
riche! L'Europe est *moitié*[12] moins grande que l'Asie.
Cette tour est *deux fois*[13] plus haute que les murs.
Cette plaine est *un tiers*[14], *un quart* moins grande
que la forêt.

------

*Cecidit decimo abhinc passu, ou ad decimum abhinc passum, de-
cimo passu ab urbe.*

Le lieu précis où une chose est arrivée, se met à l'ablatif
sans préposition, ou à l'accusatif avec *ad*, et l'on se sert du
nombre ordinal, *primus, secundus, tertius.* Ex. : Il est tombé
à dix pas d'ici, *cecidit decimo abhinc passu,* ou *ad decimum
abhinc passum.*

EXERCICES ÉLÉMENTAIRES.

§ 207. La bataille s'est livrée[1] *à deux lieues* de la
ville. Il a été tué *à vingt pas* de la forêt. Annibal
campa[2] *à trois milles*[3] de Rome. Il a rencontré[4] son
père à *quatre lieues* d'ici. Les chasseurs se sont réunis[5]
à *cinquante pas* de votre maison. Ce voyageur a été
tué *à vingt-cinq pas* de la forêt.

------

§ 206. 1 Londinum, i, *n.* 2 Multò. 3 Eò. 4 Quò. 5 Paucio-
res. 6 Sævit. 7 Aliquantò. 8 Atrox, cis. 9 Paulò. 10 Alter, a,
um. 11 Quantò. 12 Dimidium, ii. 13 Duplum, i. 14 Tertia
pars, tis *ou* triens, tis, *etc.,* quartus, a pars, *ou* quadrans,
tis, *etc.*

§ 207. 1 Committo, is, si, ssum. 2 Castra pono, sui, *act.*
3 Lapis, pidis, *masc.* 4 Occurro, is, *dat.* 5 Convenio, is.

NOM D'INSTRUMENT, DE CAUSE, DE MANIÈRE, DE PARTIE.

Ferire gladio.—Fame interiit.—Vincis formâ, vincis magnitudine.
Teneo lupum auribus.

Le nom de l'instrument dont on se sert pour faire quelque chose, la cause pourquoi elle se fait, la manière dont elle se fait, et le nom de la partie, se mettent à l'ablatif, sans préposition. Ex. : Frapper de l'épée, *ou* avec l'épée, *ferire gladio* (*cum*). Il mourut de faim, *fame interiit* (*præ*). Vous l'emportez en beauté, en grandeur, *vincis formâ, vincis magnitudine.* Je tiens le loup par les oreilles, *teneo lupum auribus.*

EXERCICES.

§ 208. Brutus, meurtrier de César, se [1] perça [2] *de son épée.* Les conjurés entrèrent dans le sénat *avec* [3] *des poignards.* Une mère mourut [4] *de joie,* à [5] la vue [6] de son fils qui revenait sain et sauf [7] de la bataille de Cannes [8]. Lorsque les éléphants sont pris, on les dompte [9] *par la faim.* Le hibou se distingue [10] des autres oiseaux de nuit *par une tête énorme* [11], *de larges* [12] *oreilles, un bec court, noir et recourbé.* Les lièvres dorment *les yeux ouverts* [13]. Une vieille femme renversa [14] le roi Pyrrhus, *avec une tuile.* Mucius entra [15] dans le camp de Porsenna, *avec* [16] *une épée.* Chassez [17] le naturel [18] *avec une fourche,* il reviendra toujours [19].

---

§ 208. 1 Pectus, toris, n. 2 Transfodio, di, *act.* 3 Curia, æ cum, *ablat. d'accompagnement.* 4 Exanimatus, a sum. 5 Ad. 6 Conspectus, ûs. 7 Sospes, sospitis. 8 Cannensis, e. 9 *Ils sont domptés.* 10 Discerno, is, *act.* 11 Immanis, is. 12 Patulus, a, um. 13 Patens, tis. 14 Dejicio, is, jeci. 15 Penetro, as, avi. 16 *Ablat. d'accompagnement.* 17 Expello, is. 18 Natura, æ. 19 Usque

L'âne brise [20] *à coups de pied* [21] le front du lion mourant [22]. Les médecins traitent [23] les maladies graves
avec des remèdes violents [24]. La fourmi traîne *avec sa
bouche* tous [25] les grains qu'elle rencontre [25]. Celui qui
supporte ses maux *avec grandeur d'ame* [26], fait tourner son [27] malheur [28] à sa [29] gloire. Dieu regarde [30] *d'un
œil favorable* [31] les hommes pieux. Certaines nations
vivent *de poissons. A mon avis* [32], la science est préférable aux richesses. L'empereur Maximin était Goth [33]
de nation. L'armée de Darius était composée [34] en
grande partie [35], *de soldats indisciplinés* [36]. Il est des
gens qui [37] ne [38] vivent qu' [38] à [39] *la clarté des lumières
et des flambeaux* [40]. Agésilas avait une *petite taille, un
corps gréle,* et boitait *d'un pied* [41]. Les chasseurs ont
tué le cerf *à coups de flèches* [42]. L'éléphant a la peau [43]
ridée et très-dure *sur le dos*, ensorte qu' [44] il est difficile
de l'entamer avec une épée ou avec un trait [45].

Avec les verbes *actifs*, on exprime le nom de cause, par la
préposition *propter*, avec *l'accusatif*, plutôt que par l'ablatif
simple, et si la cause est une disposition de l'esprit, on se sert

---

recurro, is. 20 Extundo, is, *act.* 21 Calx, cis. 22 Moribundus, i.
23 Curo, as. 24 Asper, a, um. 25 Obvius, a, um quisque, quæ-
que, quodque. 26 Magnus animus, mi. 27 Verto, is. 28 Mise-
riæ, arum. 29 In, *acc.* 30 Aspicio, *act.* 31 Æqui oculi, orum.
32 Sententia, æ. 33 Gothus, i. 34 Consto, as, *v. n.* 35 *A l'acc.*
36 Incompositus, a, um. 37 Sunt qui. 38 Tantùm. 39 Ad. 40
Tædæ, arum et faces, *clarté ne se rend pas.* 41 Statura, æ fuit
humilis, is, et corpus, poris, *n.* , exiguus, a, um, et claudus
alter, a, um pes, pedis. 42 Sagitta, æ conficio, feci, *coups ne se
rend pas.* 43 Tergus, goris, *n.* 44 Adeò ut, *subj.* 45 Nec gla-
dius, nec telum facilè vulnerari possim, is.

de préférence des participes passifs *ductus*, *inductus*, *incitatus*, *inflammatus*, *motus*, *captus*, *abreptus* et autres semblables qui signifient *engager*, *entraîner*, *exciter*, etc.

EXERCICES ÉLÉMENTAIRES.

§ 209. Il a fait cela *par vengeance* [1]. Les méchants s'abstiennent du mal *par* [2] *la crainte* des châtiments. Les bons citoyens servent leur patrie *par* [3] *devoir* et non *par intérêt* [4]. Maximin, *dans* [5] *sa fureur*, se frappait [6] la tête contre [6] les murs [7]. Quatre cents Romains, *dans* [8] *l'espoir* de sauver l'armée, se dévouèrent à une mort certaine. Ne faites rien *par respect humain* [9]. Je vous en conjure *au nom* [10] des Dieux. Quelquefois on fléchit [11] la colère *par* [12] *les larmes*. L'homme de bien n'obéit point aux lois *par* [13] *crainte*.

NOM DE PRIX.

Hic liber constat viginti assibus.

Le nom qui marque le prix, la valeur de quelque chose, se met à l'ablatif, sans préposition. Ex. : Ce livre coûte vingt sols, *hic liber constat viginti assibus* (*pro*).

EXERCICES.

§ 210. Isocrate vendit un discours *vingt talents*. Quelquefois une chose en vaut *deux*. Bucéphale, cheval du roi Alexandre, fut acheté *treize talents*. Selon les historiens anciens, la construction des pyramides

---

§ 209. 1 Cupiditas, talis ulciscendi inflammatus, incitatus. 2 Deterritus, a, um. 3 Ductus, a, um. 4 Propter privata utilitas, tatis. 5 Percitus, a, um. 6 Impingo, ere, *act.* 7 Paries, etis, *dat.* 8 Incitatus ou accensus, a, um. 9 Propter humanæ rationes, um. 10 Per. 11 Flector, eris, ti. 12 Per. (*Cicér*). 13 Propter.

d'Égypte a coûté *trente mille talents* [1]. Platon acheta *dix mille drachmes* [2] quelques livres d'un philosophe Pythagoricien. Une victoire payée *cher* [3], n'est pas une victoire, mais une calamité. Une mine valait [4] cent *drachmes* ou quatre-vingt-onze *francs* et *demi* [5]. Partout la vertu est estimée *un grand prix*. La victoire sur [6] les Samnites [7] coûta [8] *beaucoup de* [9] *sang* aux Romains. Le boisseau de blé est à *vingt-cinq francs*. Un citoyen, dans une disette de vivres [10], donna au peuple le boisseau de froment *à un as*. Un Romain, nommé Calvisius, avait des esclaves qui lui revenaient [11] chacun [12] *à cent mille* sesterces [13]. Publius Scipion Emilien céda à son frère Fabius, l'héritage de leur père qui était estimé (qui montait à) plus [14] de 60 *talents*. Le talent valait *cinq mille cinq cents francs* [15].

NOM DE TEMPS.

Quest. quandò. Veniet die dominicâ.

Si l'on veut marquer quand une chose s'est faite ou se fera, *quandò*, le nom de temps qui répond à la question quand ? *quandò?* se met à l'ablatif, sans préposition. Ex. : Il viendra

---

§ 210. 1 Si fides adhibetur, *aux*, etc... triginta millia, ium ibus talentum, i, *au gén. pl. Quand il s'agit de plusieurs milliers, le nom qui suit mille se met plutôt au gén. pl.* 2 *Au gén. plur.* 3 Magnum, i (*s.-ent.* pretium) emptus, a. 4 Valeo *ou* æstimor, aris. 5 Unus, a, um et nonaginta libra francica, æ dimidius, a *ou* selibra, æ que insuper. 6 De, *abl.* 7 Samnites, tum. 8 Sto, steti. 9 Multus. 10 Annona, æ deficiens, tis. 11 Consto, as. 12 Singuli. 13 Centena, orum millia, ium sestertiûm *pour* sestertiorum, *qu'on peut aussi sous-entendre.* 14 Pluris. 15 Quinque millia, ium et quingenti, æ, a libra francica.

dimanche, *veniet die dominicâ (in)*; le mois prochain, *mense proximo*; à trois heures, *horâ tertiâ*. (A la question *quandò*, l'on se sert du nombre ordinal).

EXERCICES.

(Voir les notes de la grammaire.)

§ 211. L'empereur Auguste mourut dans la *soixante-seizième* [1] année de son âge. Les hibous et les chauves-souris volent *pendant la nuit. A l'approche de* [2] l'hiver, les cigognes, les grues, les perdrix et beaucoup d'hirondelles s'envolent dans [3] les pays étrangers [4]. Christophe [5] Colomb découvrit [6] l'Amérique *vers la fin* du quinzième siècle, en l'an 1492 [7]. Romulus fonda Rome 754 *ans* [8] avant la naissance du [9] Christ. Les yeux des oiseaux de nuit sont faibles [10] *pendant le jour* [11], et très-perçants [12] *à* [13] *la lumière* du crépuscule et *dans la nuit*. L'empereur Heliogabale fut assassiné *à dix-huit* [14] *ans*. Charlemagne [15] fut élu empereur *en l'an* 800. C'est [16] *en l'an mil-quatre-cent-quarante* que [16] l'imprimerie fut inventée. Le premier voyage autour du monde [17] a été fait par [18] François Drack [19], *en l'an mil-cinq-cent-quatre-vingt, sous le règne* d'Élisabeth. C'est [20] *en l'année* 480, avant Jésus-Christ, qu' [20] a été livré le combat des [21] Ther-

---

§ 211. 1 Septuagesimus et sextus. 2 Sub, *acc.* 3 In, *acc.* 4 Peregrinus, a, um. 5 Christophorus. 6 Invenio, veni. 7 Sub, *acc.* etc., annus millesimus quadringentesimus nonagesimus secundus. 8 T. *la* 754e *année*, septingentesimus quinquagesimus quartus, etc. 9 Natus, a, um. 10 Hebes, etis. 11 Interdiu. 12 Acerrimus, a, um. 13 Ad. 14 T. *la* 18e *année de son âge*. 15 Carolus magnus. 16 *Ne se rend pas.* 17 Orbis, is terrarum. 18 Conficio, feci, fectum. 19 Franciscus Drack. 20 *Ne se rend pas.*

mopyles[22]. C'est *vers*[23] *l'an* 400 que les Barbares commencèrent à infester l'empire romain, et c'est *en* 420 que la monarchie Française commença *sous Pharamond*[24].

Alexandre mourut *à l'âge*[25] *de* trente-trois ans. *Après la ruine de Carthage*[26], Rome fit la conquête du monde. Les forces de l'homme[27], *vers l'âge de*[28] *quinze ans*, se développent[29] bien[30] plus promptement que ses besoins[31]. *Dans le quatorzième siècle*[32], les boutiques étaient ouvertes[33], à Paris[34], à *quatre heures du matin*[35], à peine aujourd'hui les marchands sont-ils levés[36] *à sept*. Louis Neuf, roi de France, dînait à *dix heures du matin*, et se retirait dans sa chambre à dix heures du soir[37]. Jésus-Christ est né l'an du monde *quatre mil quatre, sous le règne* d'Auguste. Je viendrai *le trois du mois prochain*. Ce précepte se trouve dans[38] Platon, livre quatre, chapitre trois. La maladie diminue[39] *de jour en*[40] *jour*. Il est entré *pendant*[41] *le repas*. Il partira *dans*[42] *dix jours*. Travaillez non-seulement *pour*[43] *le présent*, mais aussi *pour l'avenir*. Il est venu *peu de jours après*. (*Voyez ci-après la question pour combien de temps*). *Sous le règne* de Charles Neuf, un affreux massacre eut lieu[44] à Paris[45] et dans la France, *le* 24 *août* 1572,

---

21 Apud. 22 Thermopylæ, arum. 23 Circiter. 24 Pharamundus regnans, tis. 25 Agens, *acc.*, tertius et trigesimus ætatis annus, i. 26 Eversus, a, um Carthago, ginis, *fém.* 27 T. In homine. 28 Circiter natus, a, um, *avec l'accusatif.* 29 Cresco, is. 30 Multò. 31 Necessitas, tatis. 32 Ætas, tatis. 33 Pateo, es, *v. n.* 34 Lutetiæ, *au gén.* 35 Matutinus, a, um. 36 Surgo, is. 37 Vespertinus, a, um. 38 Apud. 39 Remitto. 40 In, *acc.*, on s.-entend *de jour.* 41 Super, *acc.* 42 Post *ou* ad. 43 In, *acc.* 44 Patro, as, avi,

jour de la [46] St. Barthélemi [47]. *Tous les quatre ans* [48]
on ajoute [49] un jour à l'année. Le cerf change son
bois chaque année [50]. On est content [51] lorsqu'on
peut [52] dire chaque [53] jour : J'ai vécu.

Quest. *Quamdiù. Regnavit tres annos* ou *tribus annis.*

Quand on veut marquer combien de temps une chose a duré
ou durera, *quamdiù*, le nom de temps qui répond à la question
quamdiù? se met à l'accusatif ou à l'ablatif, sans préposition,
et l'on se sert du nombre cardinal. Ex. : Il a régné trois ans,
regnavit tres annos (*per*) ou *tribus annis* (*in*).

EXERCICES.

(Voir les notes de la grammaire.)

§ 212. Carthage fut fondée *quatre-vingt-deux ans*
avant Rome. Les arts ont fleuri dans la Grèce *pendant* [1] *quinze siècles* entiers [2]. Le siége d'Azoth [3] dura
vingt-neuf ans. La ville de Troie [4] fut assiégée *pendant
dix ans,* par toute [5] la Grèce, pour [6] une seule [7]
femme. Mithridate [8] régna *soixante ans,* en vécut
soixante-douze, et fit la guerre aux Romains pendant
quarante ans. Les Arabes passent [9] facilement *trois
ou quatre jours* [10] sans manger [9]. L. Sextius fut le
premier plébéien [11] élevé [12] au consulat, *trois cent*

---

atum, *act.* 45 Lutetiæ. 46 Dies dicatus. 47 Divo Bartholomeo. 48
T. *chaque,* quisque, *quatrième année.* 49 Intercalor, aris. 50
Cornua , unum quotannis. 51 Contentus degit. 52 Cui licet.
53 In.

§ 212. 1 Per. 2 Ætas, tatis, *f.* integer, ra. 3 *Indéclin.* 4
Troja. 5 Universus, a. 6 Ob, *acc.* 7 Unus, a. 8 Mithridates. 9
Ferre inediam. 10 Triduum, ui, quatriduum, ui. 11 Primus de

quatre-vingt-huit ans après la fondation de [13] Rome. Certains animaux dorment *tout* [14] *l'hiver.* Homère, le plus célèbre des poètes Grecs, naquit *trois cent quarante ans* après la prise de [15] Troie. Je suis venu *long-temps* [16] avant. Il est parti *peu de temps* [17] après. La mort de Roscius fut annoncée à Chrysogonus, *quatre jours après qu'* [18] il fut tué. La ville fut prise *deux jours après que* le combat fut livré. Henri IV *était âgé de* cinquante-sept ans, et en avait régné *vingt-et-un* [19] lorsqu'il fut assassiné, le 14 mai 1610. En hiver, les ours sont plongés dans un profond sommeil [20], *pendant quatorze jours* [21]. Romulus, *à l'âge* [22] *de* dix-huit ans, fonda la ville de Rome, *sur* [23] le mont Palatin. Philippe, père d'Alexandre, mourut *à l'âge* [24] *de* quarante-sept ans [25]. Votre père a *plus de cinquante ans* [26]. Mon frère *n'a pas* [27] dix-sept ans.

Pour combien de temps? Jusques à quand?

La réponse à la question *pour combien de temps* se met à l'accusatif, avec *in.* Une trève faite pour cent ans, *induciæ in centum annos factæ.* On rend aussi par *in*, avec l'acc., l'expression *par jour, par heure*, etc. — La réponse à la question *jusques à quand*, se met à l'accusatif, avec *ad.*

---

plebs, is. 12 Evcho, is, evexi, ctum ad. 13 Conditus, a. um. 14 Totus, a. 15 Captus, a, um. 16 Multò. 17 Paulò. 18 Quatriduo quo is, etc. 19 T. Ago, agebam, act., *la 57ᵉ année de son âge, mais de son règne la* 21ᵉ. 20 Gravis somnus. i premo, etc. 21 Bis septeni, orum dies, erum. 22 Natus. 23 In, *abl.* 24 *Ne se rend pas.* 25 *Au génitif.* 26 Annos natus major quinquaginta. *Ou, sans exprimer* natus. Major annorum *ou* annis quinquaginta. 27 Minor, etc.

EXERCICES.

§ 213. Il a loué cette maison *pour quinze ans.*
Combien meure-t-il de personnes[1] *par jour ?* Sur[2]
toute la surface du globe[3], il naît et meurt trois mille
personnes *par heure.* Il est parti *pour trois jours.* So-
phocle composa[4] des tragédies *jusque dans*[5] un ex-
trême[6] vieillesse. Les chameaux supportent[7] la soif
quatre jours[8] et même[9] neuf[10], et lorsqu'ils peuvent
boire, ils prennent de l'eau[11] *pour* long-temps[12]. A
Athènes[13], les archontes d'abord nommés à vie[14], furent ensuite nommés[15] *pour* dix[16] ans. Les corneilles
vivent l'espace d'un siècle. (*D'un siècle à un siècle*)[17].

A QUO TEMPORE ?

Tertium annum regnat, ou *à tribus annis,* ou *tres annos regnat.*

Quand on veut marquer depuis quel temps une chose se fait,
à quo tempore, le nom de temps se met à l'accusatif, et l'on se
sert du nombre ordinal ou cardinal. Ex. : Il y a trois ans qu'il
règne, *tertium annum regnat,* (*per*). Cic. On dit aussi *à tribus
annis.* Il y a plusieurs années que je suis lié avec votre père,
multos annos utor familiariter patre tuo.

EXERCICES.

§ 214. Il y a *quatorze cents ans*[1] que la monar-

---

§ 213. 1 T. *Combien meurent,* quot homines... *On ne se sert
pas de la tournure impersonnelle.* 2 In , abl. 3 Totus orbis terrarum. 4 Scribo, psi. 5 Ad. 6 Summus, a. 7 Tolero, as. 8 Quatriduum, ui. 9 Imò. 10 Ad novem usque dies, ei. 11 Impleor,
eris. 12 In longus, a, um tempus, oris. 13 Athenæ, arum, *abl.*
14 Primùm perpetui. 15 Creo, as, are. 16 Deni, orum. 17 A
sæculum, i ad sæculum, i.

§ 214. 1 Millesimus, a, um quadringentesimus , a, um an-

chie française [2] existe. Il y a *trois cent quatre-vingt-dix ans que* les Turcs [3] sont maîtres de Constantinople [4]. Il y a *cinq cent vingt-sept ans que* les navigateurs font usage de la boussole. Les Chinois [5] connaissent [6] l'imprimerie *depuis huit cents ans*, et il *y a bien des siècles* qu'on imprime, au Thibet [8] avec des tables [9] et des caractères [10] de bois. Les arts sont cultivés en Russie [11] *depuis peu* [12] d'années. Fabia Dolabella disant qu'elle avait [13] trente ans : Cela est vrai, dit Cicéron, car *voilà vingt ans* que je l'entends dire [14].

Tribus abhinc annis mortuus est.

Si le temps est passé, et qu'il ne dure plus, on met le nom de temps à l'accusatif ou à l'ablatif, avec *abhinc*, et l'on se sert du nombre cardinal. Ex. : Il y a trois ans qu'il est mort, *tribus abhine annis* (à) ou *tres abhinc annos mortuus est* (anté).

EXERCICES.

§ 215. *Il y a trois jours qu'il est parti. Il y a deux ans que* la guerre est terminée. Nous sommes arrivés *depuis quinze jours*. Cette maison est bâtie *depuis un mois. Il y a deux cent vingt-quatre ans que* les Maures [1] furent chassés de toute l'Espagne [2]. *Il y a cent quatre-vingt-quatre ans que* Charles [3] Ier, roi d'An-

---

aus , i. 2 Francicus. a , um. 3 Turcæ. carum. 4 Constantinopolis , is. 5 Sinæ, arum. 6 Novisse, novi. 7 Scripta mandantur, *sont confiés à.* 8 Apud Thibetanos. 9 Tabulæ, arum , *au dat.* 10 Typus, pi, *au dat.* 11 Russus , i. 12 Haud itâ multus , a, um. 13 T. *soi avoir*, se. etc. 14 Nam hoc jam viginti anni. orum audio.

§ 215. 1 Maurus. i. 2 Hispania, æ. 3 Carolus. 4 Anglia, æ.

gleterre 4, fut décapité 5; et *quarante ans que* Louis 6 Seize, roi de France, eut le même sort 7. *Il y a quatre cent quatre-vingt-treize ans que* la poudre à canon fut découverte par un moine Allemand. *Il y a cinq cent vingt-cinq ans que* Guillaume 8 Tell rendit la liberté à 9 la Suisse.

Id fecit intrà tres dies, ou *tertium diem.*

Quand on veut marquer en quel espace de temps une chose s'est faite ou se fera, *quanto tempore,* le nom de temps se met à l'acusatif avec *intrà.* Ex. : Dieu a créé le monde en six jours, *Deus mundum creavit intrà sex dies.*

EXERCICES.

§ 216. Les Phéniciens 1 firent 2 *en trois ans* le voyage qu'ils entreprirent autour de l'Afrique, par l'ordre et aux frais 3 du roi d'Égypte Néchao 4. Dans notre siècle 5, un vaisseau poussé par un vent favorable 6, franchit 7, *en peu de jours,* l'espace immense qui sépare 8 l'Europe de 9 l'Amérique. Agamemnon, avec toute 10 la Grèce, prit à peine une ville *en dix ans.* Alexandre, avec trente mille hommes, fit la conquête de l'Asie entière *en quelques années.* Le temple de Janus était ouvert 11 en temps de guerre, et fermé pendant la paix, ce qui n'arriva que 12 trois fois *dans l'espace de sept cent vingt-trois ans.* Les Russes, ayant

------

5 Securi percutio, ssi, ssum. 6 Ludovicus. 7 Hic acerbissimus exitus, ûs habeo. 8 Guillelmus. 9 Vindico, avi, *act.,* in, *acc.,* libertas, tatis.

§ 216. 1 Phœnices. 2 Conficio, is, feci. 3 Impensa, æ, *au sing.* 4 Nechao, onis. 5 Hæc nostra ætas, tatis. 6 T. *Le vent favorisant,* obsecundans, tis. 7 Transvolo, as. 8 Jacco, es ab. 9 Ad. 10 Universus, a, um. 11 Pateo, es. 12 Factus, a, um tantùm. 13

introduit chez eux [13] les arts tout perfectionnés [14], ont fait plus de progrès *en cinquante ans*, qu'aucune nation n'en avait fait par elle-même [15] en *cinq cents années*. La lumière nous arrive du soleil [16] *en huit minutes* [17] environ.

Post tres dies ou *tertium diem proficiscar.*

Dans, suivi d'un nom de temps, s'exprime par *post*, avec l'accusatif, quand il peut se tourner par *après*. Ex.: Je partirai dans trois jours ; c'est-à-dire, après trois jours, *post tres dies proficiscar.*

N. B. Dans, ne se traduit pas toujours par *post* ; souvent il peut se traduire par *intrà.*

EXERCICES.

§ 217. Mon frère arrivera dans cinq jours. Nous partirons dans six mois. Notre voyage sera terminé dans deux ans. La plupart des hommes sont si [1] inconstants, que [2] ce qui leur plaît aujourd'hui, ne leur plaira [3] plus *dans quelques jours*. Mortels orgueilleux, *dans quelques années*, *dans quelques heures*, peut-être, la mort vous frappera ; ne tirez donc point vanité [4] de vos richesses, de vos honneurs [5] : *un peu de temps encore*, et [6] vous en connaîtrez [7] le néant [8]. Quel est l'homme qui pourrait jouir de la vie, s'il

------

Cum domi suscepissem, es. 14 Omni parte perfectus, a, um. 15 Per se. 16 A sol, is in, *acc.*, terra, æ devenio. 17 Octava pars, tis horæ.

§ 217. 1 Tàm. 2 Ut, *subj.* 3 *Subj. prés.* 4 Glorior, aris, *abl.* 5 Dignitas, tatis. 6 T. *après un temps court*, exiguus, a, um. 7 Intelligo. 8 Quàm hic, hæc, hoc nullus, a, um sim, sis.

savait [9] que le terme en est fixé [10] à [11] un an, à deux ans, ou même [12] à tout autre [13] nombre d'années déterminé [14].

QUESTION *ubi.*

Quand on marque le lieu où l'on est, où l'on fait quelque chose, c'est la question *ubi.*

Sum in Galliâ, in urbe.

A la question *ubi,* le nom de lieu se met à l'ablatif, avec *in.* Ex.: Je suis en France, *sum in Galliâ;* dans la ville *in urbe.* — Il se promène dans le jardin, *ambulat in horto.* (On met *horto* à l'ablatif, parce qu'on ne sort pas du lieu.)

EXERCICES.

§ 218. Les aigles font leurs nids [1] *dans les rochers.* Les oiseaux volent *sous les nuées,* comme les poissons nagent *dans l'eau.* On trouve [2] des renards blancs *dans les pays* septentrionaux. Jupiter naquit et fut élevé *dans l'île de Crète* [3]. Les Potélémée [4] avaient rassemblé [5] *en Égypte* un nombre immense de livres. Mais tous ces livres, ou au moins quatre cent mille volumes, furent brûlés [6] *dans la ville d'Alexandrie,* pendant la guerre entre César et les enfants de Pompée. C'est [7] surtout *dans l'adversité* [8] que [7] l'on connaît les amis sincères [9]. La fortune volage [10] ne

---

[9] Si compertum haberet. [10] T. *la fin d'elle devoir être,* adsum, adesse. [11] *Après.* [12] Imò. [13] Quilibet. [14] Fixus ratusque.

§ 218. [1] Nidifico, as. [2] T. *sont trouvés.* [3] Creta, æ. [4] Ptolemæus, i. [5] Conquiro, quisivi. [6] Conflagro, as, avi, *v. n.* [7] *Ne se rend pas.* [8] Res adversæ. [9] Sincera, æ fides, ei. [10] Volubi-

se fixe [11] *en aucun lieu*, elle n'[12]est constante que [13] *dans sa légèreté*. Un athlète qui court *dans la stade* doit redoubler d'efforts [13] lorsqu'il approche du [14] but, pour obtenir la palme. Celui qui veut faire des progrès *dans les lettres*, doit se rappeler que les racines de la science sont amères [15], mais que les fruits en sont doux. Les anciens croyaient que ceux qui n'étaient pas enterrés, erraient [16] cent ans *sur les rives du Styx*. Le crocodile passe [17] les jours *sur* [18] *la terre* et les nuits *dans l'eau*. Diogène, pour s'endurcir aux souffrances [19], embrassait, pendant l'hiver, des statues couvertes [20] de neige, et se roulait [21] pendant l'été, *sur* [22] *le sable brûlant* [23].

Natus est Avenione, Athenis.

On sous-entend la préposition, quand c'est un nom propre de ville. Ex. : Il est né à Avignon, *natus est Avenione* ; à Athènes, *Athenis*.

EXERCICES.

§ 219. Il y avait *à Athènes* un tribunal sévère et incorruptible, c'était [1] l'Aréopage. Alexandre s'arrêta [2] *à Babylone* [3] plus long-temps que partout [4] ailleurs [4], et aucun séjour [5] ne fut plus nuisible [6] à la discipline militaire. Il y eut *à Cadix* [7] un certain

---

lis. 11 Certa maneo, es. 12 Solus, a, um. 13 Acrius eniti et contendere. 14 Appropinquo, as ad. 15 T. *les racines... être amères ; mais les fruits être doux.* 16 T. *croyaient ceux (à l'acc.) qui,* sepultura careo, *error,* circumerrare. 17 Ago. is. 18 In. 19 Ut se exercerem, es ad laborum tolerantia. æ. 20 Perfusus, a, um. 21 Voluto, as, *act.* 22 In. 23 Fervidus, a, um.

219. 1 Scilicet. 2 Consisto, stiti. 3 Babylon, nis. 4 Usquàm. 5 Locus, ci. 6 Noceo, cui. 7 Sum, fui Gades, dium.

Aganthonius qui régna quatre-vingts ans. *A Lacédé-mone* [8], tous les arts, excepté celui [9] de la guerre, étaient méprisés. Mœris qui donna son nom au lac [10] creusé [11] par Joseph, fils de Jacob, régnait *à Thèbes* [12] en Égypte [13]. Il y avait [14] *à Delphes* [15] un temple consacré à Apollon, célèbre par les oracles que le Dieu y rendait [16]. Les Grecs qui vivaient *à Sybaris* [17], étaient plus efféminés que [18] les Perses. Milon, célèbre athlète, naquit *à Crotone* [19].

Habitat Lugduni, Romæ. Cadere humi. Cypri vixit. Mitylenæ negotiatur.

Si le nom propre de ville est au singulier, et de la première ou de la seconde déclinaison, on le met au génitif. (Cet emploi du génitif n'est qu'apparent, il représente l'ablatif, à l'imitation des Grecs.) Ex. : Il demeure à Lyon, *habitat Lugduni* ; à Rome, *Romæ*. — Les noms *domus, humus* se mettent aussi au génitif, *domi, humi*... Est-il à la maison ? *Est-ne domi ?* On dit aussi *militiæ, belli*, en temps de guerre (sous-entendu *tempore*.

EXERCICES.

§ 220. *A Sparte* [1], les enfants battus [2] de verges sur [3] l'autel de Diane, ne laissaient pas échapper un seul gémissement [4]. Les rois de la famille [5] d'Attale [5] avaient établi [6] une belle [7] bibliothèque *à Pergame* [8].

---

8 Lacedæmon, is. 9 Ars, tis, *fém.* 10 Ex quo nomen traho, xi lacus. 11 Effodio, fossum. 12 Thebæ, arum. 13 Ægyptiacus, a, um. 14 Sum, es. 15 Delphi, orum. 16 Edo, is, ere, *act.* 17 Sybaris, is. 18 Mollitia diffluebant ultrà, *acc.* 19 Croton, is.

§ 220. 1 Sparta, æ. 2 Cæsus, a, um. 3 Ad. 4 Ne ingemisco, is quidem. 5 Attalicus, ci. 6 Instituo, is, ui. 7 Egregius, a. 8 Per-

Les premiers consuls créés *à Rome*, après l'expulsion 9 de Tarquin 10 le Superbe, furent L. Junius Brutus et Tarquin Collatin. Caton ayant appris 11 que son frère était tombé malade *à Énos* 12, en Thrace, brava la fureur des flots 13 pour aller le voir 14. Vers le milieu du 15 quinzième siècle naquit, *à Florence* 16, le célèbre Léonard de Vinci 17, maître de Michel-Ange et modèle de Raphaël 18. Dans les premiers temps de la Grèce, Inachus régna *à Argos* 19, Persée *à Mycènes* 20, Lelex *à Sparte*, Cadmus à Thèbes, Sisyphe *à Corinthe* 21, et Cecrops à Athènes. La fable dit 22 qu'Apollon naquit 23 *à Delos* 24. Sappho naquit *à Lesbos* 25. Caligula donna 26 *à Lyon* des jeux magnifiques, et établit 27 dans cette ville un combat 28 célèbre d'éloquence grecque et latine.

On dit *Humi, domi, militiæ, belli, rure* ou *ruri.* (ablat.) *terrá marique.*

EXERCICES.

§ 221. Je resterai *chez moi* 1 jusqu'à ce que vous soyez arrivé. Thémistocle se distingua *dans la paix et dans la guerre* 2. Nous passerons l'été *à la campagne*. Il s'est froissé la tête avec violence 3 *contre*

---

gamus, i. 9 Expulsus, a, um. 10 Tarquinius. 11 *Lorsqu'il eut appris*, accipio, cepi. 12 In morbum incido, di, *à l'infin., son frère être tombé*, Ænus, ni. 13 Sæviente tempestate. 14 Ad eum navigavit. 15 Medius, ia, um circiter. 16 Florentia, æ. 17 Leornardus de Vinciis. 18 T. *Que Michel-Ange* (Michaël-Angelus) *eut précepteur à soi, et Raphaël modèle*, exemplar, is, *n.* 19 Argos, gi, *n.* 20 Mycenæ, arum *ou* Mycene, es. 21 Corinthus, thi. 22 Narro, as. 23 *Être né.* 24 Delos, li, *f.* 25 Lesbos, bi. 26 Edo, edidi, *act.* 27 Instituo, ui, *act.* 28 Certamen, *n.*

§ 221. 1 Me contineo domus. 2 Militia, domus. 3 Graviter

terre 4. Les villes les plus florissantes couvrent maintenant la terre de leurs débris 5. Les Athéniens, avant la guerre de Sicile, étaient très-puissants sur *terre et sur mer.* Épaminondas n'avait qu'un seul 6 habit, et toutes les fois qu'7il l'envoyait nettoyer 8, il était obligé de rester *chez lui.* Les anciens Romains vivaient ordinairement *à la campagne.* Ce fut à cette époque que9 Rome produisit tant 10 de grands hommes, *dans la paix* et *dans la guerre.*

Cœnabam apud patrem. Ad focum sedens. Ad Cannas.

Le nom de la personne se met à l'accusatif, avec *apud.* Ex. : Je soupais chez mon père, *cœnabam apud patrem.*

EXERCICES.

(Voir les notes de la gramm. lat. § 373.)

§ 222. On voit1, à chaque page 2, *dans*3 *Homère*, qu'il s'en fallait beaucoup que, de son temps, l'on attachât de la honte 4 à des œuvres 5 que nous regardons comme 6 viles. Pendant les Saturnales, les esclaves, assis 7 *à* 8 *table*, étaient servis par leurs maîtres 9. Celui qui est conduit à 10 la gloire par la vertu 11, acquerra 12 une réputation immortelle *dans la postérité* 13. Après

---

affligo, afflixi. 4 Humus. 5 Nunc humus dirutus, a jaceo, es (*gissent par terre*). 6 Unus, a tantùm. 7 Quoties. 8 Mitto, ere ad fulo, nis. 9 Ille, a, ud quidem tempus, poris, *ce fut que, ne se rendent pas.* 10 Effero, extuli tot.

§ 222. 1 Legor, eris. 2 Passim. 3 Apud. 4 Multùm abfuisse ut sordidus, a, habeor, haberer, eris. 5 Opera, æ, *f.* 6 Duco, is. 7 Sedebant. 8 Ad. 9 Dominus, i ministrans, tis. 10 Tendo ad... 11 Virtus, tis dux, cis. 12 Sibi paro, as. 13 Posteri, orum. 14

avoir vaincu Darius [14] *à* [15] *Arbèle* [16], Alexandre s'abandonna [17] sans contrainte [18] à ses passions. Il y avait [19] *à* [20] *Agrigente* [21] un temple d'Hercule, en grande vénération [22] *dans* [23] *toute la Sicile* [24]. Aristide se trouva [25] au combat naval *de Salamine* [26]. Les uns [27] disent que la peinture [28] a commencé [29] *à Sicyone* [30], et d'autres [31] *à Corinthe* [32]. Les restes de la république périrent *à Philippes*, avec Brutus et Cassius [33]. Ancus Martius bâtit la ville d'Ostie [34], à [35] l'embouchure du Tibre [36]. Curius assis *près de son foyer*, sur un banc rustique [37], mangeait les racines qu'il avait arrachées en nettoyant son champ.

QUESTION *quò.* — *Eo in Galliam, in urbem.* — *Venerunt ad eumdem rivum.*

La question *quò* se connaît lorsque le verbe signifie mouvement pour aller, venir en quelque lieu, partir pour quelque lieu.

A la question *quò* le nom du lieu où l'on va se met à l'accusatif, avec *in*, quand on entre dans le lieu, et *ad*, quand on ne va qu'auprès. Ex. : Je vais en France, *eo in Galliam*; à la ville, *in urbem*. — Ils vinrent au même ruisseau, *venerunt ad eumdem rivum.*

Victus Darius, ii, *abl. abs.* 15 Ad. 16 Arbella, æ. 17 Solvo, is, vi, *acc.* 18 Palàm. 19 Fui. 20 Apud. 21 Agrigentini, orum. 22 Sanctus et religiosus, a, um. 23 Apud. 24 Siculi, orum. 25 Intersum. 26 Apud Salamin, is. 27 Alius. 28 Ars, artis, à l'*acc.* pingendi. 29 *Avoir commencé*, exorior, exortus sum, iri. 30 Sicyonii, orum. 31 Alius. 32 Corinthii, iorum. 33 *Brutus et Cassius périssant*, periens, pereuntis Philippi, orum, periere, *etc.* 34 Ostia, æ. 35 Ad. 36 Tiberinus, a, um. 37 Agrestis.

EXERCICES.

§ 223. Les Grecs envoyèrent des colonies [1] *en
Italie, en Sicile, et en Asie.* Les Romains, quoiqu'assiégés par Annibal, envoyèrent des troupes *en Espagne.* Thémistocle banni [2] de [3] la la Grèce, se réfugia *chez les Perses* [4]. Lorsque César partit *pour la
Gaule*, il avait déjà formé [5] le projet de s'emparer
du souverain pouvoir [6]. Pyrrhus passa [7] *en Italie*,
pour porter du secours aux Tarentins [8], contre les
Romains. Quiconque s'élève [9] *au faîte des grandeurs* [10],
marche rapidement [11] *à sa perte* [12]. Il n'était pas permis aux Romains d'entrer en armes [13] *dans la ville.*
A la bataille de Marathon [14], les Athéniens fondirent [15]
sur [16] *les Perses* [17] avec tant d'impétuosité [18], que [19]
ceux-ci prirent la fuite [20] et gagnèrent non leur [21]
camp, mais leurs vaisseaux. Après avoir conquis
l'Italie [22] en soixante-dix jours, César se dirige [23]
vers l'Espagne, où il défait Afranius et Petréius, lieutenants de Pompée. A son retour [24] *en Gaule*, il assiège et prend la ville de Marseille [25]. Cimon, pour
racheter le droit d'ensevelir son père Miltiade qui
avait été *jeté* [26] *en prison* [27], et [28] y [28] était mort, *se
chargea de* [29] ses chaînes [30].

---

§ 223. 1 Colonus, i, *m.* 2 Pulsus, a, um. 3 E. 4 Persa, æ. 5
Ineo, inii. 6 Summa, æ rerum. 7 Trajicio, is, jeci. 8 Tarentinus,
i. 9 Evehor, evehi. 10 Summi honores. 11 Propero, as. 12 Exitium. 13 Armatus, a, um. 14 Marathonicus. 15 Irruo, is, ui.
16 In. 17 Persæ, arum. 18 Tantus, a, um impetus, ûs, *m.* 19
Ut, *subj.* 20 In fuga, æ se do, dedi. 21 Peto, ere, *act. Leur ne se
rend pas.* 22 Subactus, a, *abl. abs.* 23 Tendo, is. 24 Redux. 25
Massilia, æ. 26 Conjicio, jeci, jectum. 27 Carcer, is. 28 Ubi.
29 *Transporta sur soi,* transfero. 30 Vincula, orum ejus.

11*

Ibo Lutetiam, Lugdunum, rus, domum, Cypram. Profectus sum ad Capuam. (Voir la note de la Gramm. § 375).

On sous-entend la préposition, quand c'est un nom propre de ville, et devant *rus, domum.* Ex.: J'irai à Paris, *ibo Lutetiam*; à Lyon, *Lugdunum.* — Je vais à la campagne, *eo rus*; à la maison, *eo domum.* — Si l'on se sert du verbe *peto* pour exprimer *aller*, on met toujours le nom de lieu à l'accusatif, sans préposition : je vais au collège, *peto collegium.*

EXERCICES.

§ 224. Les jeunes Romains de distinction [1] *allaient à Athènes* pour y étudier les belles lettres. François [2] Ier *se rendit* [3] *à Calais* [4], pour faire alliance avec Henri [5] Huit roi d'Angleterre [6], contre Charles [7] Quint. Alexandre, après la conquête de l'Inde [8], *revint à Babylone* [9]. Le roi de Perse ayant *envoyé* des ambassadeurs *à Sparte*, pour demander [10] la terre et l'eau, les Lacédémoniens *précipitèrent* [11] ces ambassadeurs *dans un puits.* Les Athéniens voulant [12] faire la conquête de la Sicile, *firent voile* [13] *pour Syracuse* [14]; mais leur flotte fut détruite dans le port de cette ville. Annibal, après avoir défait [15] les Romains à la bataille de [16] Cannes [16], au lieu [17] *de marcher sur* [18] *Rome, conduisit* son armée *à Capoue* [19]. Pierre le Grand *vint à Paris*, sous le règne de Louis quinze. Ponce-Pilate [20], gouverneur de Judée, *fut relégué à Vienne* [21], dans les Gaules. Paul Émile [22], après la

---

§ 224. 1 Spectatissimus, a, um Roma, æ juventus. 2 Franciscus. 3 Confero, tuli. 4 Caletum, i. 5 Henricus, ci. 6 Angli, glorum. 7 Carolus. 8 Indi, orum subacti, orum. 9 Babylon, is. 10 T. *qui demandassent.* 11 Dejicio, jeci. 12 *Lorsqu'ils voulaient, au subj.* 13 Navigo, avi. 14 Syracusæ, arum. 15 Victus, a, um, *abl. abs.* 16 Ad Cannæ, arum. 17 Cum debuisset. 18 Contendo, is, ere. 19 Capua, æ. 20 Pontius Pilatus. 21 Vienna.

défaite de Persée²³, *apporta*²⁴ *à Rome* une grande quantité²⁵ de livres. Lélius et Scipion s'échappaient de la ville, comme d'une prison, *pour aller à la campagne*²⁶. Socrate *revenait*²⁷ *chez lui*²⁸ avec²⁷ le même visage qu'il avait²⁹ en sortant³⁰ de sa maison³⁰. *Rapporte* ton bouclier *dans ta patrie*³¹, ou *sois rapporté dans ta patrie*, étendu³² sur ton bouclier, disait une femme Lacédémonienne à son fils qui *partait pour*³³ la guerre. Les Athéniens envoyèrent une colonie³⁴ *dans la Chersonèse*³⁵. Miltiade *aborda à Lemnos*³⁶. Caton, encore jeune, se rendit *devant Capoue*³⁷ assiégée par les Romains, et ensuite *devant Tarente*.

Eo ad patrem, ad sacram concionem. Venit in Persas.

5º Le nom de la personne et celui de la chose se mettent à l'accusatif, avec *ad*. Ex. : Je vais chez mon père, *eo ad patrem;* au sermon, *ad sacram concionem.*

EXERCICES.

§ 225. Celui qui *élèvera*¹ ses pensées² *vers Dieu*, ne³ *commettra*⁴ jamais³ d'action⁵ honteuse. La crainte *conduit* le lâche *à la mort*. Le jeune Manlius, après avoir tué l'ennemi⁶ qui l'avait *défié*⁷ *au combat*, *revint près de son père* qui le condamna à mort, pour avoir⁸ violé⁹ la discipline militaire. Annibal *vint à*

---

c. 22 Paulus Emilius. 23 Perseus, ei. 24 Adveho, exi. 25 Copia, æ. 26 T. *s'envolaient à la campagne de la ville*, evolo, as rus. ruris ex... tanquàm ex. 27 Refero, fers. 28 Domus, ûs. 29 T. *qu'il avait emporté*, effero, extuli. 3o *Ne se rend pas.* 31 Domus, ûs. 32 Jacens. 33 Ad. 34 Colonus, i, m. 35 Chersonesus, i, f. 36 Lemnos, ni, f. 37 *C'est-à-dire dans le camp, devant Capoue.*

§ 225 1 Erigo, is. 2 Mens, tis. 3 Nunquam 4 Admitto, is, ere. 5 Quidquam, neut. 6 *Ablat. absolu*, 7 Provoco. 8 *Parce qu'il*

Ephèse [10], *à la cour* [11] *d'Antiochus*, et l'excita à faire
la guerre aux Romains ; dans la suite, Annibal *s'étant
réfugié* [12] *auprès de Prusias* [13], fut obligé de s'empoi-
sonner [14], pour ne pas être livré [15] à ses ennemis. Celui
qui [16] *s'approche* [17] *d'un corps* attaqué [18] d'une maladie contagieuse, s'expose à ressentir les atteintes du
mal [19] : celui qui *s'approche d'un méchant*, peut être
entraîné [20] à l'imiter. Coriolan, condamné par le peuple, alla [21] en exil [22] *chez* [23] *les Volsques* [24]. Heureuse
l'ame qui *remonte* [25] *à son origine*. Thémistocle *se
rendit en Perse* [26], *auprès du roi Artaxerxès* qui l'ac-
cueillit avec bonté.

———————

Mouvement figuré.

Il m'est venu dans l'esprit, *venit mihi in mentem.* Diviser en
trois parties, *in tres partes dividere.*

EXERCICES.

§ 226. L'honnêteté [1] *se divise* ordinairement [2] *en
quatre parties, la prudence, la justice, le courage* et
la tempérance. Si vous *consacrez* [3] votre temps *à* [4]
l'étude, vous échapperez à [5] tous les ennuis de la vie.
Les Babyloniens [6] *étaient adonnés* [7] *au* [8] *vin.* Les
choses dont nous nous soucions le moins [9] sont [10] sou-

———————

avait. 9 Solvo, is, vi, *act.* 10 Ephesus, si. 11 T. *chez.* 12 Cùm
confugissem, es. 13 Prusias, æ. 14 Mors, tis venenum, i sibi
conscisco, cere, *act.* 15 Ne, *subj., pour qu'il ne fût pas livré.* 16
Qui. 17 Accedo, is ad. 18 Flagrans. 19 T. *Vient dans le danger
de contracter*, contraho, is, *la maladie.* 20 Induco. cis, cere. 21.
Abeo, abii. 22 Exulo, as, atum. 23 In. 24 Volsci, orum. 25
Revolo, as. 26 Persæ, arum.

§ 226. 1 Honestum. 2 *A coutume d'être divisée*, soleo, es divido, is, cre. 3 Confero, fers. 4 In. 5 Effugio, is, cre. 6 Baby-
lonius, ii. 7 Effusus, a, um. 8 In. 9 Minimi facio, is. 10 Ne se

vent celles qui [10] *contribuent* [11] le plus *à* [12] *notre bonheur*. De toutes les créatures vivantes [13], l'homme est la seule [14] qui n'ait pas la face [15] *tournée* [16] *vers la terre* ; il marche [17] les yeux *dirigés* [18] *vers* [19] *le ciel*. Nous *remettons* [20] presque toujours *au* [21] *lendemain* [22] ce que nous devrions faire [23] sur le champ [24]. La bonté *devient* [25] *un défaut*, quand elle *dégénère* [26] *en faiblesse* [27]. L'exemple d'un homme [28] *en fait égarer* [29] *d'autres*. Lorsque le hérisson [30] sent le chasseur, *il se roule* [31] *en boule* [32]. Lorsque le chameau est fatigué [33], il reprend [34] ses forces *en se couchant* [35] *sur* [36] *le poitrail*. On liquéfie [37] et on met en fusion [38] le sable *pour en faire* [39] du verre. Ce fut [40] par degrés [41] que [40] la république Romaine *s'éleva* [42] *au point* [43] de grandeur et de puissance auquel elle est parvenue [44]. Après beaucoup de combats, de défaites et de victoires, les Romains et les Samnites s'unirent et [45] *se confondirent* [46] *en un seul peuple* [47]. Les maux publics *retombent* [48] *sur le peuple* [49]. Lorsque les généraux Romains voulaient *recruter leur armée* [50], ils convo-

---

rend pas. 11 Valeo, es. 12 Ad. 13 Animans, tis. 14 Unus. 15 T. *duquel le visage ne soit*. 16 Pronus in. 17 Incedo, is. 18 Sublatus, a um. 19 Ad. 20 Differo, fers. 21 In. 22 Crastinus dies. 23 Ago, is. 24 Actutùm. 25 Mutor, aris in. 26 Delabor, eris, bi. 27 Ad mollitia animi. 28 Homo homines alios, *par son exemple*. 29 Allicio, is in error, is. 30 Herinaceus, i. 31 Convolvor, veris, vi. 32 In forma, æ pila, pilæ. 33 T. *le chameau fatigué*. 34 Recipio, is. 35 Inclino se. 36 In. 37 Liquor, quaris. 38 Fundor, eris, di. 39 In usus, ûs. 40 *Ne se rend pas*. 41 Paulatim. 42 Cresco, crevi. 43 Fastigium. 44 Assequor, quutus sum. 45 T. *Joints par un traité certain*. 46 Coalesco, alui in. 47 Unus, a, um. 48 Recido, is. 49 Plebs, bis. 50 T. *Écrire des soldats en suplément*, supple-

quaient l'assemblée du peuple [51]. Un esprit [52] inquiet
se partage en mille pensées [53].

Question Undè. — Redeo ex Galliâ, ex urbe.

La question *undè* se connaît lorsque le verbe signifie mouvement pour partir ou venir de quelque lieu. 1° A la question
undè, le nom du lieu d'où l'on part, d'où l'on vient, se met à
l'ablatif, avec *è* ou *ex*. Ex. : Je reviens de la France, *redeo ex
Galliâ* ; de la ville, *ex urbe*. Il est sorti de sa chambre, *egressus
est è cubiculo*.

EXERCICES.

§ 227. En 714, les Sarrasins [1] *partirent de la province* d'Afrique, appelée Mauritanie, et entrèrent en
Espagne. On voit [2], quelquefois, dans les pays méri-
dionaux [3], *sortir* [4] tout-à-coup *du désert* [5], des myria-
des [6] de fourmis qui dévastent tous les lieux habités [7].
Denis [8] le tyran, n'osant [9] se placer [10] dans les tribunes
ordinaires [11], haranguait [12] le peuple *du haut d'une
tour* [13]. La Meuse [14] *sort* [15] *de la montagne* des Vosges [16].
Chez les Grecs, et surtout chez les Lacédémoniens,
rien n'était plus honteux pour un soldat [17] que *de re-
venir du combat*, sans son bouclier. Les plus grands

---

mentum, i. 51 T. *Ils appelaient le peuple à l'assemblée*, conci-
nis. 52 Animus. 53 Distraho, is, *act.*, in sexcenti, æ cura, æ.

§ 227. 1 Sarracenus, i. 2 Videas. 3 Australis, is. 4 Erumpo,
is, ere. 5 Deserta, loca, orum. 6 Plurima millia. 7 Cultus, a.
8 Dionisius. 9 Cum non audeo, erem. 10 Consistere. 11 Suggestum, n., communis, e. 12 Concionor, ari ad. 13 T. Summus,
a, um turris, is, f. 14 Mosa. 15 Profluo, is 16 Vogesus, si, ou

arbres *sortent* [18] *de l'enveloppe* [19] d'une semence qui se corrompt [20]. En 841, les Danois [21], *sortis du Danemark* [22], et les Normands [23] *sortis de la Suède* [24], se dirigent [25] vers le centre de l'Europe [26]. Les Danois abordent en Angleterre [27]; mais Egbert les force à *s'éloigner* [28] *de son royaume*. Les Normands se jettent [29] sur la France, assiégent Rouen [30], et s'avancent jusqu'à Paris. Les Hongrois [31], *originaires* [32] *du Turquestan* [33], province d'Asie, *repoussés de leur pays* [34], pénètrent en Europe, et s'établissent dans la Dacie [35].

Redeo Lugduno, Româ, rure, domo, Samo.

On sous-entend la préposition, quand c'est un nom propre de ville, et devant *rure*, *domo*. Ex. : Je reviens de Lyon, *redeo Lugduno* ; de Rome, *Româ* ; de la campagne, *rure* ; de la maison , *domo*.

EXERCICES.

Voir les notes de la gram.

§ 228. Je *suis parti de Narbonne* [1] avant que vous *fussiez parti* vous-même *de Nîmes* [2]. Votre ami *reviendra-t-il de la campagne*, avant la fin du mois ? Je ne suis pas *sorti de chez moi* [3], aujourd'hui. D'où venez-vous ? Je *viens d'Auxerre* [4]. Les plus grands

----

sing. 17 *Au datif.* 18 Nascor, sceris, nasci. 19 Cortex, icis. 20 Corruptus, a, um. 21 Danus, i. 22 Dania, æ. 23 Normanus, i. 24 Suecia, æ. 25 Contendo, is. *v. neut.* 26 *L'Europe intérieure,* interior, is. 27 Anglia, æ. 28 Egbertus pello, is. 29 Irrumpo, is, 30 Rothomagus, i. 31 Hungari. 32 Oriundus, a, um. 33 Turquestania, æ. 34 Patria, æ. 35 Dacia, æ.

§ 228. 1 Narbo, nis. 2 Nemausus, si. 3 Domus. 4 Antissiodo-

hommes ont éprouvé l'ingratitude de leurs concitoyens. Thémistocle *fut banni d'Athènes* et de toute
la Grèce, Coriolan, Camille et Scipion furent *bannis
de Rome*, et Annibal *fut exilé de Carthage*. Denis le
Jeune, renversé de son trône, *chassé de Syracuse* [5] et
de la Sicile, donnait [6], à Corinthe, des leçons [6] aux
enfants. Ptolémée Philadelphe forma [7] une bibliothèque avec des livres profanes et des livres sacrés, qu'il
fit venir [8] *de Jérusalem* et des autres villes de Judée.
Le jour que [9] César fut assassiné dans le sénat, on
l'avait averti de ne pas *sortir* [10] *de chez lui* [11]. Dans les
premiers temps de la République, on *allait chercher* [12],
à la campagne, les consuls, les dictateurs et les généraux. Numa était *originaire de Cures* [13], dans le pays [14]
des Sabins [14].

Venio à patre, à venatione. — Mouvement figuré.

Le nom de la personne et celui de la chose se mettent à
l'ablatif, avec *à* ou *ab*. Ex. : Je viens de chez mon père, *venio
à patre meo* ; de la chasse, *à venatione*.

EXERCICES ÉLÉMENTAIRES.

§ 229. Vous sortiez *de chez votre frère*, lorsque
j'allais y entrer [1]. Vous revenez *de la pêche*, et moi
je reviens *de la chasse*. Le duc de Guise [2] venait de [3]

---

rum, ri. 5 Syracusæ, arum. 6 Doceo, es. 7 Instruo, is, xi,
act. 8 Petitus, a, um. 9 Quâ die. 10 Ne exirem. 11 Domus.
12 *Étaient mandés de*, arcessebar, is. 13 Oriundus Cures, ium,
m. 14 Sabinus, a, um.

§ 229. 1 Cùm ingressurus essem ad is, ejus. 2 Guisia, æ. 3

quitter 4 *Henri trois*, lorsqu'il fut assassiné. Le maréchal de Catinat dit à Louis XIV, en prenant congé 5 *de lui* : Sire, je vais combattre vos ennemis, et je vous laisse le soin 6 de me défendre contre les miens. Les méchants ne 7 sont détournés 8 *du crime* que 7 par la crainte du supplice. La vertu ne vient ni *de la nature*, ni *de la science*, mais elle vient *de Dieu*. Timoléon délivra la Sicile *de la domination* des tyrans. Dieu nous a placés dans l'univers immédiatement *après* 9 *lui*. Le propre d'un homme de bien, c'est 10 de ne rien dire qui soit contraire 10 *à la vérité*, de ne rien faire qui soit contraire à la justice (ou qui s'éloigne *de la justice*). Les Samnites 11 descendaient 12 *des* Lacédémoniens, et avaient conservé 13 les mœurs 14 et le courage de leurs ancêtres 15. Dieu écarte 16 *des gens de bien* les véritables maux, c'est-à-dire, les crimes et l'infamie 17.

§ 230. Cyrus, fils 1 *de Cambyse* 2 et *de Mandane* 3, fonda l'empire des Perses, l'an 559 avant J.-C. Les loups attaquent les chevaux *par devant* 4, mais ils attaquent *par derrière* 5 les taureaux dont ils craignent les cornes. *La rondeur* de la terre lui a fait donner le nom de globe 6. Le mois de Janvier qui ouvre

---

Modò. 4 Discesseram, *s'était éloigné de*. 5 Discedo, is. 6 Curam demando. 7 Tantùm. 8 Deterreo, es. 9 Proximus, a , um ab. 10 Nihil loqui alienus, a , um. 11 Samnites. 12 Duco, is originem. 13 Retineo , es , ui. *act.* 14 Disciplina ; æ. 15 Avitus , a , um. 16 Removeo, es. 17 Flagitia, orum.

§ 230. 1 Natus *avec ou sans* ex. 2 Cambyses, is. 3 Mandana, æ. 4 A frons, tis. 5 Tergum, gi. 6 T. *La terre est dite globe, à*

l'année, a été appelé ainsi *de* [7] *Janus.* Notre salut naît quelquefois *des causes mêmes d'où* devait [8] venir [8] notre [9] perte. La plupart des hommes en voulant [10] commencer [11] la vie *par* [12] *les plaisirs,* se préparent, pour l'avenir, toutes sortes de [13] peines et d'ennuis. Dieu est près *de* [14] *vous,* il est avec vous. Les plus grands rois ne sont pas exempts [15] *du sort commun* des hommes. Cicéron tenait [16] *pour* [17] *Pompée et pour le Sénat* (était du parti de Pompée et du Sénat). Il est *de* [18] votre intérêt [19] de terminer cette affaire. Cet homme [20] est-il votre valet *de pied* [21] ? Avez-vous vu le secrétaire *du cabinet* [22] du roi [23]. Il est d'un homme bien né [24] de vouloir se faire une bonne réputation [25] *auprès de* [26] ses concitoyens.

QUESTION *quà.* — *Iter feci per Galliam, per Lugdunum.*

Quand on marque le lieu par où l'on passe, c'est la question *quà.* A la question *quà,* tous les noms des lieux par où l'on passe se mettent à l'accusatif, avec *per.* Ex. : J'ai passé par la France, *iter feci per Galliam ;* par Lyon, *per Lugdunum.*

Transiit urbem. Transire ad hostes.

Quand on se sert de *transire,* verbe composé de *ire,* aller, et *trans,* au-delà, on met l'accusatif, sans la préposition *per* : il passa par la ville, *transiit urbem.*

---

cause de, à. 7 De. 8 Imminebat. 9 Nobis. 10 *Tandis qu'ils veulent.* 11 Auspicor, caris. 12 A. 13 Nullus, a, um non. 14 A. 15 Eximo, is, ere, *act.* 16 Sto, as. 17 A. 18 A. 19 Res, ei. 20 Ille. 21 A pedes, dum tibi (s.-ent. servus). 22 A epistolæ, arum minister, tri. 23 *Au roi.* 24 Ingenuus, a, um. 25 Benè audio, is. 26 A.

EXERCICES ÉLÉMENTAIRES.

§ 231. Passerez-vous *par la Bourgogne* [1] et par *Dijon* [2]. Si vous *traversez* [3] ce riche pays, vous comprendrez que c'est avec raison qu'il est appelé[4] Côte [5] d'or. Si vous passez par *Milan* [6], vous y admirerez un vaste temple incrusté de marbre. Le jeune[7] Cyrus ayant été tué [8] à la bataille de Cunaxa [9], dix mille Grecs, qu'il avait pris à sa solde [10], *traversèrent* une immense étendue de pays [11], *au milieu* [12] *de nations ennemies* [13], sans que jamais[14] les Barbares osassent[15] en venir aux mains [16] avec eux. Le bruit [17] de la mort d'Alexandre s'étant répandu [18] *dans Babylone entière* [19], les habitants erraient *dans* [20] les rues de la ville, inquiets [21] du sort qui leur était réservé. Charles-Quint ne craignit [22] pas de *traverser* la France et de *passer par Paris*; tant [23] il avait de confiance dans la loyauté [24] de François Ier. Une parole [25] mordante passe [26] *de* [27] bouche en bouche [28]. C'est [29] de l'Egypte que [29] les arts se sont répandus [30] *dans* [31] les riches contrées de l'Asie.

Dans les phrases suivantes, le verbe transire *se rapporte à la quest. quò, et demande après lui la préposition* in *ou* ad, *suivant le sens.*

---

§ 231. 1 Burgundia, æ. 2 Divio, nis. 3 *Au futur.* 4 T. *lui, accusat., être appelé.* 5 Tractus, ûs. 6 Mediolanum, i. 7 Junior, is. 8 *Abl. absol.* 9 Cunaxa, æ. 10 Conduco, cis, xi. 11 Terræ, arum. 12 Per. 13 Infestus, a, um. 14 Nec unquàm. 15 *Osarent.* 16 Congredi. 17 Fama, æ. 18 Cùm discurrissem, es. 19 Totus, a, *à l'ablat.* 20 Per. 21 Anxius, a, um. 22 Dubito, as, avi. 23 Adeò. 24 Habeo spectatus, a, um, *la bonne foi,* fides, ei. 25 Dictum, n. 26 Circumferor. 27 Per. 28 Os, oris, *n., au plur.* 29 *Ne se rend pas.* 30 Mano, avi, *v. n.* 31 Per.

Scipion, pour attirer [1] Annibal hors de l'Italie, passa en [2] Afrique. Les soldats d'Annibal ne passèrent jamais à l'ennemi. Alexandre passa en Asie avec une armée de trente mille hommes. Xerxès avait passé en Grèce avec un million [3] d'hommes. Alexandre fit la conquête de l'Asie. Xerxès fut honteusement chassé de la Grèce.

Iter faciam per domum avunculi mei. Cæsar iter fecit per Æduos.

Par chez, avec un nom de personne, se tourne ainsi : par la maison de, et se dit en latin *per domum*. Ex. : Je passerai par chez mon oncle, *iter faciam per domum avunculi mei.*

EXERCICES ÉLÉMENTAIRES.

Voir les notes, § 382.

§ 232. En traversant [1] la Lorraine [2], ce voyageur a passé par Metz [3] et par chez votre frère, qui vous attend à la [4] fin du mois. Les Helvétiens [5] ayant traversé [6] *le pays des Séquanais* [7], étaient arrivés [8] sur les frontières des Eduens [9], et les ravageaient, lorsque César attaqua et défit une partie de leurs troupes. Je vous prie de passer par *chez moi,* avant d' [10] aller à la campagne.

---

1 *Afin qu'il attirât*, ut extraho, is, ere, *act.* 2 In. 3 Decies centena, orum millia, ium.

§ 232. 1 Cum transirem, es. 2 Lotharingia, æ. 3 Metæ, arum. 4 Sub, *acc.* 5 Helvetius, ii. 6 Iter, itineris, *n.*, habitus, a, um, *abl. abs.* 7 Sequanus, i. 8 Pervenio, veni. 9 Ædui, orum. 10 F. avant que vous alliez.

OBSERVATIONS.

Constiterunt Corinthi, in loco nobili.

Quand, après un nom propre de ville, se trouve le nom commun, *ville, endroit,* on met d'abord le nom propre au cas marqué dans chaque question ; mais on exprime la préposition devant le nom commun. Ex.: Ils s'arrêtèrent à Corinthe, lieu célèbre, *constiterunt Corinthi, in loco nobili.* — Je vais à Rome, ville d'Italie, *eo Romam, in urbem Italiæ.* — Je reviens de Lyon, ville de France, *redeo Lugduno, ex urbe Galliæ.*

EXERCICES.

§ 233. J'ai demeuré à Florence, ville d'Italie, et ensuite à Naples [1], capitale du royaume de ce nom. Nous partirons dans deux mois pour Amsterdam [2], ville célèbre de Hollande, puis nous nous embarquerons pour Londres [3], capitale de l'Angleterre. Il vient de Syracuse [4], ville de Sicile, fondée par les Corinthiens. Platon partit d'Athènes, sa patrie, pour voyager dans les pays étrangers. Bossuet [5], le premier des orateurs sacrés, est né à Dijon [6], ville de Bourgogne, et le célèbre poète Corneille est né à Rouen [7], capitale de la Normandie. Bayard, assiégé par Charles-Quint dans Mézières [8], ville dont les remparts étaient à moitié détruits, força l'empereur à se retirer. Henri V, roi d'Angleterre, vint trouver à Troyes [9], ville de Champagne [10], la reine de France et le duc de Bourgogne [11], et fit avec eux un traité par lequel ils lui livrèrent la France. Ce voya-

---

§ 233. 1 Neapolis, is, *f.* 2 Amstelodamus, mi. *m.* 3 Londinium, ui, *n.* 4 Syracusæ, arum. *f.* 5 Bossuetius. 6 Divio, nis, *m.* 7 Rothomagus, gi, *m.* 8 Maceriæ, arum, *f.* 9 Trecæ, carum, *f.* 10 Campania, æ. 11 Burgundiones, num, *masculin pluriel.*

geur est parti de Berlin [12], capitale de la Prusse [13], et
s'est rendu à Hambourg [14], ville d'Allemagne, située
sur l'Elbe [15], où il s'est embarqué pour l'Angleterre.

REMARQUE. A la question *quâ*, les noms propres de ville se
construisent avec la préposition *per*, ainsi on ne répète pas la
préposition devant les noms communs *ville, endroit*.

EXERCICES.

§ 234. J'ai passé par Lyon, par Marseille [1] et par
Toulon [2], villes de France. Lorsque nous irons à Rome
nous passerons par Milan [3], ville ancienne, et par
Mantoue [4], patrie de Virgile.

Habitat in urbe Lugduno, in magnâ Româ.

Si le nom commun *ville* est devant le nom propre, il faut
exprimer la préposition, et mettre le nom propre au cas de la
préposition. Ex. : Il demeure dans la ville de Lyon, *habitat in
urbe Lugduno*. Il se rendra dans la ville de Marseille, *se conferet
in urbem Massiliam*.

Lorsque le nom propre de ville est accompagné d'un adjectif, il se construit avec la préposition qu'exige la question. Ex.
Il habite dans la grande Rome, *habitat in magnâ Româ*.

EXERCICES ÉLÉMENTAIRES.

§ 235. L'empereur Julien passa plusieurs années
dans la ville de Lutèce. Il est parti de la ville de
Marseille, pour aller en Italie. Xerxès ayant appris
que son armée avait traversé l'Hellespont, partit de

---

12 Berolinum, i, *n*. 13 Borussi, orum. 14 Hamburgum, gi, *n*.
15 Positus, a, um ad Albis, is.

§ 234. 1 Massilia. æ. 2 Telo, onis, *m*. 3 Mediolanum, i. 4
Mantua, æ. *f*.

la ville de Suzes [1]. Si vous voulez aller de Paris à
Lyon, passez par la ville de Châlons et par Mâcon [2],
pour voir les belles rives de la Saône. Nous revenons
de cet immense Londres, rendez-vous de [3] tous les
peuples. Cicéron partit de Brindes [4], port d'Italie,
pour la docte Athènes.

Carthagine novâ conventus egit.

Les noms propres composés suivent la règle des noms sim-
ples. Ex. : Il tint les états à Carthagène, *Carthagine novâ conventus egit.*

EXERCICES.

§ 236. Il demeure [1] à Aix [2], ville de Provence [3],
et non [4] à Aix-la-Chapelle [5], ville d'Allemagne. Je
pars pour Saint-Emilion [6], et de cette ville je me rendrai à Bordeaux [7]. Nous partirons de Sarragosse [8],
ville d'Espagne, pour nous rendre à Mérida [9], ville
de Portugal [10]. J'ai passé par Saint-Quentin [11], ville
célèbre par la bataille qui s'y [12] livra en 1557. Nous
irons à Soissons [13], autrefois capitale d'un royaume.
Saint Louis s'embarqua à Aigues-Mortes [14], ville de

---

235. 1 Susa, orum, *pl. n.* 2 Cabillo, nis, Mastico, onis. 3 In
qui, quæ, quod convenio, is. 4 Solvo, vi Brundusiæ, arum.

§ 236. 1 Habito, as. 2 Aquæ Sextiæ, arum. 3 Provincia, æ.
4 Non autem. 5 Aquisgranum, i. 6 Sanctus, i Emilianus, i. 7
Burgidala, æ. 8 Augusta. æ Cæsarea, æ. 9 Augusta, æ Emerita,
æ. 10 Lusitania, æ. 11 Quintini Fanum, i. 12 Apud eam. 13 Augusta, æ Suessonum. 14 Aquæ Mortuæ, Aquarum Mortuarum.

France, qui maintenant est éloignée de la mer de plusieurs lieues.

Habitat in domo Cæsaris, in rure amœno.

Domus et *rus*, suivis d'un génitif ou d'un adjectif, prennent la préposition : Il demeure dans la maison de César, dans une campagne agréable, *habitat in domo Cæsaris, in rure amœno.*

On dit aussi *domi meæ, tuæ, suæ, nostræ, vestræ, alienæ,* et *domum meam, tuam,* et l'on trouve assez souvent *domum,* avec un génitif. Ex. : Il est venu, dit-on, dans la maison de Pomponius, *Pomponii domum venisse dicitur.* Tu es venu dans la maison de Roscius, *venisti domum Roscii,* etc. Cic. Cependant, il vaut mieux suivre la règle sanctionnée par l'usage.

EXERCICES ÉLÉMENTAIRES.

§ 237. Votre ami s'est rendu *dans la maison de votre père,* pour vous voir; mais vous étiez déjà parti pour la campagne. J'irai, au commencement du printemps, *dans une campagne agréable,* et je ne reviendrai *chez moi* qu'à la fin de l'été. Il s'est éloigné de *cette maison* qui lui a été si funeste. Sortirez-vous aujourd'hui *de chez vous?* Me conduirez-vous *à la campagne dont* vous m'avez parlé. Jamais Agésilas ne fit entrer [1] *dans sa maison* les présents qu'il recevait.

---

§ 237. 1 Infero, intuli, *act.*

ADVERBES DE LIEU.

QUESTION *Ubi.*	QUESTION *Quò.*	QUESTION *Undè.*	QUESTION *Quà.*
Où, *ubi.*	Où, *quò.*	D'où, *undè.*	Par où, *quà.*
Ici où je suis, *hìc.*	Ici où je suis, *hùc.*	D'ici où je suis, *hinc.*	Par ici où je suis, *hàc.*
Là où tu es, *istìc.*	Là où tu es, *istùc.*	De là où tu es, *istinc.*	Par-là où tu es, *istàc.*
Là où il est, *illìc.*	Là ou il est, *illùc.*	De là où il est, *illinc.*	Par-là où il est, *illàc.*
Là, y, *ibi.*	Là, y, *eò.*	De là, en, *indè.*	Par-là, y, *eà.*
Ailleurs, *alibi.*	Ailleurs, *aliò.*	De quelque part, *alicundè.*	Par quelque endroit, *aliquà.*
Quelque part, *alicubi, uspiam.*	Quelque part, *quopiàm.*	De quelque endroit que ce soit; *undecumquè.*	Par quelque endroit que ce soit, *quacumquè.*
Partout où, en quelque lieu que ce soit, *ubicumque.*	Partout où, en quelque lieu que ce soit, *quocumquè.*		
Là même, *ibidem.*	Là même, *eòdem.*	Du même lieu, *indidem.*	Par le même lieu, *eàdem.*
Nulle part, *nusquàm.*	Nulle part, *nusquàm.*		
Dehors, *foris.*	Dehors, *foràs.*		
Dedans, *intùs.*	Dedans, *intrò.*		

EXERCICES.

SUR LES ADVEBES DE LIEU.

§ 258. Où êtes-vous? Où allez-vous? D'où venez-vous? Par où passerez-vous? Il était ici où je suis, là où tu es, là où est votre frère. Il est venu ici où je suis, là où vous êtes, là où sont vos frères. Il est parti d'ici où nous sommes, de là où tu es, de là où est votre frère. Ils passeront par ici où nous sommes, par là où vous êtes, par là où est votre frère.

Je suis ici ; je vais là, j'y vais ; je viens de là, j'en viens ; je passerai par là, j'y passerai.

Il est ailleurs. Nous sommes allés ailleurs. Il est venu de quelque part. Il passera par quelqu'endroit.

J'ai vu quelque part. Nous irons quelque part. De quelqu'endroit que vous veniez. Par quelqu'endroit que nous passions.

Partout où, en quelque lieu que je vous voie. Partout où, en quelque lieu que vous vous rendiez. Partout où vous passerez.

Je l'ai trouvé là même. Il vous conduira là même. Ils sont sortis du même lieu. Ils s'en iront par le même lieu.

Je ne l'ai vu nulle part ; je ne l'ai conduit nulle part. Il s'est arrêté dehors. Il ira dehors. Je les ai aperçus dedans. Il s'est élancé dedans.

Supplément. (Voir le § 585, gramm.)

QUESTION *ubi.*	QUESTION *quò.*	QUESTION *undè.*	QUESTION *quà.*
Utrobique.	Utrò.	Utrinque.	Quaquà. Eà.
Nullibi.	Neutrò.	Aliundè.	
	Aliquò.		
	Quopiam *(sens négatif).*		
	Ultrò citròque.		

Aliquoversùm. Aliorsùm. Introrsùm. Sursùm. Deorsùm.

EXERCICES.

§ 239. Il a été des deux côtés, dans les deux parties. Du quel des deux côtés (de quel côté) incline-t-il. Ils viendront des deux côtés. Vous ne le trouverez ni en un lieu, ni en un autre, nulle part. Il n'incline ni d'un côté, ni d'un autre.

Je l'ai envoyé quelque part. Je ne l'ai envoyé nulle part.

Ils courent de part et d'autre. Nous venons d'ailleurs. Par quelqu'endroit qu'il passe. Il a passé par là.

Il se dirige vers quelqu'endroit, vers un autre endroit, en dedans, en haut, en bas.

EXERCICES GÉNÉRAUX.

SUR LES QUESTIONS DE LIEU.

§ 240. Vous étiez à Hambourg [1], ville célèbre d'Allemagne, lorsque je partis pour la ville de Berlin [2], où je me rendais [3] en sortant de Vienne [4], capitale de l'Autriche [5]; mais avant, j'avais passé par Francfort [6], ville située sur [7] le Mein [8]. Euclide [9] de Mégare [10] se rendait pendant la nuit, de la ville de Mégare [11] à Athènes, pour assister [12] pendant quelque temps aux leçons [12] de Socrate, et à l'approche [13] du jour [14], il retournait dans sa patrie [15]. Demetrius de Phalère [16], banni injustement d'Athènes, se retira à Alexandrie, auprès (à la cour) du roi Ptolémée qui le mit à la tête [17] de sa bibliothèque. Pythagore [18] ayant appris [19] que [20] Phérécide, qui avait été son [21] maître, était très-malade [20], dans l'île de Delos [22], fit aussitôt voile [23] de l'Italie pour cette île, et donna les plus grands soins [24] au vieillard. Sur les bords de [25]

---

§ 240. 1 Hamburgum, gi. 2 Berolinum, i. 3 Confero, fers. 4 Vindobonna æ. 5 Austria, æ. 6 Francofurtum. 7 Positus, a, um ad. 8 Mœnus, ni. 9 Euclides. 10 Megarensis, e. 11 Megara, æ. 12 *Afin qu'il entendît.* 13 Sub. 14 Lux, cis. 15 Domus, ûs. 16 Phalereus. 17 Præficio, is, feci. 18 Pythagoras. 19 Accipio, cepi. 20 *Être très-malade*, ægroto, as, are graviter. 21 Ejus. 22 Delos, li. 23 Navigo, as. 24 Fomentum, i, *neutre*, adhibeo, adhibes, adhibui, adhibitum, *act.*, studiosè. 25 Apud.

l'Hypanis, fleuve qui se jette dans le Pont-Euxin [26], naissent des insectes [27] qui ne [28] vivent qu' [28] un jour. Il y a [29] deux chemins pour les ames [30], lorsqu'elles sortent [31] du corps, disait Socrate : les ames souillées de vices entrent dans un chemin détourné [32], qui s'éloigne [33] de l'assemblée des dieux, tandis que les ames [34] qui, dans les corps humains, ont mené une vie divine, ont [35] un accès facile vers les dieux. Une femme qui plaidait [36] sa cause devant Philippe, que le vin faisait dormir [37], ayant été [38] condamnée injustement, s'écria qu'elle en appelait [39] de son [40] jugement : A qui en appelles-tu donc, dit le roi irrité. J'en appelle, répondit l'accusée, de Philippe qui a bien bu [41] et qui dort [42], à Philippe à jeun et éveillé [43]. Le roi ne s'emporta pas contre [44] cette femme, mais il examina [45] sa [46] cause avec plus de soin [47], et rendit [48] une sentence plus juste.

§ 241. Je partirai d'Avignon pour Rome, dans trois jours. Socrate, le premier de tous, fit descendre [1] la Philosophie du ciel sur la terre, l'établit [2] dans les villes, et l'introduisit même [3] dans les maisons. La fortune tourne [4] dans un cercle rapide [5]. Les abeilles se répandent de [6] leur ruche, dans les prairies et dans la

---

26 Pontus, i. 27 Quidam bestiola, æ , f. 28 Tournez *un seul* 29 Tournez *sont*. 30 *Au génitif.* 31 Excedens, tis. 32 Devius, a, um iter, n. 33 Tournez *éloigné*, seclusus, a, um. 34 Iis vero. 35 T. *est ouvert*, pateo, es, v. n. 36 Bico. 37 Præ vinum, i dormitans. 38 Cùm damno, as. 39 *Soi appeler*, provoco, as. 40 Ejus. 41 Benè potus, a. um. 42 Dormitans. tantis. 43 Sobrius et vigilans. 44 Acerbiùs invehor. vectus sum in. 45 Inspicio, inspexi. 46 Ejus. 47 Diligenter, tius. 48 Fero. tuli.

§ 241. 1 Devoro, as. 2 Colloco. as. 3 Etiam. 4 Circumagor, gi. 5 Orbis m. volubilis. 6 Evagor. as. 7 Campi. orum.

campagne 7. La lune luit pendant la nuit, et envoie sur la terre la lumière qu'elle reçoit du soleil. Timon, le misanthrope, parut[8] un jour dans l'assemblée publique à Athènes. Étant[9] monté à la tribune[10], il prit la parole[11] et dit[11] : Athéniens j'ai un terrain[12] dans lequel a poussé[13] un figuier ; plusieurs citoyens se sont déjà pendus[14] à cet arbre. Comme[15] je veux bâtir[16] sur mon terrain, j'ai voulu avertir ceux qui penseraient à se pendre[17], de[18] se hâter, avant que j'abatte[19] le figuier. En nous faisant naître[20] de la même origine et pour[21] la même fin, Dieu nous a créés tous frères[22]. La propriété qu'[23] a l'aimant de se diriger vers le nord[24], n'a été connue[25] que[26] vers[27] la fin du quinzième siècle. Arrivé[28] au pied[29] des Alpes qui séparent[30] l'Italie de la Gaule, Annibal s'ouvrit des chemins[31], et fit passer un éléphant, avec sa charge[32], là où[33] jusqu'alors[34] un homme seul et sans armes[35] pouvait à peine se glisser[36] en rampant[36].

SYNTAXE DES ADVERBES.

Parùm vini, multùm aquæ, etc.

Les adverbes de quantité gouvernent le génitif. Ex. : Peu de vin, *parùm vini*. — Beaucoup d'eau, *multùm aquæ*. — Plus

---

Prodeo, ii. 9 Cum conscendissem, es. 10 Suggestum, i. 11 Sic verba facio. 12 Area, æ, *f*. 13 Cresco, crevi. 14 Suspendo, is, di, *act*. 15 Cùm, *subj*., 16 Ædes exstruere. 17 De suspendio cogito. 18 Ut, *subj*. 19 Exscindo, is, ere. 20 Cùm gigno, genui, *act*. 21 In. 22 Consanguineus, i. 23 T. *Cette force par laquelle*. 24 Vergo, is, *v. n., au nord*. 25 Innotesco, tui, *v. neut*. 26 *Ne que* nonnisi. 27 Sub. 28 Posteàquam venio, is. 29 Pied *ne se rend pas*. 30 Sejungo, is, *act*. 31 Patefacio, feci, *act*., loca, eorum. 32 Effecitque ut, *subj*., elephantus ornatus ire possem, es. 33 *Là où*, *quest*. quà. 34 Anteà. 35 Unus et inermis. 36 Repere.

de force, *plus virium.* — Moins de vertu, *minus virtutis.* — Assez de paroles, *satis verborum.* Trop de pièges, *nimis insidiarum.*

EXERCICES.

§ 242. Trop souvent [1] la vérité a *peu* [2] de force. Il y a [3] *beaucoup* [4] de sagesse à s'exprimer brièvement [5]. La plupart des hommes ont *plus* [6] d'esprit que de bon sens [7]. Les grands hommes ont *moins* [8] d'orgueil, que les hommes médiocres. Il n'est personne qui n'ait [9] *assez* [10] de forces pour nuire. *Trop* [11] de fierté nuit. *Qu'il y a* [12] d'erreurs dans l'esprit des hommes ! Socrate avait [13] *autant* [14] de modestie *que* [15] de science. Il y a [16] *bien assez* [17] de gens [18] qui n'ont *rien* à faire [19].

———

Les adverbes de lieu et de temps gouvernent aussi le génitif.

EXERCICES.

§ 243. En *quel lieu* [1] du monde [2] un traître est-il estimé ? Nulle part. L'affaire est toujours au même [3] point [4]. Où [5] en [6] suis-je ? Il me semble que vous savez [7] à quel point [8] de folie vous en êtes venu [9]. Les sots, dans la prospérité [10], en [11] viennent à un tel point [12] d'arrogance, qu' [13] ils sont insupportables. En quelqu'endroit [14] du monde [15] que [14] soit le coupable [16], eu

———

§ 242. 1 Sæpiùs. 2 Parùm vires, ium. 3 Inest. 4 Multùm. 5 T. *A un discours bref,* oratio, nis. 6 Plus. 7 Sapientia, æ. 8 Minus. 9 Nulli non est. 10 Satis. 11 Nimis. 12 Quantùm. 13 In Socrates, is insum. 14 Tantùm. 15 Quantùm. 16 Sum, es. 17 Affatim. 18 Homo, minis. 19 T. *Auxquels rien d'affaire est,* nihil, etc.

§ 243. 1 Ubinam. 2 Gentes ium. 3 Eòdem. 4 Locus. 5 Quò. 6 Locus, ci. 7 T. *vous paraissez savoir.* 8 Quò. 9 Progressus sim. 10 Insipiens, tis fortunatus, a, um. 11 *Ne se rend pas.* 12 Eò. 13 Ut, *subj.* 14 Ubicumque. 15 Terra, æ *ou* gens, tis. 16

quelqu'endroit [17] du monde qu' [17] il se transporte [18], sa conscience le [19] suit.

——————

Adverbes de temps, etc. (*Pridiè*, la veille, *postridiè*, le lendemain, gouvernent le génitif ou l'accusatif.) Voir la gr. § 387.

EXERCICES.

§ 244. *La veille* de la bataille de Bouvines [1], Philippe Auguste offrit sa couronne à celui qui [2] en serait jugé plus digne que lui. *Le lendemain* de votre arrivée, je partirai pour la campagne. Vous êtes venu à Lyon, le mois dernier [3], mais *à cette époque* [4], j'étais absent de cette ville. Un homme *de cet âge* [5] était digne de respect. *Voici* l'homme que vous attendez. Voilà [6] la récompense de vos travaux. Voyez ces citoyens armés, voilà [6] les remparts de la patrie. *Voici* [7] l'ennemi, préparez-vous au combat. Faites cela *à cause* [8] de votre père. Platon seul [9] *vaut* [10] pour moi [11] tous les autres [12]. Il m'a écrit une lettre *aussi grosse qu'un* [13] volume. Nous irons *au-devant* [14] de vous. Cicéron *avait prévenu* [15] les tentatives [16] de Catilina.

——————

Conjonctions. — Voir la gram. § 388.

EXERCICES.

§ 245. *Lorsque* les empereurs *mouraient*, le Sénat

——————

Homo scelestus. 17 Quocumque. 18 Confero, feram, as. 19 Suus, a is, ejus.

§ 244. 1 Boviniacus, a, um. 2 Quicumque. 3 Superior, ris. 4 Tùm tempus, poris. 5 Id ætas, tatis. 6 Hic, hæc, hoc sum, es. 7 En *ou* ecce. 8 Ergò. 9 Plato unus. 10 Instar sum, es. 11 *A moi.* 12 Cæteri, æ. 13 Instar. 14 Obviam. 15 Obviam ire, eo, ivi. 16 Conatus, ûs.

les mettait [1] au nombre [2] des dieux. *Ne* [3] *nous inquiétons* [4] pas [3] trop de l'avenir [5], *puisque* [6] nous ne *savons* pas *si* [7] nous *verrons* [8] le jour de demain [9]. *Tandis que* [10] l'armée d'Annibal *vivait* dans les délices [11] à Capoue [12], les Romains se préparaient [13] à renouveler [14] la guerre avec plus de vigueur [15]. Qu' [16] importe *que* [17] vous *soyez* riche *ou* [18] pauvre, *pourvu que* [19] votre condition vous *procure* [20] le bonheur. Appliquez-vous [21] à l'étude, *jusqu'à ce que* [22] vous recueilliez les fruits de votre persévérance. *Si* [23] les jeunes gens *suivaient* [24] les avis des vieillards, ils assureraient leur [25] bonheur. De là ce proverbe : *Si* jeunesse [26] *savait*, *si* vieillesse [27] *pouvait* [28]. *Si* Darius *avait cru* [29] Charidème qui lui conseillait [30] d' [31] *employer* [32] l'or et l'argent dont brillait son [33] armée, à lever [34] des soldats aguerris, peut-être n' [35] aurait-il pas été vaincu par Alexandre. *Si* vous vous *examinez* [36] avec soin [37], vous trouverez en vous-même [38] les défauts qui vous choquent [39] dans [40] les autres *Si* vous m'*attendez*, nous *partirons* ensemble [41]. *Si* nous *allons* en Italie, nous *passerons* par Lyon. *Pour* être [42]

---

§ 245. 1 Refero, fers. 2 Inter. 3 Ne, *subj.* 4 Anxius sum, es. 5 Futurum, i. 6 Cùm, *subj.* 7 Utrùm, *subj.* 8 T. *Luira, luceam, eas, pour nous, dat.* 9 Crastinus, a dies. 10 Dùm, *indic. ou subj.* 11 Deliciæ, arum diffluo, is, ere, *v. neut.* 12 Capua, æ. 13 Accingo, is, ere, *act.* 14 Redintegro, as, are. 15 Acriter. 16 Quid. 17 Utrùm, *subj.* 18 An. 19 Dùm, *subj.* 20 Affero, fers. 21 Incumbo, is. 22 Dùm, *subj.* 23 Si, *subj.* 24 Parco, es, ere. 25 T. *ils prépareraient à soi un bonheur certain.* 26 Juvenis. 27 Senex. 28 Valeo, ere. 29 Credo, didi, *dat.* 30 Suadens, tis, *lui ne se rend pas.* 31 Ut. 32 Insumo, ere, *act.* 33 Ejus. 34 Conduco, cere, *act.* 35 Haud scio an, *subj.* 36 Excutio, cussi, cro. 37 Diligenter 38 In sinus, ûs. 39 Offendo, is, *act.* 40 Apud. 41 Unà. 42 *Afin*

heureux, il faut être[43] vertueux. Ayez de l'indulgence[44] pour les fautes d'un ami, *afin qu'*[45]il *soit in-
dulgent* pour[46] les vôtres. J'ai[47] tant d'affaires, *que*[48]
(pour de sorte que) je ne puis venir. *Comme*[49] la
rouille ronge[50] le fer, de même[51] la paresse attaque[52]
les facultés de l'esprit. *Dès qu'*[53] Antoine vit fuir
Cléopâtre[54], il cessa de combattre[55].

§ 246. *Quoique*[1] le méchant soit dans la prospérité[2], il n'est pas heureux. *Quoique*[3] les Romains
aient souvent fait la guerre aux Parthes, jamais ils
n'ont pu les soumettre. *Puisque*[4] la vertu seule *peut*
nous rendre[5] heureux, pratiquons[6]-la. Alexandre se
croyait invincible[7], *parce qu'il*[8] n'avait jamais été
vaincu. *Supposez que, encore que, bien que*[9] vous ayez
obligé[10] un ingrat, vous ne devez pas vous repentir
de vos bienfaits. *Tant que*[11] vous serez heureux, vous
compterez beaucoup d'amis. Les hommes accusent[12]
la fortune, *comme si*[13] la fortune seule était cause[14]
de leurs malheurs. Socrate parla[15] à[16] ses juges
comme s'[17]il eût été leur maître.

---

que tu sois, ut. 43 T. *sois.* 44 Ignosco, is, *dat., de la pers., acc. de
la chose.* 45 Ut, *subj.* 46 T. *il vous pardonne*, ignosco, is. 47
Distringor, *ablat.* 48 Ut, *subj.* 49 Ut, *indic.* 50 Exedo, is, *act.*
51 Ità. 52 Afficio, is, *act.* 53 Ut, *indic.* 54 Cleopatra, æ. 55 Pugna, æ omitto, si, *act.*

§ 346. 1 Quanquam, etsi, tametsi, *indic.* 2 *Se serve de la
fortune prospère.* 3 Quamvis, licet, etiamsi, *subj.* 4 Quando,
quandoquidem, *subj.* 5 Facere, præstare. 6 Colo, is, *act.* 7 *Ne
pouvoir être vaincu.* 8 Quòd, *ind. ou subj.* 9 Ut, *subj. (s.-ent.* fac).
10 Officia confero, contuli in. 11 Donec, *indic.* 12 Incuso. 13
Quasi, ceu vero, tanquam, *subj.* 14 In causa esse, sum. 15
Verba facio, cis. 16 Apud. 17 Perindè ac si, *subj.*

Syntaxe des noms de nombre. — Voir la gramm. § 389-400.

Nombres cardinaux et ordinaux, et adverbes numéraux.

EXERCICES.

§ 247. Cinq mille trois cent soixante Lacédémoniens périrent [1] dans la bataille que le roi Agis livra à [2] Antipater [3], tandis que [4] les Macédoniens ne perdirent pas plus de trois cents hommes. Quarante mille fantassins, deux mille sept cents cavaliers, les deux questeurs des consuls, vingt et un tribuns des soldats, quatre-vingts sénateurs furent tués à la bataille de Cannes. Trois mille fantassins et trois cents cavaliers furent faits prisonniers. Xerxès, roi de Perse, s'arrêta [5] sur le haut [6] d'une montagne, pour [7] considérer [8] son armée composée [9] d'un million [10] d'hommes. Le Gange [11], un des grands fleuves de l'Asie, se jette dans la mer, après avoir parcouru [12] plus de [13] dixhuit cents [14] milles [15]. L'an 1811 [16] fut remarquable [17] par [18] la comète qui parut [19] alors. Le plus heureux des hommes est exposé à mille [20] revers [21].

§ 248. On compte en France quatre cents villes, quarante-trois mille bourgs et villages, et quatre mille-trois cent quatre-vingts rivières. Annibal

---

§ 247. 1 Cado, cecidi. 2 Committo cum. 3 Antipater, tri. 4 Verò, *après un mot.* 5 Consisto, stiti. 6 Jugum, gi. 7 Undè. 8 *Il considérat,* prospecto, as. 9 Conflatus, a, um. 10 Decies centenus, a, um mille, millia, ium. 11 Ganges, is, m. 12 Emensus, a, um. 13 Ampliùs. 14 T. *mille huit cents.* 15 Milliare, is, neut. 16 T. *Millième,* etc. 17 Insignis. 18 *Par le lever de,* ortus, ùs. 19 Prodeo, is, ii. 20 Sexcenti, æ, a. 21 Res adversæ.

campa [1] à trois milles [2] de Rome. Les jeux olympiques se célébraient tous les cinquante mois [3], durant cinq jours. Il vient me voir tous [4] les ans, le 21 juin. L'an deux [5] mil cent avant J.-C., Bélus fonda l'empire des Assyriens. Ce jeune homme qui avait donné [6] de si belles [7] espérances, est mort à l'âge de 21 ans. Ce vieillard est mort à l'âge de 91 ans. L'an 3769 avant J.-C., Énos, fils de Seth [8], établit les premières cérémonies du culte que [9] les premiers hommes rendirent [10] à l'être [11] suprême. L'Angleterre a [12] dix millions [13] d'habitants ; la France en a trente-deux [14] millions, et la Russie quarante-deux [15]. La dette publique [16] de l'Angleterre [17] s'élève à [18] 20 milliards [19] de francs [20].

Unus, Ambo, Duo. Et nombres distributifs.

Le pluriel de *unus* ne se construit qu'avec des noms qui n'ont pas de singulier, *una castra,* un seul camp, *unæ litteræ,* une seule lettre (missive).

Ambo signifie *les deux, deux à la fois,* et se décline comme *duo.*

On dit indifféremment *viceni quaterni, quaterni et viceni,* etc. Les noms distributifs ne s'emploient qu'au pluriel, et ils ont les trois genres ; ils font le génitif en *ûm.*

---

§ 248. 1 Castra pono, sui. 2 *A la 3ᵉ borne,* lapis, idis, *m.* 3 T. *chaque 50ᵉ mois.* 4 Singuli, orum. 5 *Deux fois millième,* bis, etc. 6 Concito, avi, *act.,* de se. 7 Egregius, a. 8 *Indéclin.* 9 *Par lequel.* 10 Veneror, atus sum, *accus.* 11 Numen, *neut.* 12 In Angliâ versantur. 13 *Cent fois cent mille,* centies centena millia. 14 *Trois cent vingt fois cent mille,* trecenties et vicies, etc. 15 *Quatre cent vingt fois cent mille,* quadringenties et vicies. 16 Publicum æs alienum. 17 Apud Angli, orum. 18 Abeo, is ad. 19 *Vingt mille fois mille milliers,* vicies millies mille millia. 20 Libra francica, æ.

Il ne faut pas confondre les nombres distributifs avec les nombres cardinaux. Les exemples suivants feront connaître la différence qu'il y a dans l'emploi de ces noms.

Scipio et Annibal, cum singulis interpretibus, congressi sunt, Scipion et Annibal vinrent à la conférence, chacun avec un interprète.

Legavit Augustus prætorianis militibus singula millia nummûm, Auguste légua à chaque soldat prétorien mille sesterces ; *mille nummos* signifierait mille écus entre tous les prétoriens. *Dentes triceni bini viris attribuuntur,* chaque homme a trente-deux dents. *Triginta duo* signifierait trente-deux dents pour tous les hommes.

Ces noms distributifs doivent aussi se construire avec les substantifs qui n'ont point de singulier, ou dont le singulier n'a pas le même sens que le pluriel. *Bina castra,* signifie deux camps ; *Binæ ædes,* deux maisons. *Duo castra,* signifierait deux châteaux. *Duæ ædes,* signifierait deux temples. *Binæ litteræ,* deux lettres ; *duæ,* signifierait deux caractères de l'alphabet.

Ne confondez pas *trini, quadrini,* etc., avec *terni quaterni,* etc. *Trini,* signifie triple. Ex. : *Trinis hibernis hiemare,* prendre, ses quartiers d'hiver en trois endroits — *Terni* signifie trois pour chacun, trois de chaque côté, trois à trois.

La même différence existe entre *uni, æ, a,* un, une, et *singuli, æ, a,* un pour chacun.

EXERCICES ÉLÉMENTAIRES.

§ 249. Les *deux* [1] armées sont maintenant renfermées dans un seul [2] camp. Les deux généraux sont venus à la conférence [3], chacun [4] avec *un* [5] officier [6]. L'ennemi a levé [7] *deux* armées, mais *ces deux* armées ont été défaites dans la même [8] bataille. Nous avons acheté *deux* [9] maisons [10]. Nous avons visité

---

§ 249. 1 Ambo. 2 Unus, a, um. 3 Congredior, gressus sum. 4 *Ne se rend pas.* 5 Singuli, orum. 6 Præfectus, i. 7 Conscribo, psi, *act.* 8 Unum et idem prælium. 9 Bini, æ, a. 10 Ædes, dium.

deux temples [11]. Vous avez reçu *deux* lettres de moi.
Il manque [12] *deux* lettres à ce mot. Le roi a donné
cent [13] francs *à chaque* [14] soldat et *mille* [15] francs *à chaque* [14] officier. L'ennemi a élevé des retranchements
en *trois* [16] endroits [17]. Le général a donné *à chaque* soldat *trois* [18] prisonniers. Au signal donné, *les trois* [19]
guerriers, *de chaque côté* [20], en viennent aux mains [21].
Les aigles pondent *trois* [22] œufs, et font éclore *deux*
petits [23]. A Lacédémone, dans les repas publics, il y
avait [24] *quinze* [25] convives *à chaque* [26] table.

Parties aliquotes; le tiers, le quart, etc. — Adjectifs en *arius.*
— Nombres multipliés en *plex.* — Adverbes terminés en *um* ou
ò. — Substantifs et adjectifs formés des noms de nombre avec
des substantifs, comme *biennium, biennis,* et *binus, a, um,
biduum.* Voir la gramm. lat., § 398 et 599.

EXERCICES ÉLÉMENTAIRES.

§ 250. Il a reçu la moitié, le quart, le tiers, le
cinquième, le sixième [1], etc., de cette somme. Les
deux tiers, les trois quarts [2], les quatre cinquièmes [3],
les cinq sixièmes [4] de l'héritage vous appartiennent.
Il vous revient le tiers d'un septième [5], et non [6] un
tiers et un septième [7].

---

11 Ædes sacræ. 12 Truncatus, a, um est, *avec l'abl.* 13 Centenus, a, um. 14 Singuli, æ. 15 Singuli, æ, a mille, millia. 16
Trini, æ, a. 17 Loca, orum. 18 Ternus, a, um. 19 Terni, æ, a.
20 *Ne se rend pas.* 21 Concurro, is. 22 Vario terni, æ, a. 23 Ex-
cludo bini, æ, a pulli. m. 24 Accumbebant. 25 Quindeni, æ. 26
Singuli, æ.

§ 250. 1 Dimidia, tertia, quarta, quinta, sexta, *etc.*, pars, tis,
f. 2 Duæ, tres partes. 3 Quatuor quintæ. 4 Quinque sextæ. 5
Tertia septima. 6 Non autem. 7 Tertia et septi-

J'ai vu un vieillard de quatre-vingts ans [1]. J'ai reçu une pièce [2] de dix as [3]. C'[4]est un homme de 40 ans [5], de 50 ans, 60 ans, *etc.*

Deux causes m'ont fait venir [1]. L'Océan sépare [2] les nations [3] par *trois* [4] bassins [5].

N. B. Consultez la gramm. et les dictionnaires sur l'emploi de ces adjectifs qui ne sont pas tous usités.

1° Marius consul pour la sixième fois [1]. Je viens pour la dixième fois [2], *etc.*

2° Je ne l'ai pas vu de ces deux, trois, quatre ans [1], *etc.*, de ces deux, trois jours [2].

3° Un arbre de deux ans, de trois ans [1]. Un enfant de deux, trois, quatre ans [2]. Vin de deux feuilles (de deux ans).

4° Soldats de la vingtième légion [1]; de la dixième [2]; de la treizième [3].

5° Du troisième ordre, de la troisième classe [1]. La fièvre tierce [1]. De la quatrième classe [2], *etc.*

Voir les Dictionnaires.

---

1 Octogenarius, a, um. 2 Nummus. 3 Denarius. 4 Hic 5 Quadragenarius, *etc.*

1 T. *la cause a été double,* (duplex), *pourquoi* (cur) *je sois venu.* 2 Scindo, is, *act.* 3 Gentium continuatio, nis. *f.* 4 Triplex, icis. 5 Sinus, ûs, *au sing.*

1° 1 Sextùm. 2 Decimùm.

2° 1 Hoc totum Biennium, ii, triennium, quadriennium, *etc.* 2 Biduum, triduum, *etc.*

3° 1 Biennis, triennis. 2 Bimus, trimus, quadrimus.

4° 1 Vicesimani. 2 Decumani. 3 Tertiadecimani.

5° 1 Tertianus, a, um. 2 Quartanus.

EXERCICES GÉNÉRAUX

§ 251. L'année 1572 est célèbre [1] par le massacre de la Saint Barthélemi [2]. Ptolémée, roi d'Égypte, ayant [3] prié Éléazar [4], grand prêtre [5] des Juifs, de lui envoyer [6] les livres sacrés, et [7] des hommes habiles [8], qui les traduisissent [9] de l'hébreu [10] en grec ; Éléazar choisit [11] dans [12] *chaque* tribu, et envoya au roi, *six* vieillards [13] très-habiles dans les *deux* [13] langues, qui firent [14] cette célèbre [15] traduction [16] des livres sacrés, qu'on appelle [17] la version [18] des Septante [19]. Octavie ayant [20] entendu Virgile lire [21], en l'honneur de son fils, les vers qui commencent ainsi [22] : *Tu Marcellus eris*, etc., se trouva mal [23], et [24] lorsqu'elle eut repris ses sens [25], elle fit [26] donner [27] à Virgile *dix* [28] (mille) sesterces [29] pour *chaque* vers. *Un seul* quartier d'hiver [30] amollit [31] Annibal. Lorsque Curius eut chassé Pyrrhus de l'Italie, le Sénat donna aux citoyens *sept* arpents du territoire conquis [32] sur [33] l'ennemi, et en assigna *cinquante* à Curius ; mais celui-ci refusa [34] de recevoir plus qu'on avait donné [35]

---

§ 251. 1 Insignis. 2 T. *le massacre étant fait*, editus, a, um, *le jour consacré à saint*,... Bartholomæus. 3 Cum rogavissem, es. 4 Eleazarus, i. 5 Summus pontifex. 6 *Afin qu'il lui envoyât.* 7 T. *avec.* 8 Idoneus, a, um. 9 Verto, is, ere. 10 Hebræa lingua. 11 Selectus, a, um. 12 E. 13 Vir senior. 13 Uterque, traque. 14 *Par lesquels fut faite.* 15 Celeberrimus ille, illa. 16 Interpretatio, f. 17 *Est appelée.* 18 *Ne se rend pas.* 19 *Ajoutez*, interpretum. 20 Cum audivissem. 21 Recito, as, are. 22 T. Illos de filio versus. 23 Deliquium animi patior, passus, a sum. 24 Deindè. 25 Receptus animus, *abl. abs.* 26 Jubeo, ssi. 27 *Etre donnés.* 28 Denus, a, um. *Mille ne se rend pas.* 29 Sestertia, ûm, *pl. n.* 30 Hiberna, orum, *pl. n.* 31 Solvo, is, vi, *act.* 32 Ager, gri, captus, a. 33 Ex. 34 Nolo, nolui. 35 Datus, a, um fueram.

à *chaque* plébéien, pensant [36] qu'un citoyen [37] qui ne se contenterait pas de [38] *sept* arpents, était un fléau pour [39] la République. Tel était le mérite, tel était l'air majestueux des généraux d'Alexandre [40], qu'[41]on les prenait pour [41] *autant de* [43] rois, (que *chacun d'eux* paraissait être [43] un roi). Rarement *un* loup attaque *seul* [44] une bergerie, mais, ordinairement [45], *deux* se réunissent pour cela [46]. *Tous* les oiseaux ont [47] *deux* ailes à l'aide [48] desquelles, tous, à l'exception de l'autruche [49], peuvent voler. Les rossignols pondent, au commencement [50] du printemps, *six œufs* au plus [51]. Les tortues pondent jusqu'à *cent œufs* [52], semblables à ceux, [53] des oiseaux. Elles les enterrent [54] hors de l'eau, et la chaleur du soleil les fait [55] *éclore* [55]. Les coqs chantent à *trois* [56] *heures différentes* dans la journée [57]. Dans les premiers temps de la République, on s'occupait des affaires de la ville [58] *tous les neuf jours*, les autres jours étaient consacrés aux travaux de la campagne.

---

36 Existimo, as. 37 *Ce citoyen.* acc. 58 *Auquel ne seraient pas assez.* 39 *Etre pernicieux à.* 40 T. *Les généraux d'Alexandre étaient de cette vertu et de cette vénération.* 41 Ut. subj. 42 *Tu penserais,* puto are. 43 Singuli, æ, a. 44 Unus. 45 Plerumque. 46 *Ne se rend pas.* 47 Sum, es. 48 Remigium, ii. 49 Struthio-camelus, i. 50 Primus. a, um. 51 Quùm plurimùm. 52 T. *Des œufs jusquà,* ad, cent par le nombre. 53 *Aux œufs.* 54 *Qui enterrés.* defossus, a, um. 55 *Et animés par...* animatus, ta ; *éclosent.* ex-cludor, eris. 56 T. *distinguent trois,* distinguo, is, act. 57 Inter-diù. 58 Res urbanæ agor, ageris.

FIN DE LA SECONDE PARTIE.